Das Buch

Berlin, im Sommer: Zwei Jahre ist es her, seit die kleine Sophie am helllichten Tag spurlos verschwand. Für ihre Mutter, die Schriftstellerin Fiona Seeberg, der Beginn eines Alptraums. Als Kommissar Piet Karstens, der schon damals die Ermittlungen leitete, erneut vor Fionas Tür steht, holt die Vergangenheit sie schlagartig ein: Weitere Kinder sind verschwunden – und alle besuchten dieselbe Kindertagesstätte wie Sophie. Ein Zufall? Wieder fehlt vom Täter jede Spur. Einziges Indiz: ein makabres Präsent, das er den ahnungslosen Eltern zusendet. Doch weshalb verstrickt sich ausgerechnet Fionas Verlobter Adrian plötzlich in Widersprüche? Auf den Spuren ihrer Tochter gerät Fiona schließlich selbst in das Visier des kaltblütigen Täters …

Die Autorin

Hanna Winter wurde in Frankfurt am Main geboren und arbeitete nach dem Publizistik-Studium als Redakteurin. Heute lebt sie als freie Autorin in Berlin. *Die Spur der Kinder* ist ihr erster Thriller. Zurzeit schreibt sie bereits an ihrem nächsten Thriller, der im Ullstein Taschenbuch erscheinen wird.

Hanna Winter

Die Spur der Kinder

Thriller

Ullstein

Besuchen Sie uns im Internet:
www.ullstein-taschenbuch.de

Die Liedfragmente auf den Seiten 327 und 329
basieren auf den Kinderliedern *Das Lied, das meine
Mutter sang* (L. Hoffmann) und *Wenn fromme
Kinder schlafen gehen* (M. von Diepenbrock).

Dieses Taschenbuch wurde auf FSC-zertifiziertem Papier gedruckt.
FSC (Forest Stewardship Council) ist eine nichtstaatliche, gemeinnützige
Organisation, die sich für eine ökologische und sozialverantwortliche
Nutzung der Wälder unserer Erde einsetzt.

Originalausgabe im Ullstein Taschenbuch
1. Auflage August 2010
© Ullstein Buchverlage GmbH, Berlin 2010
Umschlaggestaltung: HildenDesign, München
Titelabbildung: Artwork HildenDesign unter Verwendung
von Motiven von © ajt (Springseil) und
Ramzí Hachicho (Hintergrund) / shutterstock
Satz: LVD GmbH, Berlin
Gesetzt aus der Garamond und Univers
Papier: Pamo Super von Arctic Paper Mochenwangen GmbH
Druck und Bindearbeiten: CPI – Ebner & Spiegel, Ulm
Printed in Germany
ISBN 978-3-548-28255-8

Für Alex

I. TEIL

Dienstag, 9. Juni

Anne riss sich los und sprang aus dem Wagen. Sie rannte. Ganz gleich, wie sehr ihr das Gestrüpp die nackten Beine zerkratzte. Ihre goldenen Riemchensandalen schnitten mit jedem Schritt in die Haut. Sie hastete die Böschung hinter dem Parkplatz hinunter und blieb nicht eher stehen, bis das Scheinwerferlicht des Wagens von der Dunkelheit geschluckt worden war. Nach Luft ringend, machte sie halt und stützte sich auf ihren Knien ab. Allmählich gewöhnten sich ihre Augen an die Dunkelheit, und im fahlen Schein des Mondlichts zeichneten sich die Umrisse von Büschen und Bäumen ab. Erst als sich ihr Atem wieder beruhigt hatte, nahm Anne die Stille wahr, die sie auf einmal umfing. Dann ein Knacken im Unterholz. Erschrocken drehte Anne sich um.

Da ist nichts.

Vorsichtig tastete sie ihre Shorts nach ihrem Handy ab.

Weg. Beide Hosentaschen waren leer. *Mist!*

Anne sah zurück in die Richtung, aus der sie gekommen war. Der Forst ragte wie eine schwarze Wand hinter ihr empor. Zögerlich wandte sie sich wieder um und lief weiter bis zu einer großen Lichtung. Auf keinen Fall wollte sie – *still!*

Wieder war da ein Knacken hinter ihr, dieses Mal deutlich näher. Das war kein Tier. Das waren schwere, stampfende Schritte, die abrupt wieder verstummt waren.

»Lars?«

Nichts.

»Lars?« Annes Rufe verhallten in der Nacht. »Wenn das wieder einer deiner schlechten Scherze sein soll, dann …«

Sie hielt plötzlich inne, als sie aus der Ferne einen Laut vernahm.

Was zum Teufel war das?

Dann hörte sie es erneut. Seltsame Laute, wie von einem gequälten Tier. Erst jetzt bemerkte Anne die entlegene Bungalowsiedlung am anderen Ende der Lichtung, als hinter ihr plötzlich etwas aus den Büschen schnellte. Anne schreckte zurück und stolperte über einen Ast. Sie musste lachen.

Nur ein Kaninchen, nichts weiter als ein verängstigtes Kaninchen.

Sie stand auf und klopfte den Schmutz von ihrer Shorts, da hörte sie es wieder: feste, zielstrebige Schritte. Dann ein schweres Atmen. Direkt hinter ihr. Anne wagte es nicht, sich ein weiteres Mal umzudrehen, sondern rannte los, rannte querfeldein über die hügelige Wiesenlandschaft. Noch weniger als achtzig Meter bis zur Siedlung. Wie ferngesteuert trugen ihre Beine sie immer weiter. Als sie endlich den nächstgelegenen Bungalow erreichte, hämmerte sie mit aller Kraft gegen die Tür.

»Hallo! Ist da jemand?«

Keine Antwort. Anne warf einen Blick über die Schulter. Die Häuser schienen wie ausgestorben. *Die reinste Geistersiedlung.* In einem etwas abseits gelegenen Bungalow, an den bereits das nächste Waldstück grenzte, erspähte Anne ein schwaches Licht. Irgendetwas ließ sie zögern, bevor sie sich schließlich dem Haus näherte.

Schau nicht zurück. Lauf einfach nur weiter. Schnell.

Nie wieder wollte sie sich mit Lars streiten, dachte Anne noch, als sie durch ein Lilienbeet zum Bungalow eilte und erneut wie wild gegen die Tür schlug.

»Hallo? Machen Sie auf! Bitte!«

Niemand öffnete. Als sie ein weiteres Mal dagegenhämmerte, sprang die Tür auf.

»Hallo? Kann ich hier mal telefonieren?«, fragte Anne in den menschenleeren, kargen Raum hinein, der lediglich durch das Flimmern eines Fernsehers und das schummrige Licht einer Stehlampe beleuchtet wurde.

Keine Antwort. Zögerlich sah Anne sich um. Eine notdürftig eingerichtete Küchenzeile. Kaffeebecher, bis oben hin voll mit Zigarettenstummeln. Auf einem verschlissenen Sofa lagen altmodische 70er-Jahre-Frauenkleider und ein Kordanzug. Daneben Kinderschuhe und stapelweise Videokassetten. Und ein giftgrüner Plastik-Dinosaurier, der nagelneu aussah und das Einzige war, das nicht hier hereinpasste. Ein Telefon war nicht in Sicht. Und da war er wieder: ein knapper Schrei, dumpf und deutlich zugleich. Ganz nah, als stünde jemand mitten im Raum.

»Ist da wer?«, flüsterte Anne mit zittriger Stimme, als sie langsam auf das Hinterzimmer zuging. Der Boden knarrte unter ihren Füßen. Und obwohl sich alles in ihr verkrampfte, versuchte Anne, sich hinter der Tür ein beschauliches Szenario vorzustellen, etwa eine liebende Mutter mit einem Kind im Arm.

Sie drückte die Klinke herunter und öffnete die Tür einen Spalt. Doch was sie im Schein des hereinfallenden Mondlichts erkannte, war alles andere als beschaulich. Auf einem Campingtisch lagen rostige Sägen, schmutzige Küchenhandtücher, Klebeband, eine Kordel. Auf dem Boden darunter zeichnete sich ein großer dunkler Fleck ab. Anne verzog das Gesicht.

Ist das Blut?

Entsetzt trat sie einen Schritt zurück. Nichts wie raus hier, dachte sie, als sie plötzlich ein schnelles, leichtfüßiges Tippeln hinter sich vernahm.

Dann ein scharfes Knurren. Ganz vorsichtig drehte sie sich um. Zwei stattliche Rottweiler stellten sich ihr in den Weg. Zähnefletschende, bullige Kraftpakete, bereit, jederzeit auf sie loszugehen. Annes Atem ging schneller. Erneut hörte sie die seltsamen Laute, die nun mehr wie ein Wimmern klangen. Als es Anne in ihrer Panik endlich gelang, einen klaren Gedanken zu fassen, wusste sie nicht, was schlimmer war: die Rottweiler, die sie in Schach hielten, oder die plötzliche Erkenntnis, woher die Schreie kamen.

Sie waren direkt unter ihr.

Ohne den Blick von den Hunden zu nehmen, streckte Anne ihre Hand seitlich nach einem Spaten aus. Plötzlich spürte sie zwei feste Hände im Nacken, die sie würgten und ruckartig nach hinten zogen. Mit aller Kraft versuchte Anne, sich loszureißen. Vergeblich. Es war ebenso sinnlos wie ihre verzweifelten Hilferufe, die im beißenden Gestank eines Stofflappens erstickten. Anne zwang sich, die Augen offen zu halten. Doch schon Sekunden später sah sie nur noch die scharf grinsenden Fratzen der Rottweiler, bevor sie in sich zusammensank.

Mittwoch, 10. Juni

(Im rund hundert Kilometer entfernten Berlin)

Fiona Seeberg entdeckte den Schlüssel, der lose unter dem Kachelofen lag, als es an der Tür klingelte.

»Ich geh schon!«, rief sie nach einem zweiten längeren Surren, nahm einen letzten Schluck Whisky und schob die Flasche und den Schlüssel, der ebenso gut zu einem Türschloss wie zu einem Bankschließfach passen konnte, rasch unter den Ofen zurück. Dann eilte sie zur Tür.

Kriminalhauptkommissar Piet Karstens stand im Treppenhaus. Zwei Jahre war es her, doch der ernste Blick aus seinen blassblauen Augen versetzte Fiona noch heute schlagartig in Panik.

Bleib ruhig, tief durchatmen.

Im ersten Moment brachte sie nicht mehr als ein leises »Hallo« heraus, um seine Begrüßung zu erwidern.

Karstens stellte die Kurzhaarige neben ihm als

seine neue Kollegin vor. Sie trug einen moosgrünen Trenchcoat und war gut zwei Köpfe kleiner als er.

»Frauke Behrendt mein Name«, sagte sie knapp.

»Kommen Sie doch rein«, erwiderte Fiona und strich sich die schulterlangen hellbraunen Haare hinter die Ohren.

Die Beamten folgten ihr durch den langen Flur der Berliner Altbauwohnung ins Wohnzimmer. Helle Designermöbel auf dunklem Fischgrätenparkett. Hohe, stuckverzierte Decken. Eine schwere Standuhr und ein alter Steinway standen am anderen Ende des Raums. Nichts erinnerte mehr daran, dass in diesem Wohnzimmer einmal ein Kind mit Babypuppen oder Stofftieren gespielt hatte. Behrendt nahm neben Fiona auf der Ledercouch Platz und betrachtete das große Gemälde, das gesichterlose Gestalten in einem verwunschenen Wald zeigte.

Piet Karstens ließ sich in denselben Sessel wie damals sinken, und kurzzeitig nahm Fiona den vertrauten Geruch seines herben Parfums wahr.

»Frau Seeberg ... es gibt ein weiteres Opfer«, kam er gleich zur Sache. »David, ein vierjähriger Junge aus Potsdam, ist gestern spurlos aus dem Schwimmbad verschwunden.« Er machte eine kurze Pause. »Ich weiß, Sie haben Ihre Aussage damals zu Protokoll gegeben, aber ich dachte – würde es Ihnen etwas ausmachen, uns nochmals ein paar Fragen zu beantworten? Vielleicht gibt es da ja doch noch irgendetwas, das …«

Frauke Behrendt, die einen Notizblock gezückt hatte, unterbrach ihn. »Wie schon nach der Entführung Ihrer Tochter Sophie und den anderen beiden Kindern in Süddeutschland wurde auch Davids Eltern eine weiße Lilie zugesandt.«

Das Symbol für Reinheit und Tod.

Allein die Bedeutung der Blume hatte Fiona nächtelang wach liegen lassen. Auf einmal musste sie an den Tag denken, an dem Sophie verschwand. Und wie Karstens kurz darauf vor der Tür stand. Den Ausdruck in seinen Augen würde sie nie vergessen. Dann die Ermittlungen, die Spurensuche. Die Zeitungsleute, die sie rund um die Uhr bedrängten. Und nun – es hatte etwas Unwirkliches – saß Fiona erneut in ihrem Wohnzimmer und sollte demselben Kommissar die gleichen Fragen wie damals beantworten.

»Bitte, fragen Sie ruhig«, meinte Fiona, während ihr Blick auf die Narbe auf Karstens' Handrücken fiel, die von seinem Mittelfinger bis zum Handgelenk verlief. Die musste neu sein, damals wäre sie ihr sonst sicher aufgefallen.

Karstens räusperte sich. »Sie sagten damals, Sie waren zum Zeitpunkt, als Ihre Tochter verschwand, bei Ihren Eltern – ab wie viel Uhr war das in etwa?«

Fiona dachte nach. »Das dürfte so gegen halb

drei gewesen sein. Ich weiß es deshalb noch so genau, weil ich zuvor mit ein paar Leuten vom Verlag beim Lunch gewesen war. Anschließend bin ich direkt zu meinen Eltern nach Dahlem gefahren. Meinem Vater ging es nicht gut. Er war beim Schießen plötzlich umgekippt.«

»Beim Schießen?«

Sie nickte. »Tontaubenschießen. Als Kind war ich oft mit dabei. Wir haben sogar an Wettbewerben teilgenommen.« Sie senkte den Blick auf ihre im Schoß vergrabenen Hände. »Jedenfalls saß ich damals gerade bei meinen Eltern auf der Veranda, als der Anruf von Adrian kam. Und noch am gleichen Tag wurde das Päckchen mit der weißen Lilie zugestellt.«

Karstens musterte sie. »Frau Seeberg, wurde Ihnen irgendwann vorher schon mal eine weiße Lilie oder sonst irgendeine Blume anonym zugesandt?«

Sie schüttelte den Kopf. »Nein, das heißt ja. Es kam bei Lesungen schon mal vor, dass im Verlag im Nachhinein noch Blumen abgegeben wurden. Aber das waren dann ganze Sträuße«, sagte sie, bemüht, gefasst zu klingen.

»Und ansonsten haben Sie ganz sicher keinerlei Blumen erhalten?«

Fiona presste die Lippen aufeinander und schüttelte den Kopf.

»Als Sophie damals verschwand, haben Sie laut Bericht ausgesagt, neben Ihrer schriftstellerischen

Tätigkeit an der Uni als Dozentin tätig gewesen zu sein«, meldete sich Frauke Behrendt zu Wort und blätterte weiter in ihrem Notizblock. »Als junge, attraktive Dozentin wird man doch sicherlich mal den einen oder anderen Verehrer gehabt haben, oder nicht?«

Fiona musste schlucken. »Das ... das mag vielleicht stimmen. Wenn überhaupt, bekommt man so was aber nur am Rande mit. Abgesehen davon habe ich lediglich zweimal wöchentlich eine Germanistik-Vorlesung gehalten. Und das auch nur für ein halbes Jahr.«

Kurzzeitig kam ihr das, was sich damals auf dem Campus zugetragen hatte, wieder in den Sinn. Doch das alles ging niemanden etwas an, dachte Fiona.

Behrendt schaute von ihren Notizen auf. »Ein halbes Jahr – warum eigentlich nur so kurz?«

»War vielleicht doch alles zu viel«, murmelte Fiona. »Ein kleines Kind, die Kurse, das Schreiben ...« Und den Blick auf ihre Hände gesenkt, fügte sie hinzu: »Ich habe seitdem, seit der Sache mit Sophie, meine ich, nichts Neues mehr geschrieben.«

Kommissar Karstens blinzelte irritiert. »Sie haben seit zwei Jahren an keinem Roman gearbeitet?«

Sie schüttelte den Kopf. »Es ging einfach nicht.«

»Und was haben Sie in der Zwischenzeit gemacht?«, hakte Karstens nach.

19

Fiona antwortete nicht.

Der Kommissar sah sie einen Augenblick lang mitfühlend an, dann übernahm Frauke Behrendt erneut die Befragung. »Also, was haben Sie denn nun in der Zwischenzeit gemacht?«

»Nichts«, antwortete Fiona nüchtern.

»Gar nichts? Aber irgendwas werden Sie doch getan haben?«

»Nein. Ich saß immer nur auf dem Spielplatz. Ich habe den Kindern beim Spielen zugeschaut. Das mache ich heute noch.«

Die beiden Beamten tauschten einen kurzen Blick aus.

»Hat sich Sophie vor ihrem Verschwinden irgendwie seltsam verhalten?«, fragte Behrendt weiter.

»Nein, nicht dass ich wüsste.«

Die Polizistin notierte sich etwas, bevor sie mit ihren Fragen fortfuhr.

»Oder hatte sie vor irgendwas Angst?«

Wieder schüttelte Fiona den Kopf.

»Gab es sonst irgendetwas, das Ihnen im Nachhinein merkwürdig erschien? Hatte Sophie vor ihrem Verschwinden vielleicht öfter von irgendeinem neuen Freund oder einer neuen Freundin erzählt?«

»Wie ich schon zu Protokoll gegeben hatte: Sophie war ein sehr introvertiertes Kind. Sie hat sich schwer damit getan, Beziehungen zu anderen Kindern aufzubauen. Abgesehen davon war sie ja auch erst zweieinhalb Jahre alt«, erklärte Fiona und sah zu Boden. Die schmerzlichen Erinnerungen brachen bei jeder weiteren Frage wie heftige Migräneattacken über sie herein. Fiona dachte an all die Tage, Wochen und Monate, in denen sie gehofft hatte, Karstens würde ihr kleines Mädchen doch noch zurückbringen. An das stundenlange Starren zum Telefon. An die wachsende Verzweiflung, die an ihr nagte wie eine Ratte an einem rohen Stück Fleisch.

Ein undenkbar grauenvoller Zustand, der bis heute anhielt.

Karstens gab ein Husten von sich, als Fiona den Blicken der Kriminalbeamten zur Tür folgte.

Adrian kam ins Wohnzimmer. Er hatte sich eine beige Stoffhose und ein hellblaues Poloshirt übergezogen, unter dem sich ein kleiner Bauchansatz abzeichnete. Seine noch nassen, dunkelbraunen Haare waren streng zurückgekämmt.

»Adrian Riedel«, stellte er sich Frauke Behrendt kurz vor, nachdem er Karstens mit einem knappen Kopfnicken begrüßt hatte, und ließ sich in den Sessel am Fußende des Couchtisches fallen.

Der Kommissar musterte ihn kühl. Kurz und bündig erläuterte er auch Adrian den Grund ihres Besuchs und begann sogleich mit seinen Fragen.

»Als Sophie verschwand, wo genau waren Sie da?« Sein feindseliger Unterton gegenüber Adrian hatte sich kaum verändert.

»Wie schon gesagt, ich war mit ihr auf dem Spielplatz. Aber wie oft wollen Sie uns eigentlich noch befragen?« Adrian stieß einen Seufzer aus, sprang auf und lief mit verschränkten Armen vor dem Kachelofen und der Standuhr auf und ab. »Meinen Sie nicht, wir hätten schon genug unter dem Tod unserer Tochter gelitten?«

Fiona zuckte innerlich zusammen.

Unter dem Tod unserer Tochter?

Solange ihre Leiche nicht gefunden wurde, hatte sie sich geweigert, die Hoffnung aufzugeben und Sophie für tot zu halten. Fiona kämpfte sichtlich mit den Tränen.

»Da sehen Sie, was Sie mit Ihrer Fragerei anrichten«, entfuhr es Adrian, und er tätschelte Fionas Schulter, während er Kommissar Karstens vorwurfsvoll ansah.

»Herr Riedel!«, griff Frauke Behrendt energisch ein. »Ich kann mir gut vorstellen, was Sie beide durchgemacht haben müssen … oder durchmachen«, berichtigte sie sich schnell. »Doch solange dieser Serientäter weiter frei herumläuft und womöglich schon wieder das nächste Kind im Visier hat, könnte jeder noch so kleine Hinweis für uns wichtig sein!«

Wortlos blickte Adrian in die Runde und hob schließlich die Hände.

»Na schön«, sagte er, tief Luft holend. »Ich saß auf einer Parkbank und habe Zeitung gelesen. Es war ein heißer Tag, und auf dem Spielplatz war es so voll, Gott weiß, wer dort hätte herumlungern können, ohne dass es gleich aufgefallen wäre. Und Sophie, die spielte mit anderen Kindern auf der Rutsche.«

»Im Sandkasten«, korrigierte ihn Fiona.

Adrian sah sie stirnrunzelnd an.

»Du sagtest, sie war im Sandkasten, nicht auf der Rutsche«, bekräftigte Fiona.

Er machte eine abwinkende Handbewegung. »Was weiß ich, die ganze Sache ist zwei Jahre her – Sandkasten, Rutsche, ist doch vollkommen egal, Tatsache ist, dass Sophie plötzlich weg war.«

»Und was haben Sie dann gemacht?«, fragte Frauke Behrendt.

»Na, sie gesucht natürlich, was glauben Sie denn?«, erwiderte Adrian und zog die Schultern hoch. »Ich habe jeden Winkel des Spielplatzes nach ihr abgesucht. Unter der Rutsche, bei den Wackelelefanten, den Schaukeln, Sandkästen – selbst in den Büschen und bei den stinkenden Mülltonnen habe ich nachgesehen. Man weiß ja nie, was in einem Kind so vorgeht, hätte ja sein können, dass sie sich dort versteckt oder was weiß ich. Aber sie war nirgendwo.«

»Und dann?«

»Dann bin ich die umliegenden Straßen und Schleichwege abgelaufen und habe jeden nach ihr gefragt, der mit entgegengekommen ist.«

»Und als Sie sie nicht gefunden haben?«, hakte Karstens nach.

»Ich hab sofort Fiona angerufen. Ich dachte, vielleicht hat ja längst eine andere Mutter Sophie mit nach Hause gebracht. Als Sophie dort aber auch nicht war, bin ich nach Hause gerannt und habe mit Fiona sämtliche Eltern und Bekannten abtelefoniert. Und dann haben wir die Polizei angerufen.« Kommissar Karstens kratzte sich am Kinn. »Und dann haben Sie die Polizei angerufen«, wiederholte er und forschte in Adrians Blick. »Hm, verstehe«, murmelte er, als ein Handy in seiner Jackettasche klingelte.

Er sah auf das Display und seufzte. »Na gut. Das wäre dann auch schon alles«, sagte er knapp. »Ach so, bevor ich's vergesse: Haben Sie diesen Lieferwagen schon mal gesehen?« Er tippte mit dem Zeigefinger auf ein Foto.

Fiona betrachtete das Bild. »Ist das nicht der Wagen, der damals vor Sophies Kita beobachtet worden war? Ja, ja, doch – dieser Ein-Herz-für-Kinder-Aufkleber da am Heck, das ist er doch, oder?«

Karstens nickte. »Augenzeugenberichten nach wurde der Wagen gestern vor dem Schwimmbad gesehen, in dem David verschwand.«

Fiona zog die Brauen zusammen. »Sie meinen, damit werden die Kinder …«

»Das können wir im Moment nicht mit Sicherheit sagen, aber es ist immerhin eine Spur«, antwortete Karstens, warf seiner Kollegin einen flüchtigen Blick zu und stand auf.

Behrendt ließ den Notizblock in ihrer Handtasche verschwinden und legte eine Visitenkarte auf den Tisch. »Wenn Ihnen noch irgendetwas einfallen sollte …«

»Rufen wir Sie selbstverständlich an«, vervollständigte Adrian, ohne dabei aufzusehen.

Fiona brachte die Beamten zur Tür. Und einen Augenblick lang meinte sie, dem Kommissar anzusehen, dass auch er sie lieber unter anderen Umständen wiedergetroffen hätte.

Sie wartete, bis die Schritte im Treppenhaus verstummten und die schwere Haustür im Erdgeschoss zufiel, da stürmte Adrian an ihr vorbei.

»Ich fasse es einfach nicht, dass dieser Kommissar nach zwei Jahren hier wieder auftaucht! Die sollen diesen Dreckskerl, der Sophie …«, er brach ab, »die sollen den endlich ein für alle Mal hinter Gitter bringen, statt unschuldige Leute mit belanglosen Fragen zu quälen.« Er wandte sich um. »Ich geh mir die Füße vertreten. Bin dann später im Laden.«

Fiona nickte schweigend und sah ihm nach, wie er die Treppen hinunterhastete.

Warum wurde sie das Gefühl nicht los, dass irgendetwas nicht stimmte?

Donnerstag, 11. Juni

(In Berlin)

Die grelle Morgensonne strahlte ihr durch einen Spalt zwischen den Vorhängen ins Gesicht, als Fiona die Bettdecke beiseiteschlug. Sie öffnete das Schlafzimmerfenster und blickte gähnend in den wolkenlosen Himmel.

Ein strahlend schöner Junitag, belanglos wie jeder andere ...

Alles an diesem Morgen erschien ihr beschwerlich. Die schwüle Hitze lähmte sie, genauso wie der Kater der vergangenen Nacht.

Gegen halb zwölf erreichte Fiona den Spielplatz. Obwohl sie in den vergangenen zwei Jahren beinahe täglich hier gesessen und die herumtollenden Kinder beobachtet hatte, fiel es ihr heute schwerer als sonst, hierherzukommen. Doch sie konnte nicht anders. Die Spielplatzbesuche waren für Fiona zum Ritual geworden. Warum, wusste sie selbst nicht genau. Die Vorstellung, tagsüber ganz allein mit sich und ihren Gedanken in der 150-Quadrat-meter-Wohnung zu sitzen und den Verstand zu verlieren, machte ihr einfach Angst.

Als die ersten Mütter ihre Kinder abholten und an Fiona vorbeiliefen, hörten sie schlagartig auf zu reden. Fiona kümmerte das ebenso wenig wie Renate Pohl. Die rundliche Erzieherin Ende vierzig, mit Nickelbrille, lose zusammengezwirbeltem Haar und bunten Birkenstocks, war gerade dabei, vor dem Spiele-Container ein paar Schaufeln und Förmchen an die gierigen kleinen Hände zu verteilen. Als sie Fiona bemerkte, nickte sie ihr lächelnd zu.

»Timmi! Gib Benjamin sofort den Bagger zurück! Du hast doch gesehen, dass er ihn zuerst hatte«, rief sie plötzlich Richtung Sandkasten.

Der pausbackige Rotschopf warf trotzig das Spielzeug in den Sand und peilte das Bobby Car eines anderen Jungen an.

Pohl band der kleinen Luna García die Schuhe, nahm sie an die Hand und kam mit ihr über die Wiese gelaufen.

»Luna, zeig der Frau Seeberg mal, was wir gestern gebacken haben.«

Pohl setzte sich neben Fiona auf die Bank und nahm Luna auf den Schoß, woraufhin die Kleine verschämt ihr Gesicht im Dekolleté der Erzieherin vergrub.

Schmunzelnd betrachtete Fiona das Mädchen. »Du kannst also schon backen, Luna?«

Die Kleine nickte stolz, bückte sich nach ihrem rosa Barbie-Rucksack und zog einen unförmigen Keks aus einer Butterbrottüte.

»Ist der für mich?«, tat Fiona überrascht.

Das Mädchen warf den Kopf von links nach rechts. »Der ist für Mister Brown! Meinen Hamster!« Luna lehnte ihren Kopf an Fionas Schulter, bevor sie aufsah und zur gegenüberliegenden Parkbank hinüberwinkte.

Renate Pohl schien darüber alles andere als erfreut. »Was macht der denn schon wieder hier!«, zischte sie. »Wehe, dieser Brommer gibt den Kindern noch einmal Bonbons! Dann hat er zum letzten Mal hier gesessen! Mein Gott, wozu predige ich den Kids eigentlich die ganze Zeit, nichts von Fremden anzunehmen, wenn die da hinten ihre Senioren nicht im Griff haben?«

Die Erzieherin deutete mit dem Kopf zu dem großen Sandsteingebäude hinüber, das an den Spielplatz angrenzte. Fiona betrachtete den kahlköpfigen älteren Mann auf der Parkbank aus schmalen Augen. Er mochte vielleicht Mitte siebzig sein, wirkte jedoch noch recht agil und gut in Form.

»Seit wann kommt dieser Brommer eigentlich schon her?«, wollte sie wissen.

Auf den ersten Blick war er ihr wie ein harmloser älterer Herr erschienen, für den das Geschrei

29

tobender Kinder eine willkommene Ablenkung vom ständigen Gejammer über Krankheit und Tod im Seniorenstift war.

Renate Pohl zuckte die Schultern. »Keine Ahnung. Vielleicht seit vier oder fünf Wochen.«

Fiona nickte und lehnte sich mit verschränkten Armen zurück, als Brommer der kleinen Luna abermals zuwinkte.

Kurz darauf betrat Lunas Mutter, eine zierliche Südamerikanerin mit schweren Locken und schwarzer Sonnenbrille, den Spielplatz.

Luna, die ihre Mutter sofort entdeckte, kletterte von Pohls Schoß und lief Maria García in die Arme.

Lächelnd sah Fiona der kleinen Luna nach.

»Die großen Augen, die Korkenzieherlocken – sie sieht aus wie Sophie«, entfuhr es ihr.

»Stimmt. Jetzt, wo Sie's sagen.« Renate Pohl straffte sich und schob ihre Brille mit dem Mittelfinger hoch. »Wenn ich mich recht erinnere, dürfte Ihre Tochter etwa im gleichen Alter gewesen sein. Etwas jünger«, sie faltete ihre Hände vor der Brust, »so eine schreckliche Sache.«

Fiona wich ihrem Blick aus. Sie hatte derartige Gespräche bislang zu vermeiden gewusst, und Pohls Mitgefühl schnürte ihr beinahe die Luft ab.

»Wo ist eigentlich Ihr Kollege heute?«, wechselte Fiona das Thema.

»Gute Frage. Sascha Funk ist seit Tagen krank.
Heute wollte er allerdings kommen, fragt sich nur
wann«, murrte Pohl und zog die Stirn in Falten.
»Wenn er nicht aufpasst, verbaut er sich mit seiner
Krankfeierei noch seine ganze Zukunft. Die
Schneider von der Kita-Leitung hat ihn eh schon
auf dem Kieker.« Pohl schnaufte. »Ah, sieh mal ei-
ner an – da hinten kommt er ja. Hat sich kurz vor
Schluss also doch noch herbequemt.«

Der schlaksige junge Mann in Army-Hose und
Kapuzenpulli stellte sein Mountainbike hinter dem
Zaun ab und nahm seine iPod-Stöpsel aus den
Ohren. Schuldbewusst nickte er Pohl zu, bevor
ihn eine Horde Kinder freudig kreischend Rich-
tung Spiele-Container zog.

Wortlos betrachtete Fiona den Erzieher. Wie jemand, der tagelang krank im Bett gelegen hat,
sieht er jedenfalls nicht aus, fügte sie in Gedanken
hinzu, als Cornelia Bachmann, eine der Mütter,
mit ihrem Sohn Timmi an der Hand vor ihnen stehen blieb.

»Guten Tag, Frau Pohl. Kann ich Sie einen Moment sprechen?«, fragte sie ernst und würdigte
Fiona keines Blickes.

»Aber ja, geht's um Timmi?«, fragte die Erzieherin.

Bachmann räusperte sich. »Nein, also, das heißt,
nicht direkt. Aber auch.«

»So? Was gibt's denn?«

Bachmann warf einen flüchtigen Blick auf Fiona, bevor sie antwortete: »Können wir das bitte unter vier Augen besprechen?«

Fiona riss die Hände hoch. »Oh, bitte. Lassen Sie sich von mir nicht stören. Ich habe bei Gesprächen über Kinder natürlich nichts mehr verloren. Klar. Ich wollte ohnehin gerade gehen.«

Sie stand auf und verließ, ohne sich noch einmal umzudrehen, den Spielplatz, während sie die Blicke der beiden Frauen noch im Nacken spürte.

❊ ❊ ❊

(Am Nachmittag desselben Tages
südöstlich vor Berlin)

Gelähmt vor Angst, kauerte Anne auf dem Erdboden und starrte in den düsteren Raum, in den durch ein paar Schlitze in der aus Dachlatten und Stacheldraht zusammengezimmerten Wand das fahle Licht von nebenan drang. Da war diese unerträglich stickige Luft, die es ihr beinahe unmöglich machte, zu atmen. Da war dieser beißende Gestank nach verwesendem Fleisch, der ihr in der Nase brannte. Da waren diese entsetzlichen Schmerzen, die ihren Körper bei der allerkleinsten Bewegung durchfuhren und ihr jegliches Zeitgefühl raubten. Und da war dieser kleine weißblonde

Junge von vielleicht vier Jahren, der jetzt wie ein Häufchen Elend neben ihr lag, die Arme und Beine übersät mit zahlreichen Schnittwunden. Sein schwarzweißes T-Shirt war zerschnitten. Der Stoff durch und durch blutgetränkt.

»Hey, kannst du mich hören?«, rief ihm Anne leise zu. Jeder Laut kratzte in ihrer trockenen Kehle.

Der Junge reagierte nicht. Anne versuchte es ein weiteres Mal. Nichts, lediglich der schwere Atem des Jungen zeugte davon, dass er noch lebte.

Wo zum Teufel bin ich hier?

Alles, woran Anne sich erinnerte, waren der Bungalow, das Hinterzimmer und die Hunde. Und der stinkende Lappen, der ihr den Atem genommen hatte. Dann fiel es ihr wieder ein: die Schreie. Direkt unter ihr. Anne betrachtete die Leiter, die an der Wand befestigt war und zu einer kleinen Luke in der Decke führte. Und mit einem Mal wurde ihr klar, dass sie hier niemand finden würde. Sie waren in einem Verlies tief unter dem Bungalow. Was hatte das alles zu bedeuten? Eine dunkle Vorahnung beschlich sie, dass sie diesen Ort nicht mehr lebend verlassen würde.

Verdammt, reiß dich zusammen!

Mit letzter Kraft versuchte sie, ihre Hände zu befreien, die hinter ihrem Rücken an ein Heizungsrohr gefesselt waren. Vergeblich. Anne zwang sich, wach zu bleiben.

Womöglich durchkämmt ja doch längst ein Suchtrupp den Wald.

Anne gab die Hoffnung nicht auf, dass sich gleich die Deckenluke öffnen und ein Einsatzkommando der Polizei diese gottverdammte Grabkammer stürmen würde. Doch es geschah nichts dergleichen. Und allmählich kam Anne zu der bitteren Erkenntnis, dass auch niemand nach ihr suchen würde. Nicht in diesem Loch, nicht drei Autostunden von ihrer Heimatstadt Rostock entfernt. Nicht nach einem Mädchen, das den Urlaub mit ihren Eltern verschmäht hatte, um mit ihrem Freund nach Italien zu reisen. Selbst Lars würde nicht nach ihr suchen.

»Ich fahre alleine nach Italien!«, hatte sie ihn noch angebrüllt, bevor sie aus dem Wagen gesprungen war. Auf seine Frage, wie sie das anstellen wolle, hatte sie nur patzig erwidert: »Lass das mal meine Sorge sein!«

Man würde also frühestens nach den großen Ferien damit beginnen, sie zu suchen, stellte Anne verzweifelt fest.

Aber dieser kleine Junge hier – der wird ganz sicher längst vermisst.

Anne klammerte sich an den Gedanken, dass es für sie noch Hoffnung gab, solange der Junge neben ihr lag. *Ob nun tot oder lebendig.*

Plötzlich hörte sie die Holzbalken über ihnen knarren. Feste, stampfende Schritte näherten sich.

Und verstummten direkt über ihnen. Anne hielt den Atem an. Hilflosigkeit und Panik stiegen in ihr auf, und ihr wurde übel vor Angst, als sie ein flappendes Geräusch vernahm, das wie das Zurückschlagen eines Teppichs klang. Ihr Herz schlug schneller, und sie hörte das Blut durch ihren Kopf rauschen, während sich die Luke mit einem altersschwachen Krächzen öffnete. Anne schreckte zurück.

Was da jetzt leise ächzend die Leiter herabgestiegen kam, war gewiss kein Sondereinsatzkommando.

❉ ❉ ❉

(Zur selben Zeit in Berlin)

Fiona Seeberg stellte ihre schweren Einkaufstüten auf dem Treppenaufgang vor der Haustür ab, als ihr Marianne Hubertus, die weißhaarige Dame von nebenan, mit ihrer Englischen Dogge entgegenkam. Ja, danke, gut gehe es, eben immer so weiter. Zum Tierarzt? Arthritis? Nein, wirklich?, gab sich Fiona interessiert. Na dann, bis demnächst, und gute Besserung noch für den Hund.

Fiona schloss die Haustür auf und sah der älteren Frau mit der hechelnden Hündin noch hinter-

35

her, da fiel ihr der verbeulte, rostrote Fiat Punto auf, der nur wenige Schritte vom Hauseingang entfernt parkte. Der Mann hinter dem Steuer trug eine schmale Sonnenbrille und eine verwaschene hellblaue Jeansjacke. Wenn sie sich recht erinnerte, hatte sie den Wagen in den vergangenen Tagen bereits öfter gesehen. Nicht nur vor ihrem Haus, auch vor dem Papierladen, dem Supermarkt und unweit Adrians Restaurant. Und obwohl sie allmählich nicht mehr an einen Zufall glauben mochte, hoffte etwas in ihr, dass sie sich irrte.

Ohne sich ein weiteres Mal umzudrehen, verschwand Fiona im Hauseingang, trug die Einkäufe nach oben und stellte die Tüten in die Küche. Am Kühlschrank haftete unter einem Eiffelturm-Magneten, einem Mitbringsel aus besseren Zeiten, eine Nachricht von Adrian.

Hallo Liebling.
Bin schon im Laden. Habe heute neuen Beluga geliefert bekommen. Schau doch vorbei, wenn du willst. Rolf kommt auch noch. Bis später …
Kuss

Ausdruckslos betrachtete Fiona den Zettel, bevor es sie ans Fenster zog und sie zur Straße hinunterspähte. Wer auch immer der Mann in dem roten Punto gewesen war und was auch immer er gewollt hatte – er schien wieder verschwunden zu sein. Mit gemischten Gefühlen streifte Fiona ihre Ballerinas ab, schlüpfte in ihre Hausschlappen und schlenderte ins Wohnzimmer.

Im Fernsehen lief eine Kochsendung. Eine Parlamentsdebatte zur Gesundheitsreform. Eine Doku über sibirische Polarfüchse. Die üblichen Seifenopern des Vorabendprogramms. In den Nachrichten baten sie um Mithilfe im Fall des vermissten David.

»… Er ist etwa ein Meter vier groß, hat hellblonde Haare und eine circa drei Zentimeter große Narbe über der linken Augenbraue. Der Junge trug zuletzt ein schwarzweiß gestreiftes T-Shirt, dunkelblaue Shorts und hellblaue Turnschuhe. Die Polizei schließt eine Entführung nicht aus. Für sachdienliche Hinweise wenden Sie sich bitte an Ihre nächste Polizeidienststelle.«

Das eingeblendete Foto zeigte einen fröhlichen weißblonden Jungen mit einem giftgrünen Plastik-Dinosaurier in der Hand. Fiona jagte ein kalter Schauer den Rücken hinab.

Wann wird das alles endlich ein Ende haben?

Ihre Finger umklammerten die Fernbedienung, und sie spürte, wie sie sich zunehmend verkrampfte, als die Gesichtszüge des Kindes vor ihren Augen zu einer hässlichen Fratze verschwammen. Abrupt schaltete sie den Fernseher aus und warf die Fernbedienung neben sich auf das Sofa. Ihr Blick fiel auf den Kachelofen, unter dem sie eine Flasche

Johnny Walker versteckt hatte. Wieder war da dieses Verlangen, das sie wie ein Schatten durch den Tag verfolgte. Sie atmete tief durch, bemüht, dem Drang, zur Flasche zu greifen, zu widerstehen.

Am liebsten wollte sie vor sich davonlaufen. Kurzzeitig kämpfte sie mit sich. Dann eilte sie ins Schlafzimmer, streifte ihre Sachen ab, zog eine Leggings, ein T-Shirt und ihre Sportschuhe an und lief die Treppen hinunter.

Sie hatte ihre engen, etwas zu kleinen Laufschuhe eine Ewigkeit nicht mehr getragen, doch der brennende Schmerz der Reibung spornte sie jetzt nur noch mehr an. Fiona joggte, nein rannte immer schneller, bis ihre Beine zitterten und sich ihre Füße beinahe überschlugen. Ihr rechter Schuhbändel löste sich, doch Fiona dachte nicht daran, anzuhalten, trieb sich stattdessen nur noch schneller voran. Sie hetzte die Straße entlang bis zu der großen Kreuzung, überquerte ein Parkstück und bog am Spielplatz ab.

Renate Pohl saß mit den Kindern der Nachmittagsgruppe am Sandkasten, während Fritz Brommer noch immer wie angewachsen auf der Parkbank saß.

Erst als Fiona das Bundeswehrkrankenhaus und den Invalidenfriedhof hinter sich gelassen und das verlassene Industriegebiet am Nordhafen erreicht hatte, machte sie an einer Uferböschung halt und verschnaufte. Sie strich sich die Haare aus der geschwitzten Stirn, setzte sich erschöpft ans Ufer und spürte den warmen Asphalt unter sich. Für einen Moment schloss sie die Augen.

So kann es nicht weitergehen. Du kannst nicht ewig vor der Vergangenheit weglaufen. Du musst endlich einen Weg finden, dich dem, was passiert ist, zu stellen.

Sie starrte noch eine Weile auf das Wasser, in dem sich die untergehende Sonne rötlich spiegelte.

❋ ❋ ❋

Die Standuhr im Wohnzimmer schlug elf. Fiona saß noch immer an ihrem Schreibtisch im Arbeitszimmer. Binnen weniger Stunden hatte sie an den Rand ihres Laptops etliche Post-its mit Vermerken zu Figuren, Orten und Handlungssträngen geheftet. Ihr Schreibtisch war übersät mit Schmierzetteln und stammbaumartigen Skizzen. Auf dem Boden häufte sich zusammengeknäultes Papier.

»Noch einmal las Katrin Taubert die Rundmail, in der ihr Mann die frohe Botschaft verkündete. Er hatte sie an sämtliche Freunde und Bekannte verschickt.

›Wir sind überglücklich über unseren dreitausenddreihundert Gramm schweren Zuwachs – unsere süße Leni.‹

Doch während alle Welt auf dem Foto darunter eine

glückliche Familie sah, wusste Katrin, dass sie niemals eine gute Mutter sein würde, wusste, dass sie es wieder tun würde ...«

So lauteten die ersten Sätze in Fionas Word-Dokument. Die ersten Sätze ihres neuen Romans. Schlagartig schossen Fiona die Tränen in die Augen.

»Halten Sie Ihre Gefühle nicht zurück, lassen Sie ihnen freien Lauf, wann immer Ihnen danach ist«, hatte Doktor Mierau stets gepredigt.

Und genau das tat Fiona jetzt. Sie zwang sich, weiterzuschreiben. Wut, Trauer und Ohnmacht – Gefühle, die sich so tief in ihrem Innern verbargen, dass es nicht einmal den Therapeuten mit ihren bohrenden Fragen gelungen war, sie aus ihr herauszukitzeln, bahnten sich ihren Weg in das Manuskript wie ein Akt der Selbstbefreiung. Fiona tauchte tief in die Welt ihrer Romanheldin ein.

Um kurz nach Mitternacht klappte Fiona ihren Laptop zu und ging in die Küche. Vor der Spüle blieb sie unschlüssig stehen. Einerseits war da die Erleichterung. Andererseits war da wieder jenes Gefühl von Unruhe, Beklemmung und tiefer Verzweiflung. Wohl wissend, dass es falsch war, holte Fiona eine halbvolle Kognakflasche hinter den Putzmitteln unter der Spüle hervor. Sie zögerte. Zu schwach, um gegen ihr Verlangen anzukämpfen, zog sie schließlich den Flaschenkorken heraus und stürzte ein paar Schlucke hinunter, als sie hörte, wie die Wohnungstür aufgeschlossen wurde. Danach Schritte im Flur. Hastig ließ sie die Flasche verschwinden.

»Na, sind wir mal wieder durstig?« Erschrocken drehte Fiona sich um. Adrian lehnte bereits im Türrahmen. Sie spürte, wie ihr die Röte ins Gesicht stieg.

»Du kommst spät heute«, sagte sie statt einer Antwort.

Vorwurfsvoll schüttelte Adrian den Kopf und holte Luft, als wollte er ansetzen, etwas zu erwidern, verkniff sich dann aber seinen Kommentar und nahm einen Tetrapak Milch aus dem Kühlschrank.

»Es gab Ärger mit einer Gruppe englischer Touristen.« Er nahm einen großen Schluck, wischte sich mit dem Handrücken den Mund ab und stellte die Milch zurück. »Stell dir vor, diese Idioten wollten partout ihre letzte Runde nicht bezahlen.«

»Musstest du die Polizei rufen?«

»Die Polizei? Nein, zum Glück war ja Rolf da. Der brachte diesen Sauhaufen zur Besinnung. Ich war heilfroh, sonst hätte das Ganze noch wer weiß wie lange gedauert.«

Gähnend streckte er die Arme über seinem Kopf aus und ließ sie abrupt fallen. »Ach Gott, bitte entschuldige, Fiona. Ich komme dir hier mit belanglosem Restaurantgeschwätz, dabei …«, er legte ei-

41

nen besorgten Gesichtausdruck auf, »die Sache mit diesem Jungen … und dann dieser nervige Kommissar Karstens mit seinen ganzen Fragen … Das hat dich ganz schön mitgenommen, stimmt's?«

Fiona verschränkte die Arme und starrte mit leerem Blick auf die Spüle. Leise seufzte Adrian und kam mit ausgebreiteten Armen auf sie zu, doch Fiona hob die Hände und lief wortlos an ihm vorbei ins Badezimmer.

»Ach komm schon, Fiona.« Er folgte ihr über den Flur, als er unvermittelt feststellte: »Da brennt ja Licht in deinem Arbeitszimmer.«

Mit schnellen Schritten kam er ins Bad. »Du hast dein Arbeitszimmer doch ewig nicht mehr betreten – hast du etwa geschrieben?«

Er blinzelte irritiert.

Fiona legte die elektrische Zahnbürste beiseite und betrachtete die blasse, sommersprossige Frau im Spiegel, die eindeutig zu müde war, um noch irgendeine Ausrede zu erfinden. »Das erste Kapitel.«

Adrian schlug die Hände wie zum Gebet zusammen. »Gott sei Dank!« Sichtlich erleichtert schloss er sie in die Arme.

Eine seltene Geste. Fiona wusste nicht, ob ihr zum Lachen oder zum Weinen zumute war. Sie entschied sich für ein Lächeln, das sich jedoch rasch wieder verflüchtigte, als ihr plötzlich klarwurde, dass das Schicksal sie mit dem Schreiben dieses Romans abermals vor eine Zerreißprobe stellte.

»Und, willst du mir nicht verraten, wovon die Geschichte handelt?«, fragte Adrian, Fiona noch immer im Arm haltend.

»Dreimal darfst du raten.«

Er zuckte wortlos mit den Achseln. Als Fiona darauf nicht reagierte, ließ er schlagartig von ihr ab. »Du willst mir doch wohl nicht sagen, dass ...«

»Doch, will ich«, unterbrach sie ihn.

Fassungslos schüttelte er den Kopf. »Aber ich dachte ... ich meine ... Doktor Mierau hat dir doch dringend davon abgeraten, die Sache in einem Roman zu verarbeiten. Verdammt, Fiona, du weißt doch, was er gesagt hat – das Risiko ist viel zu groß, dass deine Phantasie beim Schreiben mit dir durchgeht! Gott weiß, was du dir da alles zusammenreimst ...«

Fiona funkelte ihn erbost an. »Verstehst du denn nicht, dass es für mich der einzige Weg ist, mich der Vergangenheit zu stellen?« Sie stützte sich am Waschbeckenrand ab und musterte Adrian. »Dachtest du wirklich, ich male mir nicht ohnehin ständig aus, was mit Sophie passiert sein könnte?« Fionas Stimme überschlug sich. »Bist du wirklich so ignorant, Adrian?«

Er senkte den Blick. »Ich wusste nicht, dass ... ich meine, ich dachte, du wärst längst einigermaßen ...«

»Ja, genau, gar nichts weißt du!« Mit Tränen in den Augen blickte sie ihn an. Dann stürmte sie aus dem Badezimmer und knallte kurz darauf die Schlafzimmertür hinter sich zu.

❀ ❀ ❀

Freitag, 12. Juni

(In Berlin)

¡Madre mía! Maria García stand zitternd vor dem Badezimmerspiegel und betrachtete die Platzwunde auf ihrem Jochbein, die bei jedem Blinzeln brannte. Die faustgroße, pochende Schwellung unter ihrem rechten Auge breitete sich bis zur Schläfe aus. Maria senkte den Blick. Wieder einmal war sie ihm hilflos ausgeliefert gewesen, war Opfer seiner Launen geworden. Sie hatte sich weder gewehrt noch zu schreien getraut, sondern ihn stumm ertragen.

Vorsichtig tupfte sie sich mit einem Wattepad das Blut ab, das sich mit ihren Tränen mischte und ihr die Wange hinabbrann. Was sollte sie ihrer Tochter dieses Mal sagen? Luna war erst vier, doch sie war ein kluges Mädchen, und es war nur eine Frage der Zeit, wann sie ihr nicht mehr glauben würde. Schon jetzt meinte García, in Lunas großen braunen Augen einen Anflug von Zweifel zu bemerken.

Kinder spüren, wenn etwas nicht stimmt – wie oft soll Mama denn noch die Treppe hinuntergefallen sein?

Am meisten Sorge bereitete García jedoch der bevorstehende Elternabend in Lunas Kita. Dort würde sie die blauen Flecken nicht wieder hinter ihrer großen schwarzen Sonnenbrille verbergen können. Und Renate Pohls misstrauische Blicke waren ihr nicht entgangen.

Die ahnt doch längst, was Sache ist. Von den anderen Müttern ganz zu schweigen …

Der Elternabend war schon in drei Tagen, aber einfach nicht hinzugehen kam für García nicht in Frage. Das würde Pohl und die anderen Mütter in ihren Annahmen nur bestärken.

Nein, bloß kein Aufsehen erregen.

Zu hart hatte García um einen Platz in dieser Kita gekämpft, die einen exzellenten Ruf genoss. Und auch die allmorgendliche Fahrt von Kreuzberg nach Berlin-Mitte, eine Prozedur, die sich am späten Nachmittag wiederholte, nahm sie dafür gerne auf sich.

Mit einem Mal schlug die Wohnungstür zu. García fuhr zusammen. Sie hörte, wie er in den Aufzug stieg. Erleichtert atmete sie aus, obgleich sie wusste, dass er wiederkommen würde, sobald die letzte Kneipe geschlossen hatte. Luna und sie waren in diesen vier Wänden nicht mehr sicher. Sie hatten seine Aussetzer schon viel zu lange erduldet. García hob ihren Blick und sah sich tief in die

Augen: *Gleich morgen früh wirst du zur Polizei gehen und mit Luna in einem Frauenhaus Zuflucht finden.*

Und wieder einmal wusste sie schon jetzt, dass sie nicht den Mut dafür aufbringen würde. Sie konnte ihn nicht verlassen. Ohne ihn war sie nichts weiter als eine alleinstehende Mutter ohne festen Job und regelmäßiges Einkommen. Und wenn sie Pech hatte, bald auch noch ohne Aufenthaltsgenehmigung, dachte sie bei sich, während ihr ein Blutstropfen über die Wange rann und ins Waschbecken tropfte.

Doch mit Luna zurück nach Kolumbien? Niemals. Nicht in diesem Leben.

Plötzlich ging die Badezimmertür auf. Geblendet vom grellen Licht, rieb sich Luna die müden Augen und tapste in ihrem rosa Frotteeschlafanzug auf sie zu.

»Mama«, stammelte sie und umklammerte Marias Bein.

Schnell schnappte sich García ein Handtuch und drückte es auf ihre Wunde.

»*Esta bien*, kleine *princesa, ya esta bien*«, sagte García leise, streichelte ihr über den Kopf und bemerkte erst jetzt, dass auch Luna geweint hatte.

»Ist ja gut«, flüsterte García. Erleichtert, dass ihre Tochter ihr nicht ins Gesicht gesehen hatte, nahm sie Luna hoch. Sie drückte Lunas Kopf an ihre Schulter und trug sie zurück ins Bett. Vielleicht könnte sie Frau Seeberg fragen, hin und wieder im Restaurant auszuhelfen, überlegte García. Das wäre immerhin ein Anfang. Denn eines war für García so sicher wie das Amen in der Kirche: *Solange sie Luna in diesem Land eine bessere Zukunft als in Kolumbien ermöglichen konnte, würde sie jeden Preis dafür zahlen.*

❀ ❀ ❀

(Noch am selben Abend)

Fiona hoffte inständig, dass sie sich irrte, als sie mit dem Zeigefinger über die Buchrücken fuhr und einige Regale weiter plötzlich ein vertrautes Gesicht bemerkte. Schnell wandte sie ihren Blick wieder ab.

War er es wirklich?

Fiona spürte, wie ihr eine leichte Röte ins Gesicht stieg. Sie wollte ihm nicht begegnen. Nicht heute. Nicht jetzt. Nicht hier in diesem Buchladen. Und sie wollte sich gerade davonstehlen, da bemerkte sie aus dem Augenwinkel, dass er zu ihr herüberschaute. Doch auch er senkte seinen Blick rasch wieder. Nein, nun sah er wieder zu ihr herüber.

»Frau Seeberg?«

Kommissar Piet Karstens lächelte etwas unbeholfen, als er in Jeans und leicht zerknittertem

Hemd auf sie zukam. Er sah übermüdet aus, deutlich abgespannter als beim letzten Mal. Fiona umklammerte die Bücher, die sie sich herausgesucht hatte, wie um die Titel mit ihren Armen zu verdecken.

»Hallo! Na, so ein Zufall«, sagte sie und machte ein überraschtes Gesicht. Für einige Sekunden schien die Verlegenheit, mit der sie sich gegenüberstanden, mit den Händen greifbar zu sein.

Karstens vergrub die Hände in den Hosentaschen, neigte seinen Kopf und sah neugierig auf Fionas Bücher, als sein Lächeln mit einem Mal verblasste. »WENN FRAUEN MORDEN von Stephan Harbort«, las er vor. »DER MÖRDER IN UNS – WARUM WIR ZUM TÖTEN PROGRAMMIERT SIND von David M. Buss.« Der Kommissar rieb sich nachdenklich das Kinn.

»Ich recherchiere für meinen neuen Roman«, rechtfertigte sich Fiona, als habe sie seine Gedanken gelesen.

Karstens verschränkte die Arme. »Ach, Sie schreiben wieder?«

»Ja, ja, ich habe wieder angefangen«, erzählte sie mit einer gleichgültigen Handbewegung und hoffte, er würde nicht weiter darauf eingehen.

Piet Karstens nickte ungläubig, und für einen Moment spannte ein unbestimmtes Gefühl die Luft zwischen ihnen.

»Gibt's eigentlich schon was Neues wegen des

vermissten Jungen?«, wechselte Fiona das Thema und bemerkte erst im Nachhinein, wie absurd ihre Frage war. Karstens würde im Buchladen wohl kaum über den Stand der Ermittlungen plaudern.

»Nicht wirklich«, gab er zurück.

»Ja, sicher, natürlich. Entschuldigen Sie«, sagte sie schnell.

Karstens blickte sie mitfühlend an. »Ich hoffe, dass dieser Fall nicht eintrifft, aber falls wieder ein Kind entführt werden sollte, verspreche ich Ihnen hiermit hoch und heilig, dass Sie's als Erste von mir erfahren.«

Fiona glaubte ihm kein Wort, lächelte aber trotzdem.

In diesem Augenblick kam ein junger Mann mit pockennarbigem Gesicht auf Karstens zu. »Die Romane, die Sie gesucht haben, stehen bei uns im ersten Stock«, erklärte er und reichte dem Kommissar einen Stoß Bücher. »Das ist zurzeit alles, was wir von ... äh ...«, er sah auf die Bücher, »... von Fiona Seeberg dahaben. Die anderen kann ich Ihnen aber gerne bestellen.«

Sieh einer an. Fiona sah, wie Karstens errötete.

»Äh, ja, nein, danke, die sollten reichen«, meinte er und grinste Fiona ertappt an. »Die Romane von dieser Seeberg sollen ja ziemlich gut sein, nicht wahr?«

Irritiert zog Fiona einen Mundwinkel hoch. Wenn sie sich recht erinnerte, hatte Karstens ihr vormals erzählt, alle ihre Romane gelesen zu haben. Entweder war das eine Lüge gewesen, oder er liest sie aus irgendeinem Grund noch einmal, dachte Fiona. Beides hinterließ einen schalen Beigeschmack, da Fiona nicht so recht wusste, was sie davon halten sollte. Vertraute er ihr nicht?

Als sich der junge Angestellte wieder entfernt hatte, brachte Fiona nicht mehr als ein unverbindliches »Tja, dann bis irgendwann« heraus.

Karstens nickte und warf mit erhobenen Augenbrauen einen letzten Blick auf die Bücher, die Fiona noch immer umklammert hielt.

»Ja«, sagte er, »also, ich geh dann mal, sieht wohl ganz danach aus, als haben Sie da noch einiges vor sich.«

Fiona rang sich ein Lächeln ab. »Und Sie wohl auch«, gab sie zurück und tippte auf seine Bücher. Und für den Bruchteil einer Sekunde hatte sie dabei beiläufig seine Hand berührt. Nur ganz leicht. Ganz zufällig, zumindest redete sie sich das ein, während Piet Karstens bereits auf die Rolltreppen zusteuerte, sich mit den Worten »Wenn noch was sein sollte« aber noch einmal zu Fiona umwandte.

»Sei es …«, er senkte die Stimme, »sei es wegen der Kinder oder sonst irgendwas. Sie haben ja meine Karte.«

»Okay.« Fiona verbarg ein Lächeln und sah Karstens noch hinterher, bis er auf der Rolltreppe verschwand. Dann wandte sie sich mit klopfendem Herzen wieder der Bücherwand zu.

Die Lichter der Buchhandlung erloschen, kurz nachdem Fiona als letzte Kundin hinaus in die Nacht getreten war.

Schnellen Schritts dauerte der Weg vom Buchladen zu ihrer Wohnung nie länger als eine Viertelstunde, dennoch beschlich sie das unbestimmte Gefühl, dass es ein Fehler war, um diese Zeit kein Taxi zu nehmen. Fiona bog in eine schmale Seitenstraße ein, ihre Absätze klackerten durch die schwüle Sommerabendluft auf dem Asphalt der Straßen, die noch vor wenigen Stunden mit Leben gefüllt waren und jetzt wie ausgestorben wirkten.

Sie erreichte die spärlich beleuchtete Ebertbrücke, eine Abkürzung, die sie immer nahm, da bemerkte sie plötzlich den bulligen Mann schräg hinter sich. Er war wie aus dem Nichts aufgetaucht, und aus dem Augenwinkel erkannte sie seine helle Jeansjacke wieder.

Der Mann aus dem roten Fiat Punto.

Er folgte ihr über die Brücke, war jetzt dicht hinter ihr. Fiona lief schneller. Sie erreichte das Ufer. Den Monbijou-Park. In geschätzten einhundert Metern Entfernung leuchteten bereits die grellbunten Schriftzüge verschiedener Fast-Food-Restaurants der belebten Oranienburger Straße, als Fiona plötzlich ihren Namen hinter sich vernahm.

»Fiona!«

Sie erschrak, als ihr bewusst wurde, wessen Stimme sie da gehört hatte – wer sie die ganze Zeit verfolgt hatte.

Lauf weg, lauf sofort weg, solange du noch kannst, schrie ein alter Reflex in ihr.

Doch sie entschied, dem Mann keinen weiteren Triumph mehr zu gönnen. Angespannt von Kopf bis Fuß, drehte sie sich um und sah ihm direkt in die Augen, bemüht, nicht die Nerven zu verlieren.

»Was fällt dir ein? Du weißt genau, dass du dich mir nicht auf mehr als fünfzig Meter nähern darfst!«

Sie hätte ihn beinahe nicht wiedererkannt. Die Haare waren jetzt stoppelkurz, und mit seiner langen Nase und dem fliehenden Kinn hatte er etwas von einer Ratte.

Jens Zach steckte sich eine Zigarette zwischen die Lippen, ohne sie anzuzünden, und schritt auf Fiona zu.

»Na, überrascht, mich zu sehen? Ist ja immerhin schon 'n Weilchen her, seit wir das letzte Mal das Vergnügen miteinander hatten. Aber was sind schon zwei Jahre Knast gegen ein ganzes Leben.«

Unmerklich wich Fiona zurück.

Zach grinste. »Dank guter Führung bin ich wieder draußen.«

»Noch einen Schritt weiter und ich rufe die Polizei!«, fauchte Fiona und hob abwehrend die Hände.

»Fiona, krieg dich ein, ich …«

»Keinen Schritt, hab ich gesagt!«

»Nun reg dich ab, die Sache ist ewig her. Ich tu dir schon nichts«, sagte er und trat ungeduldig auf der Stelle. Schon während Fionas Vorlesungen damals war es ihm unmöglich gewesen, bis zum Ende still sitzen zu bleiben. »Ich will dir doch nur was geben.«

»Was auch immer es ist, ich will es nicht haben!«, keifte Fiona, fassungslos, dass sie nach allem, was geschehen war, mit Jens Zach um Mitternacht im Stadtpark stand und diskutierte.

Zach spuckte die Zigarette aus dem Mund. »Ach wirklich? Da bin ich mir aber nicht so sicher.«

»Verschwinde!«, brüllte Fiona, rannte überstürzt davon und verschwand kurz darauf im nächtlichen Getümmel zwischen feierwütigen Touristen und Prostituierten auf der Oranienburger Straße.

Samstag, 13. Juni

(Rund eine Autostunde vor Berlin)

Anne riss die Augen auf, als sie ein Fiepen neben ihrem Ohr weckte. Für einen kurzen Moment hatte sie das Gefühl, als sei nicht sie selbst, sondern jemand anders in diesem Keller, der nur so aussah wie sie. Jegliche Hoffnung, sie würde aus einem Traum in ihrem Bett erwachen und sich an Lars' schlafwarme Brust schmiegen können, machte der vertraute Schmerz, der jetzt durch ihre Handgelenke fuhr, schlagartig zunichte. Annes Mund war staubtrocken. Sie streckte ihre Zunge nach den Tropfen aus, die vereinzelt von der Decke fielen, als das Fiepen plötzlich wieder dicht neben ihr war.

Ratten.

Panisch rieb sie ihre hinter dem Rücken gefesselten Hände am Heizungsrohr auf und ab. Das Seil scheuerte an ihren wunden Handgelenken. Nach wenigen Versuchen hielt sie abrupt inne. Im

schwachen Licht, das von nebenan durch die Holz-
schlitze sickerte und helle Bahnen in die Dunkelheit zeichnete, bemerkte sie auf einmal, dass sie
ganz allein war – der kleine Junge, der zuletzt reglos in der Ecke gekauert hatte, schien wie vom
Erdboden verschluckt. Sie kniff die Augen zusammen und tastete sich mit ihren Blicken im Raum
vor. Wahrhaftig, der Junge war weg. Und plötzlich
kam ihr wieder diese seltsame Gestalt in den Sinn,
eine einzige schwarze Masse, die ächzend die Leiter herabgestiegen war und sich ihnen mit großen
Schritten genähert hatte, bevor Anne das Bewusstsein verloren hatte. Dunkel erinnerte sie sich
an die Schreie des Jungen. Sie waren aus dem
Nachbarraum gedrungen, kraftlos und gedämpft,
wie hinter vorgehaltener Hand. Vielleicht waren es
Stunden, vielleicht Tage, bevor sie langsam verebbt
und Anne beinahe ebenso unwirklich vorgekommen waren wie der Gesang eines Kinderchors, der
währenddessen erklungen war. Und mit einem Mal
überkam sie eine schreckliche Vorahnung: Wenn
der Junge weg ist, dann bist du die Nächste.

Anne erschauderte. Sie spähte zur Decke, an
der sich im hinteren Teil des Raums die schwachen
Umrisse der Luke abzeichneten. Doch die stickige
Luft und der bestialische Gestank, vor allem aber
der Hunger und der entsetzliche Durst machten es
ihr beinahe unmöglich, noch irgendeinen klaren
Gedanken zu fassen. Sie unternahm einen letzten

Versuch, die Fesseln zu lösen, die inzwischen von Schweiß und Blut durchtränkt waren, und wollte gerade aufgeben, da war ihr, als ob das Seil plötzlich ein ganz klein wenig nachgab. Sie zwang sich, weiterzumachen, obwohl der brennende Schmerz jede Faser ihrer Handgelenke durchdrang. Anne wurde schwindelig, und sie drohte erneut in einen Dämmerzustand zu fallen.

Anne Lemper! Du reißt dich jetzt zusammen, wenn du hier lebend rauskommen willst!

Und mit einem Mal war da dieser winzige Abstand zwischen ihrem Handgelenk und dem Heizungsrohr. Anne presste die Lippen aufeinander und unterdrückte einen Schrei, als sie ihre Hände mit einem heftigen Ruck aus den Fesseln riss. Sekundenlang wurde ihr schwarz vor Augen. Als sie die Orientierung wiederfand, legte sie ihren Kopf in den Nacken und sah halb klar, halb verschwommen zu der Leiter hinauf, die zur Deckenluke führte. Sie war in gut einem Meter Höhe an der Wand neben dem Bretterverschlag befestigt. Anne spürte einen letzten Funken Energie in sich aufwallen, der den Schmerz kurzzeitig betäubte. Sie befahl sich aufzustehen, hatte Mühe, ihre Beine anzuheben, und stolperte auf fast tauben Füßen Richtung Leiter.

Keuchend taumelte sie durch den Raum, bis sie gegen die gegenüberliegende Wand aus ungehobelten Dachlatten und Stacheldraht prallte. Mit der rechten Hand griff sie nach einer der unteren Sprossen. Das Blut rann ihr vom Handgelenk in die Armbeuge. Als sie die linke Hand ausstrecken wollte, um sich an der Leiter hochzuziehen, spürte sie es plötzlich: Sie hatte keinerlei Kontrolle mehr über ihren linken Arm, der schlaff wie ein fehlerhaft montierter Fremdkörper an ihr herunterhing. Sosehr sie sich auch anstrengte, der Arm wollte ihr nicht gehorchen.

Verdammt!

Hilflos sah Anne die Leiter hinauf. Mit letzter Kraft hielt sie sich einhändig daran fest und suchte mit ihren Riemchensandalen Halt in den Ritzen der spröden Wand, um sich hochzustemmen. Doch dann passierte es: Die schmalen Bretter und der Stacheldraht gaben nach und stürzten krachend in sich zusammen. Mit einem Schrei schlug Anne rücklings auf dem Boden auf.

❉ ❉ ❉

(Berlin-Friedrichstraße)

Als Fiona das Haus am frühen Abend verließ, schlug ihr jene drückende Schwüle entgegen, die schon seit Tagen in den Straßen Berlins stand. Fiona schlängelte sich durch das abendliche Menschengewimmel bis zur Tram-Haltestelle Berlin-

Friedrichstraße. Ungeduldig sah sie auf die LED-Anzeige. *M1 Richtung Eberswalder Straße. Abfahrt in vier Minuten.*

Sie steckte sich einen weiteren Kaugummi in den Mund und warf einen prüfenden Blick auf den Zettel, auf dem sie die Adresse aus dem Internet notiert hatte, als sie plötzlich jemand anstupste. Fiona riss den Kopf zur Seite und ließ den Zettel hastig in ihrer Hosentasche verschwinden.

»'tschuldigung, kein Grund zur Panik«, maulte das Mädchen, höchstens achtzehn, mit pinken Zöpfen, zerrissenen Netzstrumpfhosen und Springerstiefeln. Sie streckte Fiona eine Büchse mit Münzen entgegen.

»Wollt' Sie nicht erschrecken. Wollt' nur fragen, ob Sie'n paar Cent für mich haben.«

Erleichtert lächelte Fiona.

Kein Grund zur Panik. Niemand weiß, wohin du willst.

Mit einer hektischen Handbewegung warf sie einen Euro in den Becher. Dennoch wurde sie das Gefühl nicht los, angestarrt zu werden. Einen Augenblick lang war ihr sogar, als habe sie Jens Zachs rostroten Fiat Punto gesehen, verwarf den Gedanken jedoch wieder.

Noch bevor die Tram einfuhr, stieg Fiona in ein Taxi. »Zur St.-Justus-Gemeinde bitte, Pappelallee.«

Der Taxifahrer, ein Berliner Original mit Ohrenpiercings und ausgewaschenem T-Shirt, drehte sich zu ihr um. »Wat wolln Se da machen? Ick meen, an welchem Einjang soll ick Se denn da rauslassen?«

Fiona holte tief Luft und machte eine wegwischende Handbewegung. »Es … es gibt nur einen Eingang.«

Unschlüssig betrachtete sie der Fahrer im Rückspiegel. »Is jut.«

Höchstens sieben, acht Minuten später hielt er vor einem maisgelben Gebäude.

In dem beschaulichen Gemeindezentrum war nichts von den hochsommerlichen Temperaturen, die draußen vorherrschten, zu spüren. Verunsichert schaute Fiona sich um. Zu ihrer Linken hing ein Schaukasten, in dem die Gemeinde mit selbstgestalteten Plakaten für ihre Aktivitäten warb. Fiona überflog die Angebote, konnte aber lediglich Hinweise auf den Gemeindechor und ein Sommerfest entdecken. Sie kramte den Zettel wieder hervor, zog das Papier glatt und las: *AA-Meeting, St.-Justus-Gemeinde, 1. Stock rechts.*

Fiona sah einen breiten Flur entlang, der zu einem begrünten Innenhof führte. Daneben geschlossene Türen. Noch einmal warf sie einen Blick auf den Zettel. Und gerade als sie sich dabei ertappte, eine Ausrede gefunden zu haben, um wieder zu gehen, blieb eine schlanke, hochgewachsene Frau mit feuerrot gefärbten Haaren vor dem Ein-

gang stehen. Die Frau, eine herbe, aber zweifels-
ohne attraktive Erscheinung, trat ihre Zigarette
aus und stöckelte über den Steinboden des Foyers
auf einen schmalen, etwas versteckt hinter einem
Pappaufsteller gelegenen Treppenaufgang zu.

Fiona räusperte sich. »Entschuldigen Sie, wissen Sie zufällig, wo …?«

Mit einem genervten Seufzer drehte sich die
Rothaarige um. »Was denn?«

»Das Meeting der Anonymen Alkoholiker«,
sagte Fiona leise, fast flüsternd.

Wieder ein Seufzen. »Zufällig will ich da auch
hin«, sagte die Rothaarige kess und deutete die
schmalen Treppen hinauf.

Fiona folgte ihr wortlos, bis sie eine Tür erreichten, die die Rothaarige mit der gleichen Noncha-
lance aufstieß, mit der sie Fiona begegnet war. Der
Stuhlkreis hatte sich bereits zu füllen begonnen.
Fiona sah auf ihre Armbanduhr.

Sechs Minuten zu früh.

Unter einem Rauchverbotsschild neben der Tür
standen Kaffee, Wasser und eine Dose Butter-
kekse auf einem Tisch, an dem sich die Rothaarige
sogleich mit viel Aufwand einen Kaffee machte.

Fiona sah sich weiter um. Erst als eine Sozialar-
beiterin, vielleicht Ende dreißig, mit schlechten
Zähnen und strähnigen kinnlangen Haaren, die
Tür schloss, setzte auch sie sich auf einen der freien
Stühle.

»Für alle, die's noch nicht wissen: Ich bin Claudie, und ich freue mich, dass ihr heute da seid«, begrüßte die Sozialarbeiterin die Anwesenden routiniert, nahm ebenfalls Platz und ließ ihre Handflächen auf ihre Oberschenkel klatschen. »Wer möchte anfangen?«, fragte sie in die Runde.

Jeder wartete darauf, dass ein anderer etwas sagte. Eine ältere Frau meldete sich schließlich zu Wort und berichtete, wie es ihr in den vergangenen Tagen ergangen war. Ihre Stimme klang gefasst, wenngleich ihre Augen etwas anderes erzählten. Die Schilderungen kamen Fiona nur allzu bekannt vor.

Dann stellte die Sozialarbeiterin Fiona den rund zwanzig fremden Gesichtern als die »Neue« vor. Fiona trug eine Jeans und eine helle Seidenbluse, dennoch erinnerte sie sich nicht, sich jemals so nackt gefühlt zu haben. Aller Augen waren auf sie gerichtet. Nur die Rothaarige rührte desinteressiert in ihrem Kaffee.

»Mein Name ist Fiona. Ich bin dreiunddreißig, und ich glaube, seit zwei Jahren alkoholabhängig«, sagte sie, selbst ein wenig überrascht, dass sie diese Sätze herausgebracht hatte. Krampfhaft versuchte sie sich auf ihre Worte zu konzentrieren. »Ich bin heute hier, weil ich beschlossen habe, dass ich die Erinnerung an meine Tochter nicht länger im Alkohol ertränken will.« Bei dem Wort »Tochter« sah die Rothaarige plötzlich auf und schaute Fiona mit unverhohlener Neugier an.

»… und während sich mein Verlobter schon bald wieder in seine Arbeit stürzte, wusste ich auf einmal nichts mehr mit mir anzufangen«, beendete Fiona ihre Erzählung.

»Prima, Fiona. Es war eine gute Entscheidung, hierherzukommen. Du bist auf dem richtigen Weg«, lobte die Sozialarbeiterin.

Fiona war heilfroh, als sich ein übergewichtiger Mann, der aussah wie ein Busfahrer, als Nächster zu Wort meldete. Sie spürte, wie die Anspannung schlagartig von ihr wich und sie den nachfolgenden Wortmeldungen vor Erleichterung kaum noch Beachtung schenkte.

Nach anderthalb Stunden beendete die Sozialarbeiterin das Meeting mit ein paar ermunternden Worten, die den Leuten Kraft geben sollten, um der Versuchung, zur Flasche zu greifen, wenigstens die nächsten vierundzwanzig Stunden zu widerstehen. Und obwohl Fiona noch etwas mulmig zumute war, verließ sie die St.-Justus-Gemeinde mit einem einigermaßen guten Gefühl.

»Dein erstes Mal, was?«, hörte sie jemanden hinter sich fragen, während sie nach einem Taxi Ausschau hielt.

»Ja«, sagte sie und drehte sich nach der Rothaarigen um, die ihr auf einmal breit grinsend die Hand entgegenstreckte.

»Ich bin Theresa.«

63

»Fiona. Weißt du ja schon.«

Theresa, die sich während des ganzen Meetings nicht einmal zu Wort gemeldet hatte, zog ein Feuerzeug und eine Schachtel Zigaretten aus ihrer Tasche.

»Und? Kommst du wieder?«, fragte sie und zündete sich eine an.

Fiona hob die Schultern. »Glaub schon.«

Theresa zog an ihrer Zigarette und musterte Fiona bedächtig. Dann lächelte sie und tippte mit ihrem Zeigefinger gegen Fionas Schulter.

»Na klar kommst du wieder. Du musst! Keine Widerrede – rauchst du?«, fragte sie und hielt Fiona ihre Zigarette hin.

»Eigentlich nicht«, lächelte Fiona verlegen und inhalierte dennoch gierig ein paar tiefe Züge. Einen Moment lang herrschte ein angenehmes Schweigen zwischen ihnen.

»Gut, dann bis nächsten Donnerstag«, sagte Fiona noch und stieg wenig später in das nächste Taxi.

Sonntag, 14. Juni

(Rund einhundert Kilometer vor Berlin,
am Morgen)

Anne hatte nicht die leiseste Ahnung, wie lange sie
ohnmächtig gewesen war, als sie die Augen öffnete
und der Schmerz des Aufpralls in ihrem Hinterkopf nachhallte. Sie lag inmitten der hölzernen
Trümmer, die jetzt die Sicht auf eine kleine Kammer freigaben. Der Verwesungsgestank erschien
ihr hier noch stärker. Ächzend hob sie den Kopf an
und blinzelte, geblendet von der plötzlichen Helligkeit, in den spärlichen Raum. Blaue und rote Flecken drangen in den Vordergrund, bevor Annes
Augen sich allmählich an das Licht gewöhnten.
Alles, was sie erkennen konnte, war ein Campingtisch, auf dem ein Glas mit rostigen Rasierklingen
stand. Daneben ein giftgrüner Plastik-Dinosaurier und schmutzige Kinderturnschuhe.

*Die Schuhe des kleinen Jungen. Was ist bloß mit ihm
geschehen?*

Anne sah sich weiter um. Ein alter Spaten lehnte an einem mit Spinnweben überzogenen Wandregal, in dem sich vergilbte Bücher, bräunliche Flaschen mit Totenkopfzeichen und Einmachgläser, in denen in trüber Flüssigkeit etwas Verblichenes, Hautfarbenes schwamm, aneinanderreihten. *Der Tod scheint hier allgegenwärtig.*

Ihre Augen wanderten weiter zu einer verstaubten Kommode, auf der welke Lilien und heruntergebrannte Kerzen neben einem Stofftier standen. Darüber hing ein Spiegel, der aussah wie frisch poliert. Anne hielt plötzlich inne. Ihr Blick blieb an einer Kette am Spiegel haften, an der ein schwarzes Kreuz hing. Erst bei genauerem Hinsehen fiel Anne auf, dass an der Wand noch weitere schwarze Kreuze hingen.

Was hat das alles zu bedeuten?

Anne kniff die Augen zusammen und betrachtete die große Holzkiste im hinteren Teil der Kammer. Sie wurde das unbestimmte Gefühl nicht los, dass sie darin eine Antwort finden würde, als sie plötzlich ein Geräusch vernahm, das ihr den Atem stocken ließ – sie war nicht allein hier unten! Wer auch immer sie hier festhielt, war zurückgekommen.

Hektisch versuchte Anne, sich aufzurichten, da bemerkte sie, dass ihr Fuß unter den mit Nägeln beschlagenen Brettern eingeklemmt war.

Nein! Komm schon! Mit aller Kraft zerrte sie an

ihrem Bein, doch sie hing fest. Zitternd ließ sich Anne zurück auf das Holz sinken. Sie weinte. Sie weinte aus tiefstem Herzen und unendlicher Verzweiflung.

Da ertönte das leise Rasseln einer Kette. Sie sah, wie sich eine Tür aufschob, die sich beinahe unmerklich von der Wand abgrenzte. Anne erstarrte. Alles in ihr schrie vor Angst, doch sie traute sich kaum mehr zu atmen, während sie die Augenlider jetzt, so fest sie konnte, aufeinanderpresste und betete, dass es nur ja schnell gehen würde.

❊ ❊ ❊

(Zur selben Zeit in Berlin-Mitte)

Um kurz vor halb neun wurden Fiona und Adrian durch das Klingeln des Telefons geweckt. Stöhnend drehte Adrian sich zur anderen Bettseite. »Das darf doch nicht wahr sein. Da kann man einmal ausschlafen … Welcher Idiot ruft denn am Sonntag um diese Uhrzeit an?«

Fiona gähnte und zog sich die Decke über den Kopf. Auch sie machte keinerlei Anstalten, ans Telefon zu gehen.

Als es erneut klingelte, sprang Adrian wütend aus dem Bett und stampfte in den Flur. »Adrian Riedel. Hallo? Hallo! Wer ist denn da? Ts, einfach aufgelegt«, schnauzte er. »Ach, was soll's, dann mach ich eben Kaffee.«

»Gute Idee«, meinte Fiona und streckte sich gähnend im Bett aus.

»Vielleicht hast du ja einen Liebhaber?«, drang es aus der Küche, bevor das Gurgeln der Kaffeemaschine ertönte.

»Vielleicht«, lachte Fiona. »Aber ganz bestimmt keinen, der mich am Sonntagmorgen anruft.«

Als Fiona in Hausschlappen und übergroßem Pyjamaoberteil die Küche betrat, war der Tisch bereits gedeckt. Adrian war in die Sonntagszeitung vertieft und schmierte beiläufig seinen Toast. Fiona setzte sich.

»Du hast mich übrigens gar nicht gefragt, wie es gestern gelaufen ist«, sagte sie und nippte an ihrer Kaffeetasse.

Adrian hob den Blick und unterdrückte ein Gähnen. »Gestern?«

Kopfschüttelnd stellte Fiona ihre Tasse ab und umklammerte sie mit beiden Händen, wie um sich daran festzuhalten.

»Ach, stimmt ja«, meinte er dann und rieb sich die Augen, »du warst bei dem Treffen mit diesen Leuten.«

»Diesen Leuten?« Fiona zog ihr aufklaffendes Pyjamaoberteil zusammen.

»Den Anonymen Alkoholikern«, sagte Adrian betont.

Sein spitzer Unterton gefiel ihr nicht, und kurzzeitig herrschte ein gespanntes Schweigen zwischen ihnen.

»Vielen Dank der Nachfrage, es lief für den Anfang ganz okay. Ich glaube, es hat mir gutgetan, dort hinzugehen, auch wenn ich nicht wirklich viel gesagt habe«, redete sie vor sich hin und starrte Adrian mit verschränkten Armen an.

»Aha«, erwiderte er nur und verschlang seinen Toast.

Fiona drehte nachdenklich die Kaffeetasse in ihrer Hand. »Aber das muss man ja auch nicht. Die Frau, die ich dort kennengelernt habe, ist schon ewig dabei und hat gestern trotzdem keinen Ton gesagt.«

»Ah, du hast also schon Freundschaften geschlossen«, meinte er zynisch.

»Na ja, das wäre wohl wirklich zu viel gesagt«, fand Fiona und dachte daran, dass es im Grunde tatsächlich etwas Groteskes hatte, sich all diesen Fremden einfach so zu offenbaren. Menschen, die sich in der Schlange im Supermarkt möglicherweise aneinander vorbeidrängelten und anpöbelten, waren für anderthalb Stunden unsagbar offen und verständnisvoll zueinander, teilten Kummer und Sorgen, als verwandle sich der Gemeinderaum für anderthalb Stunden in einen Zufluchtsort vor dem eigenen Leben und dem alltäglichen Kampf gegen die Sucht.

69

Mit einem Blick auf die Küchenuhr stellte Adrian seine Tasse in die Spüle.

Fiona seufzte. »Blöderweise habe ich dort wohl mein Portemonnaie verloren.«

»Dein Portemonnaie? Oh nein, wie konnte denn das passieren?«

Sie hob die Schultern. »Weiß auch nicht. Ich hab's in der ganzen Aufregung wohl liegen gelassen. Hab's erst vor der Haustür gemerkt, als ich das Taxi bezahlen wollte. Zum Glück hatte ich noch genug Kleingeld in der Tasche.«

»Isst du noch was?«, fragte Adrian beiläufig.

Als sie verneinte, räumte er den Tisch ab. »Hast du mal in diesem Gemeindezentrum angerufen? Im Portemonnaie war doch sicher dein Personalausweis und dein Führerschein und alles.«

»Ja, habe ich natürlich gleich gemacht. Fehlanzeige. Die haben nichts gefunden.«

»Hm. Dumme Sache. Tut mir leid für dich. Du, Fiona, sei mir nicht böse, aber ich bin gleich mit Rolf zum Squash verabredet, und ich muss noch meine Tasche packen ...«

»Zum Squash? So früh schon? Am Sonntag?«

Er schürzte die Lippen. »Warum nicht? Rolf hat gerade eine SMS geschickt, und da dachte ich, wo ich schon mal wach bin ...« Er hustete leise.

Fionas flüchtiger Blick streifte Adrians Handy auf dem Tisch. Daneben lag Adrians Schlüsselbund. Keiner der Schlüssel sah auch nur annähernd so aus wie der, den sie neulich unter dem Kamin entdeckt hatte.

»Danach bring ich noch den Wagen in die Werkstatt. Das Bremslicht ist kaputt.«

»Das Bremslicht? Aha.« Fiona schwieg einen Moment, bevor sie fragte: »Aber ist denn da in der Werkstatt heute überhaupt jemand?«

Adrian stieß einen Seufzer aus. »Mag sein, dass das deine Vorstellungskraft übersteigt, Fiona — aber es gibt Leute, die sieben Tage die Woche für ihr Geld arbeiten müssen …«

»Was willst du damit sagen?« Fiona war irritiert.

»Ach, nichts«, meinte er und machte eine gleichgültige Handbewegung.

»Okay, geh ruhig«, sagte Fiona stirnrunzelnd. »Ich wollte mich sowieso gleich an den Schreibtisch setzen.« Sie nahm einen Schluck von ihrem Kaffee, ohne Adrian noch einmal anzusehen.

❋ ❋ ❋

Gegen Mittag, gut dreieinhalb Stunden nachdem Adrian die Wohnung verlassen hatte, klingelte es an der Tür. Mit den Gedanken noch bei einer Szene ihres Romans, eilte Fiona aus ihrem Arbeitszimmer. Sie löste ihren Zopf, strich sich die Haare zurück und öffnete die Tür.

»Theresa?«

»Überrascht, was?« Theresa grinste breit. »Vermisst du etwas?«, fragte sie und hielt ein weinrotes Lederportemonnaie zwischen ihren gelblichen Raucherfingern.

Mit einem Seufzer der Erleichterung nahm Fiona das Portemonnaie entgegen. »Gott sei Dank.«

»Hab ich vor dem Gemeindezentrum gefunden. Muss dir wohl aus der Tasche gefallen sein. Ich wollte dir noch hinterher, aber da warst du schon im Taxi.«

»Theresa, ich weiß gar nicht, wie ich dir dafür danken soll ... aber ... woher hast du eigentlich ...«

»Die Adresse? Steht doch auf deinem Perso.«

Fiona hielt kurz inne. Dann bemühte sie sich um ein Lächeln. »Du hast ja keine Ahnung, was mir dadurch erspart geblieben ist.«

»Ich kann's mir vorstellen«, lachte Theresa und schaute neugierig an Fiona vorbei in die Wohnung.

Fiona räusperte sich. »Ich ... ich würde dich ja auf einen Kaffee hereinbitten, aber ich bin gerade am Schreiben, und da ...«

»Du schreibst? Was denn? Arbeitest du für eine Zeitung oder so was?«

Fiona schüttelte den Kopf.

»Sondern?«

»Ich ...«, sie hob die Schultern, »ich bin Schriftstellerin und arbeite an einem neuen Roman.«

Für einen kurzen Moment fragte sich Fiona, wie Theresa es schaffte, sie derartig zu verunsichern.

»Ach echt, um was geht's denn?«

Langsam, aber sicher wurde ihr Theresas Hart-
näckigkeit lästig. »Ich habe mit dem Buch erst angefangen, und es … es ist noch gar nicht spruch-
reif.«

Theresa machte ein verblüfftes Gesicht. »Macht
doch nichts, jetzt spann mich nicht so auf die Fol-
ter, worum geht's denn?«

Fiona seufzte. Warum hatte sie bloß die Tür geöffnet? »Um ein entführtes Baby«, erzählte sie
schließlich.

»Ach, wirklich?«

Theresa sah sie mit großen Augen an und wollte
gerade ansetzen, die nächste Frage zu stellen, als
ein junger stämmiger Mann mit einem Paket die
Treppe hinaufkam.

»Frau Seeberg?«, versicherte er sich und verschnaufte.

Fiona nickte. Kurzzeitig hatte sie wieder das
Bild vor Augen, wie sie damals dem Fahrradkurier
geöffnet und das Päckchen mit der weißen Lilie
entgegengenommen hatte.

»Hier sind die Einladungskarten für die Party.
Herr Riedel muss die bitte noch unterschreiben«,
sagte der Mann und Fiona zwang sich, den Gedanken an damals zu verbannen.

Es dauerte einen Augenblick, ehe Fiona begriff,
was er wollte, und einen Schritt beiseite machte,
damit er das Paket im Wohnungsflur abstellen
konnte. Er wischte sich den Schweiß von der Stirn.

»Herr Riedel soll dann einfach anrufen, wenn er fertig ist. Dann kommt jemand vorbei, der die Karten abholt.«

»Ich richte es ihm aus«, meinte Fiona noch, als der Mann schon wieder die Treppen hinuntereilte.

»Party?«, fragte Theresa nach.

Fiona zuckte mit den Achseln. »Adrian, mein Verlobter, hat vor kurzem sein Restaurant renoviert und feiert am nächsten Freitag vierjähriges Jubiläum«, erklärte sie, während sie im Kopf nach einer Ausrede suchte, um Theresa endlich abzuwimmeln.

»Ach ja? Um welches Restaurant geht's denn?«

»Die *Riedelei*.« Fiona machte eine kurze Pause. »Wenn du Lust hast, komm doch vorbei«, sagte sie notgedrungen, um nicht allzu unhöflich zu wirken. »So ab acht, ist gleich am Wasserturm.«

Theresa nickte. »Freitag? Warum eigentlich nicht. Ich werde sehen, ob ich's einrichten kann.«

Mit den Worten »Vielleicht bis dann« verabschiedeten sie sich.

❊ ❊ ❊

(Währenddessen rund einhundert Kilometer
vor Berlin)

Was auch immer geschieht, lass die Augen zu. Anne
presste ihre Lider weiterhin fest aufeinander, während die Schritte neben ihr durch die Kammer
schlurften. Wer auch immer jetzt hier unten war,
schien es nicht sonderlich eilig zu haben. Kurzzeitig musste Anne daran denken, wie sie sich als kleines Mädchen vor ihren Brüdern versteckt hatte,
fest überzeugt, unsichtbar zu sein, solange sie nur
die Augen geschlossen hielt. Eine Spur von Zigarettenrauch mischte sich in den allgegenwärtigen
Verwesungsgestank. Im hinteren Teil der Kammer
wurde ein Poltern laut. Krampfhaft versuchte
Anne, an etwas Schönes zu denken. Sie führte sich
die weißen Sandstrände aus dem Italienprospekt
vor Augen. Lars' sonnengebräuntes Gesicht, seine
hellen, buschigen Brauen und seine tiefblickenden
Augen, die so blau waren wie das Meer.

Doch die Bilder verblichen, als Anne hörte, wie
das Glas mit den Rasierklingen auf dem Campingtisch ausgeschüttet wurde. Gleichzeitig vernahm
sie ein sonderbares Nuscheln. Es klang wie eine
fremdartige Sprache, die nicht existierte.

War das eine Männerstimme?

Sie war sich nicht sicher. Die Schritte kamen
wieder auf sie zu. Anne hielt den Atem an, als sie
plötzlich eine Klinge an ihrem Kinn spürte. Anne

zitterte am ganzen Körper, obgleich sie sich alle Mühe gab, es zu verbergen. Ganz langsam wanderte die Klinge ihren Hals hinab bis zu ihrem Kehlkopf. Sie hörte ein stoßartiges, schweres Schnaufen, bevor die Klinge weiter in Richtung ihres Dekolletés fuhr und die Knöpfe ihrer Bluse abtrennte.

»Nein, bitte – bitte nicht!«, flehte Anne mit geschlossenen Augen, als das scharfe Metall ihren BH in der Mitte durchschnitt. Sie konnte ihre Tränen nicht länger zurückhalten, die ihr über die Wangen kullerten, als sie den brennenden Schmerz der Klinge spürte. Ein tiefer Ritz pochte in ihrer Haut. Ein zweiter folgte. Dann ließ die Klinge abrupt von ihr ab. Anne hörte ein leises Auflachen.

Ein Mann? Ja, es war ein Mann. Ganz sicher.

Die Schritte entfernten sich. Noch einmal ertönte ein Rumpeln im hinteren Teil der Kammer. Die Kette rasselte. Ein Schloss schnappte zu. Dann war es wieder still.

Anne riss die Augen auf, schnellte mit ihrem Oberkörper hoch und rang nach Luft. Ihre Pupillen irrten panisch durch den Raum. Doch da war niemand mehr. Auch die Turnschuhe und der giftgrüne Dinosaurier des kleinen Jungen lagen nicht mehr auf dem Tisch. Und anstelle der Kiste war nichts weiter als eine große, dunkle Lache zurückgeblieben. Reflexartig sah Anne zum Wandregal auf. Sämtliche Gläser mit Rasierklingen waren verschwunden.

Was geht hier vor? Warum hat er es nicht zu Ende gebracht?

Sie hob ihre blutdurchtränkte Bluse hoch und betrachtete die aufklaffende Schnittwunde, die auf ihrem Bauch brannte.

Ein Kreuz.

Und plötzlich überkam sie ein unbestimmtes Gefühl. Was auch immer mit dem Jungen geschehen war, für sie war ein anderer Tod vorgesehen.

Freitag, 19. Juni

(In Berlin)

Die Feier war bereits in vollem Gange, als Fiona in einem schwarzen Etuikleid im Restaurant auftauchte. »Es wird dir sicher guttun, mal wieder unter Leute zu kommen«, hatte Adrian seit Tagen auf sie eingeredet.

Es waren fast ausschließlich Stammgäste geladen. Viele waren gekommen, doch bei weitem nicht so viele, wie er erwartet hatte. Und wäre es nach Fiona gegangen, wäre sie ebenfalls in ihrem Arbeitszimmer geblieben.

Adrian hatte sich in seinem neuen Armani-Anzug unter die Gäste gemischt. So auch Fiona, deren Aufmerksamkeit während belangloser Smalltalks immer öfter den vorbeiziehenden Champagnergläsern galt, die die Angestellten auf kleinen Tabletts im Slalom durch die Menge manövrierten. Ihr Mund wurde immer trockener und das Geklimper der Gläser immer lauter. Mehr und mehr traten die Jazzmusik und das Stimmengewirr der Gäste in den Hintergrund.

Volle sechs Tage hatte Fiona nun schon ihre Finger vom Alkohol gelassen. *Reiß dich zusammen. Du kannst jetzt nicht aufgeben.*

Allmählich klärte sich ihr Blick wieder. Und als eine dreistöckige Torte hereingefahren wurde, holte sie der Applaus der Gäste endgültig ins Hier und Jetzt zurück.

Vier Jahre RIEDELEI, stand in rotem Zuckerguss auf weißer Buttercreme zwischen den brennenden Kerzen geschrieben, die Adrian jetzt ausblies. Und kurzzeitig hatte Fiona wieder jenen gutaussehenden, humorvollen Mann vor Augen, der damals einen kleinen Weinladen am Ende der Torstraße betrieben und ihr mit leuchtenden Augen von seinem Traum erzählt hatte, irgendwann ein eigenes Nobelrestaurant zu eröffnen. Unmittelbar nach ihrer Verlobung hatte Fiona ihm seinen großen Wunsch erfüllt.

Seither hatte sich vieles verändert. Er hatte sich verändert, sinnierte Fiona, während sie ihren Blick ziellos durch die Menge schweifen ließ. Rolf Jobst, Stammgast und enger Freund von Adrian, prostete ihr von weitem zu. Sie fragte sich gerade, ob seine platinblonde, deutlich jüngere Begleitung wieder einmal ein Neuzugang aus seinem Vorzimmer war, als Maria García, Fiona erkannte sie in der ungewohnten Küchenuniform erst auf den zweiten

Blick, die silbernen Servierplatten am Buffet erneuerte.

»Hallo, Frau García.« Fiona trat lächelnd auf sie zu.

Maria García blickte auf. »Frau Seeberg, *¡muchas gracias!* Sie können sich nicht vorstellen, wie dankbar ich Ihnen bin, dass Sie mir diesen Job besorgt haben!«

»Aber das ist doch selbstverständlich«, sagte Fiona mit einer lapidaren Handbewegung.

»Nein, wirklich, vielen Dank«, lächelte García und wandte sich Richtung Küche um.

»Ach, Frau García – wenn Sie nachher gehen, dann nehmen Sie sich unbedingt noch was von der Götterspeise mit – Luna wird die sicher lieben«, rief Fiona ihr hinterher.

García lächelte beschämt. »Ach, Frau Seeberg, wo wir schon dabei sind – es ist mir etwas peinlich, aber ich konnte keinen Babysitter finden … und da hab ich Luna einfach mitgebracht. Sie ist hinten in der Personalumkleide. Ich hoffe, das ist kein Problem!«

»Problem? Aber nein, das ist doch in Ordnung«, sagte Fiona sichtlich erfreut. Sie schnappte sich eine große Schale vom Buffet, füllte sie mit Götterspeise und lief nach hinten in die Personalumkleide. Sophie hatte Götterspeise geliebt.

»Na, wen haben wir denn da?«, fragte sie lächelnd.

Luna saß am Tisch vor der Garderobe und malte etwas mit Wachsmalstiften auf ein Stück Pappe. Sie war völlig in ihr Tun versunken und schien die Ruhe selbst zu sein.

Noch so eine Parallele zu Sophie.

Fiona ging neben Luna in die Hocke.

Luna kicherte. Dann sprang sie auf und zeigte Fiona stolz ihr Kunstwerk auf Pappe.

»Das da ist Mister Brown, mein Hamster! Mama hat gesagt, er muss heute zu Hause bleiben.«

Milde lächelnd betrachtete Fiona das braune Gekritzel.

»Nicht schlecht, ist wohl ein ziemlicher Prachtkerl, was?«, meinte sie, strich Luna zärtlich über den Kopf und reichte ihr die Götterspeise.

Die leuchtenden Augen des Mädchens sprachen Bände. Gierig löffelte Luna die Götterspeise, bevor sie die Schale abstellte und Fiona unverhofft umarmte. Die Zärtlichkeit, mit der das kleine Mädchen ihr so plötzlich begegnete, ließ Fiona beinahe in Tränen ausbrechen.

»Möchtest du mit rauskommen?«, fragte Fiona.

Doch Luna warf den Kopf von links nach rechts und machte sich sogleich wieder daran, ein neues Porträt von Mister Brown anzufertigen.

»Na gut, aber wenn noch irgendwas ist, kannst du jederzeit zu mir kommen, ja? Ich werde deiner Mutter sagen, sie soll mich anrufen, wenn sie wieder einmal einen Babysitter braucht«, sagte Fiona noch und verließ hastig den Raum, ehe sie ein weiterer Gefühlsausbruch überkam.

Gerade als sie sich wieder ins Getümmel gestürzt hatte, tippte ihr jemand von hinten an die Schulter.

»Mutter! Wie schön, dass ihr gekommen seid«, meinte Fiona und herzte ihre gewohnt elegant gekleidete Mutter, in deren feine Gesichtszüge sich seit ihrem letzten Besuch eine gewisse Strenge eingeschrieben hatte.

Fionas Vater, wie immer mit Hut, machte einen Schritt zurück. »Lass dich mal anschauen, bin ja gar nicht mehr gewohnt, meine Tochter in so einem Aufzug anzutreffen – toll siehst du aus«, lächelte er und nahm sie in den Arm.

»Viktor, natürlich sieht sie toll aus, sie ist schließlich meine Tochter«, scherzte ihre Mutter und blickte sich neugierig um.

»Findest du, der ganze Umbau war wirklich nötig?« Sie gab sich keine Mühe, den abschätzigen Unterton in ihren Worten zu verbergen.

»Ach Henriette«, sagte Fionas Vater, »nun fang doch nicht schon wieder damit an.«

»Ich mein ja nur.«

Fiona seufzte. »Mutter, wie oft denn noch: Adrian wird schon wissen, was er tut. Und ich werde ihm bestimmt nicht vorschreiben, wie er mit unserem Geld zu haushalten hat«, konterte sie und ärgerte sich gleichzeitig, dass sie sich vor ihrer Mutter rechtfertigte.

»Deinem Geld«, bemerkte Henriette Seeberg nebenbei.

Viktor lachte auf. »Jetzt reicht's aber, Henriette.« Sein fröhlicher Ton klang unecht.

Fionas Mutter verzog den Mund zu einem spitzen Lächeln. »Dass du wieder zu ihr hältst, war mir klar.«

Fiona war heilfroh, als ihre Eltern den Vorstandsvorsitzenden des Polo-Clubs an der Austernbar erspäht hatten und sich auf ihn zubewegten. Im selben Augenblick winkte ihr eine große schlanke Frau mit streng zurückgeschlagenen roten Haaren zu. Theresa. Sie trug ein schlichtes, weinrotes Nylonkleid, das ihre Rundungen jedoch perfekt zur Geltung brachte.

»Ich freue mich, dass du's geschafft hast«, sagte Fiona und brachte ein Lächeln über die Lippen. »War mir nicht sicher, ob du wirklich kommen würdest.«

»Na klar, glaubst du, ich lasse mir eine Einladung in so einen Nobelschuppen entgehen?«, gab Theresa scherzhaft zurück und sah sich um. Der dunkle Lidschatten betonte ihre wachen grünen Augen.

»Einen Champagner für die Damen?«, erkundigte sich eine vorbeieilende Kellnerin.

Fiona zögerte.

»Bringen Sie uns doch bitte zwei Gläser Apfelschorle – in einem Champagnerglas«, schaltete
Theresa sich ein und zwinkerte Fiona zu, als die
Kellnerin weg war. »Sieht genauso aus, merkt aber
kein Mensch. Und bevor dumme Fragen kommen,
ist es besser, als gar nichts in der Hand zu halten.«

Fiona lächelte dankbar.

»Übrigens, schickes Kleid«, bemerkte Theresa.

»Danke, gleichfalls«, gab Fiona zurück, auch
wenn sie nicht wirklich meinte, was sie sagte.

Theresa blickte an Fiona herunter. »Das hat
doch bestimmt ein Vermögen gekostet.«

»War nur ein Schnäppchen aus dem Ausverkauf«, log Fiona.

Theresa lachte auf. »Da, wo du deine Kleider
kaufst, kann ich sie mir nicht mal im Ausverkauf
leisten.«

Fiona rang sich ein Lächeln ab, als Theresa sie
fragend musterte.

»Und sonst, wie läuft's so mit deinem Roman?«,
fragte Theresa nach kurzem Schweigen.

Die Frage kam unvermittelt, und Fiona wusste
nicht, was sie darauf sagen sollte.

»Kann man eigentlich mal was lesen?«, erkundigte sich Theresa, noch ehe Fiona antworten
konnte, und nippte an ihrem Glas. »Würde mich
interessieren, wie du dir das im Buch alles so vor-
stellst. Ich meine, dass ein Kind am helllichten Tag
einfach entführt wird.«

Ihre Worte trafen Fiona direkt in die Magengrube. Sie starrte in ihre Apfelschorle und fragte sich, woher Theresas beharrliches Interesse für ihren Roman kam. Zudem erschien ihr Theresa nicht wie jemand, der sich für Bücher interessiert.

»Oh, bitte entschuldige, ich hoffe, dass war jetzt nicht … ich meine … ich wollte nicht …«, stammelte Theresa und hielt sich die Hand vor den Mund.

Fiona hob die Schultern und schüttelte den Kopf. »Nein, nein. Schon in Ordnung. Aber wie kommst du eigentlich darauf, dass es am helllichten Tag entführt worden sein soll?«, fragte sie betont beiläufig, während ihre Augen wieder einmal einem Tablett mit Champagnergläsern folgten. Was würde sie jetzt nur für ein Gläschen geben. Nur ein einziges.

»Keine Ahnung«, murmelte Theresa, »hab ich mir eben einfach so vorgestellt. Na ja, lassen wir das einfach, ist wohl kein Thema für eine Party.«

Schweigend nickte Fiona. »Hast du eigentlich Kinder?«, wechselte sie das Thema, während sie den Gruß eines dicklichen Mannes erwiderte, dessen Name ihr nicht mehr einfallen wollte.

»Ich? Kinder? Nein. Nein, nein«, entgegnete Theresa. In ihrer Stimme schwebte etwas Verunsichertes, beinahe Verstörtes. »Wie kommst du denn jetzt darauf?«

»Überrascht dich die Frage?«

Theresa verzog den Mund zu einem schmalen Lächeln. »Überrascht? Nein. Sagen wir so, die Frage hat sich mir konkret einfach nie gestellt«, sie biss sich auf die Unterlippe, »irgendwie war es wohl immer der falsche Zeitpunkt oder der falsche Mann«, sagte sie mit einer wegwerfenden Handbewegung, als sei das Thema für sie damit vom Tisch.

Die Kellnerin brachte die Getränke. »So, da hätten wir zwei Champagnergläser mit Apfelschorle«, sagte sie, etwas lauter, als es Fiona lieb war. Sofort nahm sie die verstohlenen Blicke zweier Männer wahr. Doch schnell wurde ihr klar, dass diese nur dem tiefen Rückenausschnitt von Theresas Kleid galten.

Theresa grinste. »Ich könnte die ganze Zeit einfach nur diese Leute hier beobachten«, amüsierte sie sich. »Guck mal, der da hinten zum Beispiel – der Typ, der sich da drüben rechts neben der Torte schon seit Ewigkeiten mit den anderen beiden unterhält. Er lügt.«

Fiona drehte sich nach ihm um. »Er lügt?«

»Ja. Wenn du lange genug hinsiehst, wird dir auffallen, dass er sich bei fast jeder Antwort am Nacken kratzt, wegschaut oder sonst irgendeine verräterische Geste macht.«

Fiona sah mit zusammengekniffenen Augen zu den Männern hinüber. »Dann lügt der Gute aber, dass sich die Balken biegen, was?«

»Wer lügt?« Die Frage kam von Rolf Jobst. Er

stand direkt hinter ihnen, grauschläfig, mit gepflegter Urlaubsbräune. Nachdem seine Frau ihn vor drei Jahren verlassen hatte, hatte er seine Kinderarzt-Praxis in Schöneberg aufgegeben, um in einem voll verglasten Immobilienbüro am Potsdamer Platz maßgeschneiderte Zukunftsträume aus Marmor und Stein zu verkaufen. Überschwenglich gutgelaunt wie immer, begrüßte er Fiona mit einem Kuss auf die Wange.

»Darf ich vorstellen, Theresa, das ist Rolf. Rolf, Theresa«, meinte Fiona.

Er grinste. »Freut mich.«

Theresa schenkte ihm ein charmantes Lächeln, bevor sie in Richtung Toiletten verschwand.

Rolf sah ihr hinterher und nippte an seinem Glas. »Ich habe deine Freundin noch nie hier gesehen. Ist sie vom Verlag?«

Fiona schüttelte den Kopf. »Wir haben uns erst vor ein paar Wochen beim … beim Joggen kennengelernt.«

»Du gehst joggen?«

»Öfter, als man mir ansieht.«

Rolf lachte. »So war das nicht gemeint.«

Sie lächelte kühl. »Wo ist eigentlich die Blonde, mit der du gekommen bist?«

Rolf runzelte die Stirn. »Du meinst Melissa? Ach, frag lieber nicht, ich werde einfach nicht schlau aus dem Mädchen. Aber wo ist überhaupt unser Gastgeber? Ich habe Adrian zwar den ganzen Abend durch die Gegend laufen sehen, aber …«

»Wenn man vom Teufel spricht«, unterbrach ihn Fiona, als Adrian grinsend auf sie zukam.

»Na, vergnügst du dich hinter meinem Rücken mit meiner Verlobten?« Er boxte Rolf gegen die Schulter. »Gib's doch zu, man kann dich alten Schwerenöter keine Sekunde allein lassen, ohne dass du deine Finger von anderen Frauen lässt.«

Rolf lachte und hob sein Glas. »Auf dich, mein Lieber!«

Fiona räusperte sich, als Theresa zurückkam. »Adrian, darf ich dir Theresa vorstellen? Ich hatte dir doch neulich von ihr erzählt.«

Noch immer lachend, wandte Adrian sich von Rolf ab. Schlagartig verflüchtigte sich seine gute Laune. Sein Gesicht wurde todernst, und doch verriet nichts darin, was in ihm vorging.

»Noch einen Champagner?«, fragte eine vorbeieilende Kellnerin.

Adrian nickte und nahm ein Glas, das er sogleich in einem Zug hinunterstürzte.

Besorgt musterte ihn Fiona. »Ist dir nicht gut? Du siehst auf einmal so blass aus.«

Er schloss kurz die Augen und schüttelte den Kopf. »Nein, nein, ist nur die Aufregung, der ganze Stress der letzten Tage.« Dann gab er Theresa die Hand. »Verzeihung, Adrian.«

»Theresa«, erwiderte sie und musterte ihn mit

hochgezogenen Augenbrauen. Und unerwartet kehrte ein triumphierendes Lächeln in ihr Gesicht.

Fiona schaute abwechselnd zu Adrian und Theresa. »Kennt ihr euch?«

Adrian lachte durch die Nase. »Nein. Das heißt: jetzt schon.« Der Scherz klang bemüht.

Für einen Augenblick hing ein Schweigen wie eine Blase zwischen ihnen in der Luft.

»Na dann«, meinte Rolf. »Dann sollten wir vielleicht auch mal wieder joggen gehen, wenn man dabei so reizende Damen trifft, was, Adrian?«

Irritiert blinzelte Adrian. »Joggen?«, fragte er. »Ach, joggen, ja, ja«, lachte er und vermied es, Theresa ein weiteres Mal in die Augen zu schauen.

Samstag, 20. Juni

(Lübbenau, rund hundert Kilometer vor Berlin)

»Hörst du das?«, fragte Kalle, beugte sich im Klappstuhl nach vorne und kaute weiter an seinem Grashalm. »Hört sich an wie ein Silberreiher, könnte aber auch ein Schwarzstorch sein, oder was meinst du?«

Kalle drehte den Kopf zu seinem Vater, der neben ihm im Rollstuhl saß und schief lächelnd auf die Angelschnur starrte. *Da lachst du nur, was?*, feixte Kalle, wohl wissend, dass seinem Vater ein anderes Lächeln nach dem Schlaganfall vor drei Jahren nicht vergönnt war.

»Da! Da war es wieder«, rief Kalle plötzlich und horchte auf. Sein Blick wanderte durch die Baumkronen auf der anderen Seite des Flusses. »Wer weiß, vielleicht ist's sogar ein Seeadler. Der Franz, der hat neulich erzählt, er hätte einen jungen Seeadler gesehen.«

Dann war wieder alles still. Fast schon zu still,

wie Kalle fand. Er schob die Angelrute beiseite, beugte sich ächzend zur Kühlbox und holte eine neue Bierflasche heraus. Das kühle Bier zischte beim Öffnen.

»Ist ganz schön heiß heute, was?«, brummelte Kalle, schob seinen Schlapphut zurück und wischte sich mit dem Handrücken den Schweiß von der Stirn. »Der Klimawandel macht eben auch vor dem Spreewald nicht halt. Ts, in zehn Jahren muss man die Hühnchen zum Braten wohl nur noch in die Sonne legen«, lachte er, als plötzlich etwas an der Angelschnur zog.

Kalle griff nach der Rute. Er hatte Mühe, die Schnur aufzukurbeln. Sie hing fest. Mit einem Ausruf des Erstaunens sprang Kalle von seinem Klappstuhl auf, schlüpfte in seine blauweißen Adidas-Latschen und folgte der Angelschnur, bis er knietief im trüben Gewässer stand. Seine kindliche Vorfreude wich jedoch schnell einer Enttäuschung, als lediglich ein giftgrüner, mit Algen benetzter Plastik-Dinosaurier zum Vorschein kam, in dem sich der Köder verheddert hatte.

»Da kann man mal sehen, was die Leute alles ins Wasser werfen!«, rief er seinem Vater kopfschüttelnd zu und wollte gerade zu einem großen Schritt Richtung Ufer ansetzen, als er einige Meter weiter etwas im Schilf erspähte, das von weitem wie ein aufgeblasener Müllsack aussah. Kalle rümpfte die Nase und ging mit dem Dinosaurier in der Hand unbeholfen durchs Wasser darauf zu. Ein fauliger Gestank drang in seine Nase. Kalle schlug das Röhricht zur Seite. Plötzlich hielt er sich die Hand vor den Mund und taumelte einige Schritte im Wasser zurück. Panisch sah er zum Ufer.

»Sie da! Stehen bleiben! Rufen Sie die Polizei!«, brüllte er einer Gruppe Wanderer hinterher und stolperte aus dem Wasser. »Da, da schwimmt eine Tote!«

Verstörte Gesichter blickten ihn an.

Erneut wagte Kalle einen Blick auf den aufgequollenen Körper des Mädchens, der reglos im Schilf trieb. Sie trug eine Shorts und eine Bluse, die irgendwann einmal weiß gewesen sein musste. Ihre langen Haare hatten sich im Gestrüpp verfangen. Ihre Finger waren gekrümmt. Ihre blasse Haut schimmerte grau und grünlich und wirkte dabei fast so, als löste sie sich jeden Moment auf. Kalle blickte in die offenstehenden Augen der Toten. Jegliches Leben war aus ihnen gewichen, und er fragte sich, was diese Augen wohl mit angesehen haben mussten, bevor sie zu Tode erstarrt waren. Auf einmal kroch etwas aus dem leicht geöffneten Mund des Mädchens, das wie der Kopf einer kleinen Wasserschlange aussah. Kalle verschränkte die Arme vor dem Bauch und musste würgen.

Als Piet Karstens und Frauke Behrendt eine gute Stunde später am Fundort der Leiche im Spreewald eintrafen, schien es fast so, als hätte sich das halbe Dorf am Ufer versammelt.

»Karstens mein Name, LKA Berlin«, stellte er sich einem hochgewachsenen, älteren Kollegen der Lübbenauer Polizeidienststelle vor und deutete ein schräges Kopfnicken Richtung Behrendt an. »Meine Kollegin, Frauke Behrendt.«

»Hannes Jäger«, erwiderte der Riese.

Behrendt, die schon Piet Karstens kaum bis zur Schulter reichte, legte ihren Kopf in den Nacken, um Jäger anzusehen.

»Die Leiche des Mädchens liegt da hinten«, erklärte Jäger und zeigte in Richtung des Menschenauflaufs am Ufer.

»Ach echt, da wär ich jetzt gar nicht drauf gekommen«, meinte Behrendt patzig und stiefelte voran.

Karstens starrte ihr einen Augenblick lang irritiert nach, bevor er sich Jäger wieder zuwandte.

»Okay, ist gut, danke«, sagte er, bemüht, das Verhalten seiner Kollegin mit einem höflichen Lächeln zu entschuldigen. »Ach, sagen Sie: Wo ist eigentlich der Mann, der das Mädchen gefunden hat?«

»Sitzt da hinten, bei den Kollegen der Wasserschutzpolizei«, erwiderte Jäger und streckte seinen langen Zeigefinger zum hinteren Teil der Böschung aus. »Kalle«, er räusperte sich, »Karl-Heinz Schröder ist der da mit dem Schlapphut. Der mit dem

Dinosaurier in der Hand. Kalle war mit seinem alten Vater angeln, als er das Mädchen im Schilf fand. Ist noch immer ganz fertig. So was kommt hier schließlich nicht alle Tage vor.«

Karstens nickte bedacht. Dann folgte er Frauke Behrendt, die Mühe hatte, sich durch die Menge Schaulustiger zu schlängeln. Sie passierten die Polizeiabsperrung. Unweit dahinter lag der Leichnam des Mädchens. Piet Karstens ging neben der Toten in die Hocke und zog die weiße Plastikabdeckung beiseite, woraufhin hinter ihm ein Aufstöhnen durch die Menschenmenge ging.

»Sieht nicht älter aus als achtzehn oder neunzehn«, schätzte Karstens und stellte unweigerlich fest, dass ihm der Anblick von ausgelöschtem Leben selbst nach einem Jahrzehnt bei der Kripo noch immer auf den Magen schlug.

Behrendt, die sich die ganze Zeit über ein Taschentuch vor Mund und Nase hielt, nickte bloß.

»Sieh mal, die Wunde da am Bauch«, stellte Karstens fest und zog ein Paar Untersuchungshandschuhe aus der Innentasche seines Jacketts.

Angewidert verzog Behrendt das Gesicht. »Was zum Teufel ist das?«

Karstens schob die Bluse des Mädchens bis zum Brustansatz hoch. »Sieht aus wie ein Kreuz, das ihr mit einem scharfen Gegenstand in den Bauch geritzt wurde. Könnte auf einen Ritualmord hindeuten.«

»Gut möglich«, stimmte Behrendt hinter ihrem Taschentuch zu.

Nachdenklich kaute Karstens auf seiner Unterlippe. »Ihrem Äußeren nach zu urteilen, dürfte sie schon 'ne ganze Weile im Wasser gelegen haben. Könnte von irgendwoher angespült worden sein«, mutmaßte er und deutete mit dem Zeigefinger auf die dunklen Verfärbungen im Gesicht der Toten. Dann drehte er vorsichtig die Handinnenflächen des Mädchens nach oben. »Und sieh mal die Hautabschürfungen hier – sieht nach Schleifspuren aus.«

Behrendt seufzte. »Mag sein, trotzdem hat das hier reichlich wenig mit unserem Fall zu tun.« Sie straffte sich. »Komm, lass uns gehen«, sagte sie und deutete mit dem Kopf zu den Beamten der Lübbenauer Polizei. »Sollen die die Leiche doch erst mal in die Pathologie schaffen. Dann haben die endlich mal was zu tun …«

»Sag mal Frauke, welche Laus ist dir heute eigentlich über die Leber gelaufen?«

Behrendt verdrehte die Augen. »Jetzt fang du nicht auch noch an«, maulte sie und packte ihr Taschentuch weg.

»Ich frag ja nur«, meinte er achselzuckend. »Stress mit Astrid?«

Sie stemmte die Hände in die Hüfte. »Josh hat sich gemeldet.«

»Josh? Etwa dieser Galerist, wegen dem du dich letztes Jahr nach Berlin hast versetzen lassen?«

Behrendt biss sich auf die Unterlippe und nickte zögerlich.

»Aha«, schmunzelte Karstens.

Für ihn war es Herausforderung genug, das andere Geschlecht zu verstehen. Dass es seine Kollegin aber dann und wann fertigbrachte, es sich mit beiden Ufern zu verscherzen, erschien ihm fast schon wie ein kleines Kunststück.

»Wir haben uns gestern getroffen und ein bisschen geredet und so …«, gab Behrendt kleinlaut zu.

»*Geredet?*« Karstens erhob sich. »Lass mich raten: Und weil ihr nur *geredet* habt, ist Astrid jetzt stinksauer?«

»Ach, ihr könnt mich doch alle mal«, zischte Behrendt und lief zurück zum Wagen.

Hannes Jäger, der mit einem Fragebogen, wie man ihn aus der Polizeischule kennt, auf sie zukam, sah ihr irritiert hinterher. Dann reichte er Piet Karstens ein transparentes Plastiktütchen mit einer durchweichten Brieftasche. »Die hier haben wir bereits sichergestellt, die trug die Tote hinten in ihrer Hosentasche. Das Geld war noch drin. Ganze vierhundert Euro. Einen Raubmord können wir also ausschließen.«

»Vierhundert Euro. Ist 'ne Stange Geld.«

»Das können Sie laut sagen«, stimmte Jäger zu.

»Was hattest du nur damit vor, Mädchen?«, murmelte Karstens und betrachtete die Tote abwesend.

Dann fingerte er die Brieftasche aus der Tüte und studierte den Personalausweis.

»Anne Lemper. Achtzehn Jahre. Kommt aus – aus Rostock? Wie kommt die denn von Rostock hierher?«

»Tja, gute Frage. Könnte eine Tramperin gewesen sein.«

»Liegt eine Vermisstenmeldung vor?«, fragte Karstens, gab Jäger die Tüte zurück und streifte seine Latexhandschuhe ab.

Hannes Jäger schüttelte den Kopf. »Das nicht, aber wir haben bereits die Eltern ausfindig machen können. Nach Angaben der Mutter wollte das Mädchen mit ihrem Freund nach Italien. Seitdem hatten die Eltern nichts mehr von ihrer Tochter gehört ...«

Nachdenklich ließ Piet Karstens seinen Blick Richtung Wald schweifen. »Was auch immer hier vor sich geht, niemand hört dich, wenn du schreist ...«

»Wie bitte?«

»Ach, nichts«, meinte Karstens, griff in seine Jacketttasche und zog einige Fotos heraus. »Haben Sie diese Kinder zufällig schon mal in der Nähe gesehen?«

»Das sind diese entführten Kinder, nicht wahr?«, fragte Jäger, während er die Bilder betrachtete. Dann schüttelte er den Kopf. »Nein, da muss ich passen.«

Karstens steckte die Fotos wieder ein und

blickte ein weiteres Mal zum Wald und dem urwüchsigen Fluss hinüber. Dann lief er die Böschung hinauf zum Wagen, in dem Behrendt bereits ungeduldig auf ihn wartete.

❀ ❀ ❀

(Am selben Nachmittag in Berlin)

Das Gelächter spielender Kinder zog am Fenster ihres Arbeitszimmers vorbei und verhallte in der Schwüle des späten Nachmittags, während Fiona krampfhaft versuchte, sich auf ihr Manuskript zu konzentrieren. Sie stopfte sich Ohropax in die Ohren, kaute nachdenklich an ihrem Bleistift und las das letzte Kapitel noch einmal.

»*Auch am vierten Tag blieb die Großfahndung der Polizei nach Katrin Tauberts Tochter erfolglos. Dennoch war es für Katrin ein entscheidender Tag, ein Tag, an dem sie alles bereute. Ihre verkorkste Ehe mit Lars. Ihren Job als Kassiererin in der Kleinmarkthalle. Sogar ihre Schwangerschaft mit Indira. So makaber es auch klang, aber der Tod ihrer Tochter erschien ihr mehr und mehr wie ein Ausweg aus einem Leben, das ihr schon lange über den Kopf gewachsen war, wie ein Geheimgang, der sich ihr unverhofft offenbart hatte. Wie ein stilles Aufatmen ...*«

Versunken rieb sich Fiona die Schläfen, tippte ein paar Zeilen und löschte sie wieder. Nach einer Weile gab sie es schließlich auf. Sie nahm das leere Glas von der Tischplatte, auf der außer ihrem Laptop noch eine Tasse kalter Kaffee und ein gerahmtes Bild von Sophie standen, und lief, die letzte Zeile in sich hineinmurmelnd, Richtung Küche, als sie Adrian im Wohnzimmer erspähte. Er kniete vor dem Kachelofen.

»Adrian, ich wusste gar nicht, dass du schon da bist«, meinte sie und nahm die Stöpsel aus den Ohren. »Was machst du denn da?«

Er schien ebenfalls überrascht und erhob sich schlagartig.

»Hast du etwas verloren?«, fragte Fiona, während er sein Hemd glattstrich. Mit einem Mal kam ihr der Schlüssel wieder in den Sinn, den sie vergangene Woche unter dem Kachelofen entdeckt hatte. Kurz überlegte sie, ob Adrian ihn benutzt hatte. Und wenn ja, wofür? Und wozu diese Geheimniskrämerei?

Adrian vergrub die Hände in den Hosentaschen. »Ich? Nö, gar nichts«, meinte er achselzuckend, »ich dachte, da sei ein Wachsfleck auf den Dielen. War aber nur Staub.«

»Ein Wachsfleck«, wiederholte Fiona und blickte auf den Holzboden. Für einen Moment kam ihr in den Sinn, Adrian auf den Schlüssel anzusprechen, entschied sich aber dagegen.

»Bin eben erst heimgekommen, im Laden war nicht viel los heute«, sagte er. »Und du? Solltest du nicht längst bei diesen Leuten sein?«

Fiona zog eine Augenbraue hoch und sah ihn verärgert an.

»Bei den Anonymen Alkoholikern«, verbesserte er sich, jede Silbe hämisch betonend.

»Ja, sollte ich eigentlich«, seufzte sie und suchte in ihrer Handtasche auf der Couch nach Zigaretten. »Es ist nur, ich bin mit dem Roman in letzter Zeit nicht so gut vorangekommen, da dachte ich, ich bleibe heute besser zu Hause.«

Adrian lehnte sich an den Kachelofen. »Grundsätzlich find ich's ja gut, dass du was unternimmst. Aber um ehrlich zu sein, war mir die Vorstellung, dass du zu dieser Gruppe gehst, von Anfang an nicht ganz geheuer«, gab er zu. »Ich meine, du setzt dich da hin und erzählst wildfremden Leuten irgendwelche Sachen über dich und dein Leben, die du wahrscheinlich noch nicht einmal mir erzählst.«

»Lass das mal meine Sorge sein«, entgegnete sie. »Du tust ja geradeso, als hättest du Angst, dass ich da sonst was ausplaudere.« Sie hatte die Zigaretten gefunden und zündete sich eine an. »Oder hat das irgendwas mit Theresa zu tun?«

»Theresa?«, fragte er nach und rieb sich nachdenklich das Kinn.

Fiona blies den Zigarettenrauch in die Luft.

»Du weißt schon, die von der Gruppe. Die neulich auch auf der Feier in der *Riedelei* war.«

»Ach, die meinst du«, er machte eine unbestimmte Handbewegung, »wie kommst du jetzt darauf? Das ist doch Unsinn.« Er verschränkte die Arme. »Seit wann rauchst du überhaupt wieder?«

»Nur gelegentlich«, antwortete Fiona und wandte sich zum Wohnzimmerfenster. Sie nahm noch ein paar Züge und schnippte die Zigarette hinaus, als sie unverhofft Adrians Hände im Nacken spürte. Er begann, ihre Schultern mit kreisenden Bewegungen zu massieren.

»Theresa ist ziemlich attraktiv, findest du nicht?«, hakte Fiona nach.

»Du stellst vielleicht Fragen. So genau habe ich mir die ehrlich gesagt nicht angeschaut.«

»Rolf schien von ihr sehr angetan gewesen zu sein.«

»Ach, Rolf ... du weißt doch, wie er ist«, stöhnte er.

Fiona schloss die Augen, Adrians Berührungen taten gut. »Ich mein ja nur. Eine graue Maus, die man mal eben so übersieht, ist sie ja wohl nicht gerade.«

»Ts, nee, das ganz sicher nicht.«

»Also hast du sie dir doch genauer angeschaut.«

»Fiona, jetzt hör aber auf.«

»Mir kam es nun mal so vor als ob«, sie unterbrach sich. »Na ja, ich habe mich gefragt, ob ihr euch wirklich nicht kennt. Auf mich habt ihr irgendwie so …«

»Du siehst mal wieder Gespenster«, fuhr Adrian ihr über den Mund. »Die Arbeit an diesem Roman, der dich pausenlos an Sophie erinnert, dann die Sache mit dem vermissten Jungen – ist doch verständlich, dass du in letzter Zeit etwas überspannt bist.«

Seine Hände wanderten ihren Nacken hinauf und umschlangen eine Sekunde lang ihren schmalen Hals, bevor Fiona seine Daumen wieder auf ihren Schulterblättern spürte.

»Ja, mag sein«, sagte sie, »vielleicht hast du recht.«

»Natürlich habe ich das«, meinte er, strich ihr Haar beiseite und küsste ihren Hals. »Was hältst du davon, wenn wir die Tage mal wieder segeln gehen? Wenn du Lust hast, sogar gleich morgen. Nur wir beide, ein Picknickkorb und der Wannsee.« Seine Zunge näherte sich ihrem Ohr.

Fiona lächelte mit geschlossenen Augen und griff zärtlich nach der Hand auf ihrer Schulter. »Gute Idee.«

Sonntag, 21. Juni

(Am Vormittag in Berlin)

Maria Garcías Gedanken überschlugen sich, als sie das Päckchen, das sie soeben in Empfang genommen hatte, auf dem Küchentisch öffnete und die weiße Lilie darin fand.

Der Fahrradkurier hatte sein Gesicht unter einer dunklen Bikerbrille und einem Helm verborgen und war ebenso schnell wieder verschwunden, wie er gekommen war, ohne sich die Zustellung quittieren zu lassen.

¡Es terrible!

Sie wusste, was es mit dieser Blume auf sich hatte. Jeder wusste das, schließlich war dies, seit der Entführung des kleinen David vor zwei Wochen, auf dem Spielplatz Gesprächsthema Nummer eins. Doch so etwas Schreckliches passierte immer nur anderen, hatte sie geglaubt. Ohne die Augen von der Lilie zu nehmen, taumelte García zwei Schritte zurück, bis sie an das Fensterbrett stieß. Sie senkte ihren Blick auf das Brathähnchen, das im Backofen vor sich hin brutzelte und allmählich schwarz wurde.

Keine Minute später klingelte das Telefon. Zweimal, dreimal, dann nahm García ab. Es war Frau Bachmann, die Mutter von Timmi aus der Kita, die völlig aufgelöst berichtete, was García längst ahnte: Luna sei beim Kindergeburtstag im Zoo spurlos verschwunden. Sicherlich handle es sich nur um ein riesiges Missverständnis, und es sei lediglich eine Frage der Zeit, bis Luna wieder auftauchen würde, versuchte Bachmann noch zu beschwichtigen. Dennoch habe sie die Polizei gerufen.

García sah auf die weiße Lilie. Sie würde ihr kleines Mädchen nie wiedersehen. Genau wie Fiona Seeberg und all die anderen Eltern, denen die weiße Lilie überbracht worden war, ihre Kinder nie wiedergesehen hatten.

»Lilientäter schlägt wieder zu«, hatte die Presse damals getitelt. Von einem Lilien*mörder* wollte dazumal noch niemand etwas wissen, doch Maria García machte sich nichts vor.

¡Dios! Tu doch endlich irgendetwas! Doch sie stand wie gelähmt mit dem Rücken zum Fenster und spürte, wie ihr die Luft wegblieb, als sie zu dem offenen Päckchen auf dem Esstisch starrte. Daneben stand Lunas Frühstücksteller von heute Morgen. Lunas Brotkrümel, ihr mit Nutella ver-

schmiertes Messer und der aufgeschnittene Apfel, den sie wie immer verschmäht und der sich inzwischen bräunlich verfärbt hatte. García tippte die Nummer des Polizeinotrufs in das schnurlose Telefon und brachte mit ruhiger Stimme, sehr viel kontrollierter, als sie es von sich erwartet hatte, ihren Namen und ihre Adresse heraus. Währenddessen löste García ihren Gürtel und stieg auf den Stuhl.

»Eine weiße Blume, sagten Sie?«, hinterfragte die Beamtin, und García hörte sie hastig etwas in den Computer eintippen. »Was für eine weiße Blume war das genau?« Die Stimme der Frau hatte mit einem Mal etwas Brüchiges.

Maria García reagierte nicht.

»Frau García? Sind Sie noch dran?«

»Ja«, hauchte sie und beschrieb den Kurier, so präzise sie konnte. Auf dem Stuhl schwankend, befestigte García den Gürtel in einer Verankerung an der Decke.

»Wann wurde Ihnen das Päckchen zugestellt?«, fragte die Beamtin am anderen Ende der Leitung.

»Vielleicht vor fünf oder zehn Minuten. Oder zwanzig?«, antwortete García beherrscht, doch ihr war, als sei seither bereits eine Ewigkeit verstrichen.

»Hören Sie mir jetzt gut zu. Bleiben Sie, wo Sie sind, und fassen Sie bitte nichts an, weder das Päckchen und um Himmels willen nicht diese Blume.

Die Kollegen der Kriminalpolizei sind gleich bei Ihnen.«

Die Worte der Beamtin klangen mit einem Mal kilometerweit entfernt und zogen wie Luftblasen an García vorbei.

»Ja, in Ordnung«, meinte sie. Eine Lüge. Das Telefon schlug dumpf auf dem PVC-beschlagenen Boden auf, und García spürte den ledernen Gürtel, der ihre Kehle wie ein Strick umschlang. Wie in Trance murmelte García ein letztes Gebet, während alles um sie herum mehr und mehr in dem schwarzen Rauch verschwamm, der nun aus dem Backofen in die Wohnung drang. Dann setzte sie einen Fuß auf den Stuhlrücken, bereit, den Stuhl zum Kippen zu bringen. Noch einmal zögerte sie und blickte auf das gerahmte Foto von Luna auf der Fensterbank. García hatte es erst vor wenigen Wochen im Berliner Stadtbad gemacht. Die Beamten würden es sicher gleich vorfinden.

❄ ❄ ❄

(Zur selben Zeit am Wannsee)

Die Sonne brannte auf ihren hellen, mit Sommersprossen übersäten Schultern, als Fiona den Yacht-Club Wannsee erreichte. Sie schloss ihr Fahrrad ab und lief mit dem Picknickkorb in der Hand über den Steg. Der dünne Stoff ihres Sommerkleids flatterte im leichten Wind.

»Na endlich!«, rief Adrian, der schon am frühen Morgen aufgebrochen war, um die *Blue Star* startklar zu machen. Er trug die alberne Kapitänsmütze, die Fionas Vater ihm mit dem Segelschiff vermacht hatte.

»Ich dachte schon, du hast es dir anders überlegt.«

»Hättest du wohl gern«, lachte Fiona, als Adrian ihr an Bord half und ihre Wange mit einem Kuss streifte.

»Aye, aye, Käpt'n«, witzelte sie, »dann kann's ja losgehen.«

Als sie die mitgebrachten Sandwiches im Kühlschrank unter Deck verstaute, erspähte sie die Weißweinflaschen im untersten Fach. Und da war sie plötzlich wieder: die vertraute Beklemmung. Fiona konnte nicht einmal sagen, ob es der Anblick des Alkohols war oder aber die Tatsache, dass ein Schwimmflügel von Sophie quietschorange aus einem Ablagefach in der Kajüte hervorlugte.

»Geht gleich los, wir müssen nur noch auf Rolf warten«, rief Adrian und löste die Spannseile von den Segeln.

»Auf Rolf?« Fiona ließ die Kühlschranktür zufallen und stieg wieder hoch.

»Ich dachte, nur wir beide.«

»Was hätte ich denn machen sollen? Als ich Rolf

erzählt habe, dass wir mal wieder rausfahren, hat er sich quasi selbst eingeladen. Du kennst ihn ja«, sagte er und sah Fiona mit jenem Nun-sei-doch-kein-Spielverderber-Blick an, den er immer dann auflegte, wenn er ein Versprechen nicht eingehalten hatte.

Fassungslos starrte Fiona ihn an, da hörte sie auch schon das Knattern von Rolfs Motorrad. Hinter ihm saß eine schlanke Frau.

Adrian lachte kopfschüttelnd in sich hinein. »Na sieh mal einer an, scheint wohl doch was Ernsteres zu sein mit dieser Assistentin.«

Rolf stieg vom Motorrad, nahm seinen Helm ab und winkte ihnen vom Kai aus zu.

Irgendwie hatte ich diese Melissa wesentlich kleiner in Erinnerung, dachte Fiona.

Rolfs Begleitung nahm ihren Helm ab. Rote Haare fielen ihr auf die Schultern.

»Das ist ja *Theresa*«, stellte Fiona verblüfft fest.

Adrian nahm seine Mütze ab, wischte sich die Stirn und verzog das Gesicht. »Was?«

»Hast du davon gewusst?«, fragte Fiona leicht amüsiert, während Rolf und Theresa fest umschlungen wie frisch verliebte Teenager über den Steg auf sie zugelaufen kamen. Adrian hatte es die Sprache verschlagen.

»Na, das nenne ich aber eine Überraschung!«, begrüßte Fiona die beiden.

»Tja, so schnell kann's gehen«, grinste Rolf und schlug Adrian wie immer mit einem leichten Fausthieb neckisch gegen die Schulter. »Deine Jubiläumsparty war eben ein voller Erfolg.«

Adrian rang sich ein Lächeln ab.

»Dann kann der Spaß ja losgehen«, meinte Theresa und zwinkerte Adrian zu, der zur Begrüßung nur ein Kopfnicken andeutete.

Fiona merkte ihm an, dass er sich plötzlich unwohl fühlte. Und noch als sie die Leinen losmachte, sah sie die Unentschlossenheit, mit der er zum Ufer schaute, als ob er es sich noch einmal anders überlegen wollte. Und als hätte sie es geahnt, griff Adrian plötzlich nach der Leine und wollte gerade ansetzen, etwas zu sagen, als Rolf auflachte und ihm abermals auf die Schulter schlug.

»Mensch, Adrian, was ist denn los mit dir? Du machst ja ein Gesicht wie drei Tage Regenwetter«, meinte er scherzhaft.

Adrian ließ das Seil fallen und lächelte ihn steif an. »Ich hol uns dann erst mal was Ordentliches zu trinken.«

❀ ❀ ❀

(Im Berliner Polizeipräsidium)

Ein leises Schmatzen durchdrang die schwüle Mittagshitze, die in den Räumen des Präsidiums stand. Frauke Behrendt stocherte neben einem

Stapel Akten lustlos in ihrem Thunfischsalat, während Piet Karstens sich im Stuhl zurücklehnte, die Füße auf seinem Schreibtisch überkreuzte und mit großen Bissen ein Stück seiner extrascharfen Pizza Diavolo verschlang. Es waren jene Minuten des Tages, in denen die Pinnwand mit den Fotos der entführten Kinder und die Deutschlandkarte mit den rot eingezeichneten Markierungen kurzzeitig zur Nebensache wurden. Jene Minuten, in denen Dezernatsleiter Bernd Schelling aus seinem Büro in eines der umliegenden Restaurants entschwand und Piet Karstens und Frauke Behrendt seine Blicke einmal nicht im Rücken spürten.

»Machst du jetzt Diät?«, fragte Karstens schmatzend und beäugte Behrendts Salat, während seine Pizza Käsefäden zog.

»Was willst du damit sagen? Dass ich eine machen sollte?«

»Nein, nein, war ja nur 'ne Frage«, gab er achselzuckend zurück und lachte. »Dass sich Frauen bei dem Thema immer gleich angegriffen fühlen müssen.«

Behrendt stach ihre Gabel wütend in die Salatschale.

»Tu ich doch gar nicht«, sagte sie schroff, als Kumiko Kobayashi, eine pummelige Asiatin, die von allen nur Kikki genannt wurde und ein Faible für Schlaghosen und asymmetrische Frisuren hatte,

mit einem Zettel in der Hand durch den Flur ge-
sprintet kam.

»Gerade sind zwei Anrufe bei der Notrufzent-
rale eingegangen!«

»Und weiter?«, seufzte Karstens, während er
sich ein weiteres Stück Pizza griff.

»Das könnte was sein«, meinte Kikki energisch.
»Der erste Anruf kam von einer gewissen Cornelia
Bachmann. Sie sagt, ein Kind sei beim Geburtstag
ihres Sohns im Berliner Zoo verschwunden.«

Karstens und Behrendt sahen einander an.

»Aber jetzt haltet euch fest«, fuhr Kikki fort.
»Der zweite Anruf kam von einer gewissen Maria
García, sie ist die Mutter des verschwundenen
Mädchens«, Kikki sah von ihrem Zettel auf, »ihr
wurde soeben von einem Fahrradkurier ein Päck-
chen mit einer weißen Lilie zugestellt.«

Karstens' und Behrendts Blicke kreuzten sich
erneut.

»Wir fahren direkt zu García!«, entschied Karstens und biss ein letztes Mal in seine Pizza. »Sag
du den Kollegen von der Spurensicherung und
dem SEK Bescheid – und wenn's sein muss, sollen
die den ganzen verdammten Zoo auf den Kopf
stellen!«, wies er Kikki mit vollem Mund an. »Und
überprüf bitte sämtliche Fahrradkuriere der Stadt,
ob irgendwo ein Auftrag an Garcías Adresse eingegangen ist!«

Kikki nickte.

»Ach, Piet!«, rief sie ihm noch hinterher. »Wenn ihr wiederkommt, ist deine Pizza bestimmt schon kalt und …«

»Klar, bedien dich ruhig«, stöhnte er und verdrehte die Augen. »Du kannst mein Essen mal wieder haben.«

»Das darf doch nicht wahr sein!«, fluchte Piet Karstens, als er den dunkelblauen Passat in eine Einbahnstraße in Berlin-Kreuzberg lenkte, die ein Lieferwagen mit eingeschaltetem Warnblinker und heruntergeklappter Laderampe versperrte.

Behrendt rieb sich die Stirn. »Piet, kann ich dich um etwas bitten?«

Karstens blickte seine Kollegin verwundert an. Wenn er sich recht erinnerte, hatte Behrendt es stets vermieden, ihn um etwas zu bitten.

»Diese Mutter«, fing sie an. »Falls sich herausstellen sollte, dass sie noch nicht weiß, was es mit der Lilie auf sich hat … dann sag du's ihr bitte, ja? Ich kann das heute einfach nicht.«

»In Ordnung«, erwiderte er.

In diesem Augenblick eilte ein dicker Mann mit Schlapphut zurück zum Lieferwagen.

»Na los – sieh zu, dass du Land gewinnst!«, schnauzte Karstens den Mann an und drückte aufs Gas.

Behrendt blickte angespannt aus dem Fenster. »Was meinst du, warum hat unser Freund ausgerechnet in Berlin wieder zugeschlagen? Ich meine, erst reist er quer durch die Republik – was darauf schließen lässt, dass er sich für seine Taten nicht die nächstbesten Nachbarskinder aussucht –, und jetzt soll er plötzlich wieder in Berlin zugeschlagen haben?«

Sie zog die Stirn in Falten. »Irgendwie passt das alles nicht zusammen.« Sie kramte eine Packung Aspirin aus dem Handschuhfach.

»Tja, sämtliche geographischen Anhaltspunkte wären damit wohl vom Tisch«, antwortete Karstens. »Ich sag's ja. Wir sollten uns noch mehr auf das nähere Umfeld der Kinder konzentrieren. Auf die Eltern, die Nachbarn, Babysitter, Sportclubs und so weiter. Es muss doch irgendeinen Hinweis darauf geben, wonach dieses Schwein seine Opfer auswählt.«

»Wenn die kleine Luna wirklich ein weiteres Opfer ist, sollten wir uns unbedingt auch noch mal die Mitarbeiter dieser Kita Grünfink vorknöpfen. Sowohl Sophie Seeberg als auch Luna García waren dort angemeldet.«

Sie griff in ihre Tasche und schlug einen Notizblock auf. »Ulrike Schneider«, las sie vor und blätterte um. »Renate Pohl. Und Sascha ... Sascha ...«

»Sascha Funk«, vervollständigte Karstens.

Behrendt nickte und zog ein verbissenes Gesicht. »Viel haben wir bis jetzt wirklich nicht vorzuweisen – für meine Beförderung ist das auch nicht gerade hilfreich.«

Abschätzig musterte Karstens seine Kollegin. »War ja klar, dass du wieder nur an deine Beförderung denkst.«

»So war das jetzt auch wieder nicht gemeint«, seufzte sie genervt.

Karstens presste die Zähne aufeinander und ging nicht weiter darauf ein.

»Moment mal, da drüben – da ist es schon!«, rief Behrendt und deutete auf einen grauen, mit Graffiti besprühten Gebäudekomplex.

Karstens fuhr rechts ran und folgte seiner Kollegin zielstrebig zu den Klingelschildern.

Behrendts Augen wanderten über die unzähligen Namen. »Yilmaz … Di Lauro … Arslan … hier: García, achter Stock.« Sie blieb mit dem Zeigefinger auf einer der Klingeln stehen und läutete Sturm. Doch es öffnete niemand.

»Ich ruf noch mal in der Zentrale an«, beschloss Behrendt.

Karstens trat ein paar Schritte zurück und blickte die triste Fassade hinauf, als er es plötzlich bemerkte.

»Frauke! Sieh mal da hoch!«

Jetzt entdeckte auch Behrendt den Rauch, der aus einem Fenster im achten Stock drang.

»Ach du Scheiße! Beeilen wir uns!«, rief sie.

Hastig drückte Karstens alle Klingelknöpfe, bis

sich eine verschlafene Männerstimme an der Sprechanlage meldete. Kurz darauf ging der Türsummer. Karstens verschwand im Hausflur, während Behrendt zurück zum Wagen rannte und Verstärkung anforderte.

»Und einen Krankenwagen!«, brüllte Karstens noch, bevor er im Laufschritt die Treppen hinaufeilte.

❀ ❀ ❀

(Berlin, Wannsee)

Es dauerte eine ganze Weile, bis das Segelboot an Fahrt gewann, doch Theresa, die jetzt mit ausgebreiteten Armen am Bug stand, hatte schon jetzt ihren Spaß.

»Ist das herrlich!« Sie löste das gebatikte Tuch, das ihr als Rock gedient hatte und nun die Sicht auf ihre langen Beine und ihre wohlproportionierten Hüften freigab. Mit ausgestreckten Armen hielt sie es über ihren Kopf in den Wind und lachte.

»Weiter! Weiter!«, spornte Rolf sie an und pfiff auf zwei Fingern.

Adrian lächelte nur trocken, als er mit der nächsten Flasche Wein und einem neuen Tetrapak Traubensaft zurück an Deck kam.

»Ich sehe was, was ihr nicht seht!«, meinte Theresa und lief in großen Schritten auf Rolf zu. Sie hielt sich an einem Tau fest und zeigte gen Himmel.

»Da, eine dunkle Wolke.«

»Ach, quatsch, da hinten zieht's nur ein bisschen zu, mehr nicht«, winkte Rolf ab und zwickte Theresa neckisch in die Seite.

Reichlich übertrieben, wie Fiona fand. Überhaupt gingen ihr Theresas überschwenglicher Enthusiasmus und Rolfs Plattitüden gehörig auf die Nerven. Und mit einem Mal kam es ihr so vor, als ob Theresas Lächeln irgendwie aufgesetzt wirkte.

Adrian reichte Rolf ein weiteres Glas Wein. Ebenso Theresa, die sogleich die Hände hochriss.

»Nein, nein, danke. Ich bleibe bei Traubensaft – ich, äh, vertrage keinen Alkohol, wenn alles so schwankt und so …« Sie lachte verlegen.

Doch Adrian ließ nicht locker. »Na komm, ein Schlückchen wirst du doch wohl verkraften. Ist ein erstklassiger Grand Cru und eine der letzten Flaschen des Jahrgangs.«

»Lass sie doch«, meinte Fiona streng und warf Adrian einen vernichtenden Blick zu. *Was soll das, Adrian? Du weißt ebenso gut wie ich, dass Theresa nicht mehr trinkt.*

»Ich frag ja nur«, grinste er zufrieden.

»Wie lange kennt ihr euch eigentlich schon?«, fragte Theresa wie aus heiterem Himmel. Die Frage klang wie eine Revanche.

»Vielleicht fünf Jahre«, überlegte Fiona.

»Ach, doch schon so lange.« Theresa sah Adrian eindringlich an. »Und wo habt ihr euch kennengelernt?«

Fiona räusperte sich. »Ich habe mich damals eher zufällig in einen kleinen Weinladen am Ende der Torstraße verirrt. Und da stand Adrian plötzlich vor mir.«

Theresa nickte.

»Und dieser Weinladen, was ist daraus geworden?« Die Frage galt Adrian.

Er seufzte. »Ach weißt du, manchmal laufen die Dinge im Leben eben anders als geplant«, meinte er mit verschränkten Armen.

Theresa lächelte. Und Fiona glaubte ihr anzusehen, dass in ihrem Lächeln etwas Schadenfrohes lag.

»Ist das zu fassen? Ich hab doch tatsächlich einen Regentropfen abbekommen!«, durchbrach Rolf das entstandene Schweigen.

»Stimmt, ich auch«, stellte Fiona fest und sah zum Himmel.

Die Wolken hatten sich verdichtet. Der einsetzende Nieselregen wurde schlagartig stärker.

»Na, dann essen wir die Sandwiches eben in der Kajüte«, meinte Fiona.

»Die Idee hätte von mir sein können«, scherzte Rolf und folgte ihr unter Deck.

Theresa drehte sich noch einmal nach Adrian

um, der sich ein Regencape übergezogen hatte und hinter dem Steuer geblieben war. »Vom Tellerwäscher zum Millionär ...«, sagte sie gehässig, jedoch so leise, dass die anderen es nicht mitbekamen. »Die Yacht, der Jaguar, die schicke Wohnung – lebt sich sicher nicht schlecht an der Seite einer reichen Tussi, die brav alle Rechnungen bezahlt, was?«

»Ach, Theresa, du wirst dich wohl nie ändern ...«, stöhnte Adrian und blickte aufs Wasser, »man könnte fast meinen, du bist eifersüchtig ...«

»Eifersüchtig? Ts, mach dich nicht lächerlich.« Sie sprach die Worte lauter aus, als sie sie sagen wollte.

Adrian sah sie ernst an. »Eins sage ich dir: Wenn du glaubst, du kannst dich hier an meinen Freund ranschmeißen und einfach so in meinem Leben auftauchen, dann ...«

»Dann was?«, unterbrach Theresa ihn mit hochgezogenen Augenbrauen.

»Ich warne dich, Theresa, wenn du dich nicht von Fiona fernhältst, wird dir das noch leidtun.«

❉ ❉ ❉

(Berlin, Sankt-Marien-Krankenhaus)

Piet Karstens saß im Wartebereich und sah über den Krankenhauskorridor zu den automatischen Doppeltüren, durch die Doktor Matern jeden Moment kommen würde, um ihm ein weiteres Mal Auskunft über Maria Garcías Zustand zu geben. Karstens stützte seine Ellenbogen auf die Knie und fixierte die vorbeilaufende Stationsschwester.

»Und?«, fragte er nach.

Seufzend strich sie sich eine Haarsträhne aus dem Gesicht. »Ich sagte Ihnen doch schon, Doktor Matern wird Ihnen Bescheid geben, sobald er aus dem OP kommt.« Sie hob die Schultern. »Grundsätzlich ist es bei Komapatienten natürlich schwer zu sagen, ob sie überhaupt jemals vernehmungsfähig sein werden … Offen gestanden, ich würde mir an Ihrer Stelle nicht allzu große Hoffnungen machen.«

»Hm«, brummte Karstens und nickte enttäuscht.

Die Schwester musterte ihn kurz und warf einen flüchtigen Blick in Garcías Akte.

»Sie haben Frau García also gefunden?«, erkundigte sie sich, ohne ihre Augen von der Akte zu nehmen.

Er nickte.

»In ihrer Küche – stranguliert mit einem Gürtel«, hörte er sich in Gedanken sagen und sah es wieder vor sich, wie er in die Wohnung gestürmt war. Hinter ihm Frauke Behrendt und später die Sanitäter. Überall stand schwarzer Rauch in den Zimmern. Und während Behrendt sich um das Team der Spurensicherung gekümmert und das Päckchen mit der Lilie zu Boris Solewski ins Labor hatte schicken lassen, war Karstens im Krankenwagen mitgefahren, für den Fall, dass García doch noch etwas sagte. Damit, dass sie ausgerechnet ins Sankt-Marien-Krankenhaus fuhren, hatte er natürlich nicht gerechnet.

Die Schwester sah von Garcías Akte auf. »Doktor Matern hat vermerkt, dass die Patientin mehrere Hämatome hat. Sind höchstens ein bis zwei Tage alt, es gibt aber auch welche, die älter sind. Dazu kommen Brandnarben von Zigaretten und Striemen am Rücken.«

»Danke«, murmelte Karstens und stellte fest, dass er sich in seinen bisherigen neun Dienstjahren noch niemals so machtlos gefühlt hatte. Von der Sache mit Pauline einmal abgesehen, doch das war etwas anderes gewesen.

Die Schwester korrigierte den Sitz ihrer Brille und musterte Karstens erneut. »Sagen Sie, habe ich Sie hier nicht schon mal gesehen?«

Er schüttelte den Kopf. »Nein. Nein, das muss ein Irrtum sein, ich werde öfter mit jemandem verwechselt«, erwiderte er mit einer gleichgültigen Handbewegung und verzog seine Lippen zu einem dünnen Lächeln.

»Sicher? Ich meine, so oft kommt es ja nicht vor, dass ...«

»Nein«, Karstens' Blick streifte das Namensschild auf ihrem Kittel, »Sie irren sich, Frau Wolters.«

Die Schwester nickte ungläubig und folgte dem Krankenhauskorridor, als Karstens' Handy in der Innentasche seines Jacketts vibrierte.

»Hallo Frauke ... ja, noch immer im Krankenhaus«, sagte er und rieb sich die Augen, »gibt's irgendwas Neues aus dem Labor?«

»Nein, Solewski bemüht sich aber, dass wir die forensischen Berichte morgen im Laufe des Tages bekommen«, drang es aus der Leitung. »Kikki hat sämtliche Fahrradkurierzentralen in Berlin und Umgebung abtelefoniert. Nirgendwo ist ein Auftrag an Garcías Adresse registriert. Sieht ganz danach aus, als hätte es schon wieder keinen gegeben.«

»Willst du damit etwa sagen, dass sich dieser Psychopath neuerdings selbst als Fahrradkurier ausgibt, oder was?« Karstens stand auf und lief, umständlich in seiner Hosentasche nach ein paar Münzen kramend, zum Getränkeautomaten. »Ts, dieses perverse Schwein, womöglich geilt es ihn auf, den nichtsahnenden Eltern seine kleinen Blumenpräsente höchstpersönlich zu überbringen. Und ehe sie das Päckchen auspacken und erfahren, was es damit auf sich hat, ist der feige Hund längst über alle Berge.« Er warf eine Münze in den Automatenschlitz und drückte einige Tasten, als er plötzlich innehielt. »Aber was heißt hier überhaupt, es gab wieder keinen Auftrag?«

»Na, wie schon vor zwei Wochen bei dem Jungen aus Potsdam.«

Eine Coladose fiel scheppernd hinter die Automatenklappe.

»Was? Frauke, wieso weiß ich nichts davon?«, fragte er und bückte sich nach der Dose im Klappfach.

»Natürlich weißt du davon – du hast den Bericht aus Potsdam doch auch gelesen. Hast du doch, oder nicht?«

Karstens rieb sich die Schläfe. »Äh, ja, doch, doch«, meinte er und fragte sich kurzzeitig, ob er ihn wirklich gelesen hatte. Wo war er nur mit seinen Gedanken in letzter Zeit?

Karstens spürte unendliche Wut in sich aufsteigen. Wut auf sich selbst. Wut auf dieses Schwein, das sie bereits mehr als zwei Jahre an der Nase herumführte. Wut auf das, was letztes Jahr in diesem Krankenhaus geschehen war. Er zwang sich, nicht mit der Coladose gegen den Getränkeautomat zu hämmern.

»Erste Untersuchungen haben übrigens ergeben, dass García misshandelt wurde«, sagte er dann und fuhr sich mit der eiskalten Coladose über die Stirn.

»Hat vermutlich 'nen prügelnden Mann zu Hause,

und jetzt sieht es noch ganz danach aus, als sei ihre Tochter einem kranken Psychopathen zum Opfer gefallen. Das würde zumindest erklären, warum sie sich umbringen wollte.«

»Der Ärmsten blieb aber auch nichts erspart«, seufzte Behrendt am anderen Ende der Leitung.

»Diesen Herrn García werde ich mir höchstpersönlich vorknöpfen.«

»Moment mal«, kam es von Behrendt. »Angenommen, Luna wurde ebenfalls geschlagen, dann hätten wir ein erstes Opferprofil.«

»Wieso?«

Behrendt seufzte erneut. »Wenn du den Bericht gelesen hättest, wüsstest du, dass die Mutter des Jungen aus Potsdam bei den Vernehmungen zusammengebrochen ist. Sie hat den Beamten gestanden, dass sie ihrem Jungen hin und wieder mehr als nur einen kleinen Klaps auf den Hintern gegeben hat. Scheinbar war's ihr ein Anliegen gewesen, im Nachhinein noch damit rauszurücken.«

»Du meinst, wenn das bei den anderen entführten Kindern auch der Fall gewesen war, hätten sie alle schon vor ihrem Verschwinden das gleiche Schicksal geteilt …«

»Genau, stellt sich nur noch die Frage, welches Motiv der Täter damit verfolgt«, sagte Behrendt.

Und nach einem kurzen Schweigen sagte sie: »Trotzdem, Piet. Du kannst nicht ewig da im Krankenhaus herumsitzen. Willst du mir nicht endlich sagen, was wirklich los ist?«

Karstens antwortete nicht, und für einen Augenblick schien die Leitung wie tot.

»Na schön, wie du willst«, zischte Behrendt und beendete das Gespräch.

Karstens steckte das Handy ein und richtete seinen unruhigen Blick wieder zu den Doppeltüren. Der Geruch von Desinfektionsmitteln erschien ihm mit einem Mal unerträglich.

Als Frauke Behrendt eine halbe Stunde später in ihrem moosgrünen Trenchcoat den Krankenhauskorridor des Sankt-Marien-Krankenhauses betrat, war Karstens inzwischen mit dem Kinn auf der Brust eingenickt.

»Piet?« Sie rüttelte ihn an der Schulter.

Er schlug die Augen auf. »Was machst du denn hier?«, fragte er, sichtlich irritiert.

»Ich war auf dem Nachhauseweg. Im Gegensatz zu dir mache ich nämlich hin und wieder Feierabend. Das nennt sich Privatleben, schon mal davon gehört?«, erwiderte Behrendt und sah mit hochgezogenen Brauen auf die große Wanduhr. Sie setzte sich neben Karstens und schlug die Beine übereinander. »Es ist nicht nur García, die dich hier festhält, stimmt's?«

Karstens verschränkte die Arme und schielte verstohlen auf seine Coladose.

»Mir machst du nichts vor«, meinte Behrendt und machte eine kurze Pause, um den nachfolgenden Worten eine höhere Bedeutung zu verleihen. »Es ist wegen Pauline. Hab ich recht, Piet?«

Karstens knackte mit den Fingern.

»Komm schon, Piet. Das letzte Mal, dass du im Sankt-Marien-Krankenhaus gewesen bist, war nach dem Einsatz mit Pauline. Sie fehlt dir noch sehr, was?«

»Schon möglich«, gab er zu und fuhr über die Narbe auf seinem linken Handrücken.

Behrendt holte tief Luft und legte ihre Hand auf Karstens' Schulter. »Du hast es doch gar nicht nötig, den starken Mann zu spielen, weder vor mir noch vor Schelling oder den Kollegen.«

Der Kommissar schwieg.

»Ich habe übrigens Garcías Mann überprüft«, räusperte sich Behrendt schließlich. »Offenbar hält er sich seit gestern in Caquetá auf, einer Provinz im Süden Kolumbiens.«

Karstens entwich ein leiser Seufzer.

»Dieser Fernando García hat nicht gerade ein kleines Vorstrafenregister«, fuhr Behrendt fort.

»Reicht von Diebstahl und schwerer Körperverletzung bis hin zu Drogenhandel«, zählte sie auf. »Bei den Kollegen von der Drogenfahndung ist er bekannt wie ein bunter Hund. Hat sogar schon mal wegen Kokain-Schmuggel gesessen. Allerdings ist das jetzt fast zehn Jahre her. Seitdem hat er sich nichts mehr zuschulden kommen lassen.« Sie zuckte die Achseln.

»Oder er ist einfach nur cleverer geworden.«

Karstens schob den Unterkiefer vor. »Trotzdem sehe ich da noch keinen Zusammenhang – Gewalt und Drogen sind eine Sache, Kindesentführung und wer weiß was noch eine ganz andere.«

Behrendt bückte sich nach ihrer Handtasche und zog eine Liste mit Namen und Telefonnummern heraus. »Hier. Du wolltest doch eine Auflistung aller getätigten Anrufe von Garcías Festnetzanschluss. Kikki hat bereits alle Anrufe überprüft«, sagte Behrendt und reichte Karstens die Einzelgesprächsnachweise. »Ein Handy hat García offenbar nicht.« Sie tippte mit dem Zeigefinger auf eine rot umkringelte Nummer. »Sieh mal, die hier gehört einem Frauenhaus in Friedrichshain. García hat dort in den letzten zwei Wochen viermal angerufen. Zuletzt am Abend bevor ihre Tochter im Zoo verschwand. Wahrscheinlich wollte sie ihren Mann verlassen«, mutmaßte Behrendt. »Besser spät als nie.«

Sie hielt kurz inne, bevor sie fortfuhr: »Und jetzt schau mal hier«, ihr Finger blieb bei einem Anruf um 00:56 stehen. »Eine Stunde nachdem García mit dem Frauenhaus gesprochen hat, ist ein Anruf nach Kolumbien getätigt worden.«

»An?«

»An wen auch immer. Die Nummer konnte

nicht zugeordnet werden. Gehört vermutlich zu einer Prepaid-Karte. Aber pass mal auf, hier wird's interessant …« Behrendt fuhr mit dem Finger auf die Zeile darunter. »Dieselbe Nummer wurde auch an dem Abend gewählt, bevor der Junge in Potsdam entführt wurde. Kann Zufall sein …«

»… oder auch nicht«, fügte Karstens hinzu und sah nachdenklich auf die Liste. »Wenn dieser Herr García was mit der Sache zu tun hat, dann finde ich das raus.«

Behrendt nickte. Sie stand auf und zog ihren Autoschlüssel aus der Handtasche.

»Komm, ich fahr dich nach Hause, wir haben eine harte Woche vor uns.«

Aber Karstens schüttelte den Kopf. »Danke, schon okay. Ich bleib auch nicht mehr lang, fahr ruhig heim. Bestimmt wartet Astrid längst mit dem Essen auf dich.«

Behrendt lächelte. »Stimmt, sie wollte heute ihre berühmte Lasagne machen. Du bist herzlich eingeladen.«

»Ist lieb gemeint, aber ich muss leider passen.«

Behrendt stützte eine Hand in die Hüfte und sah Karstens vorwurfsvoll an. »Piet, das war kein Angebot, das war eine Aufforderung.«

Er schien zu lächeln. »Macht sie dazu wieder ihre phantastische, unverschämt reichhaltige Béchamelsauce?«

»Ihre Béchamelsauce und obendrauf den geriebenen Parmesan – so dick«, zeigte Behrendt mit zwei Fingern.

»Vielleicht hast du recht«, brummte Karstens, erhob sich und folgte Behrendt Richtung Ausgang. »Frauke«, sagte er noch, als er ihr die gläserne Tür aufhielt.

»Ja?«

»Danke.«

❉ ❉ ❉

(Noch am selben Abend in Berlin-Mitte)

Der vor sich hin nieselnde Regen war wieder stärker geworden, als Fiona aus dem Taxi stieg, sich die Handtasche über den Kopf hielt und zum Treppenaufgang eilte. Sie schloss die Haustür auf und lief, mit den Gedanken noch beim Segeltörn, das Treppenhaus hinauf. Fiona hatte ebenso wenig Lust wie Theresa gehabt, mit Rolf und Adrian noch einen trinken zu gehen. Zudem gingen Fiona die seltsam feindseligen Blicke, die sie zwischen Theresa und Adrian erhascht hatte, nicht aus dem Kopf. Plötzlich erlosch das Licht im Treppenhaus. Fiona stieß einen genervten Seufzer aus, tappte die letzten Schritte blind zu ihrer Wohnungstür und fingerte die Schlüssel aus ihrer Tasche, da riss sie der Geruch von Zigarettenrauch aus ihren Gedanken.

Sie hielt inne. Auf den oberen Treppenstufen

hörte sie ein leises Knarren. Erschrocken fuhr sie zusammen, als sie im hereinfallenden Licht der Straßenlaternen jemanden auf den Stufen sitzen sah. Mit zitternden Fingern tastete sie nach dem Lichtschalter.

Im Treppenhaus saß Jens Zach.

Das Rattengesicht.

»So schnell sieht man sich wieder«, grinste er und kniff, geblendet von der plötzlichen Helligkeit, die Augen zusammen.

»Verschwinde!«, fauchte Fiona. Ihr Puls raste, während sie ihren Schlüsselbund fest umklammert hielt.

Zach erhob sich und drückte seine Zigarette auf dem Fensterbrett aus.

Was auch immer passiert, lass ihn auf keinen Fall in die Wohnung.

»Fionalein …«, grinste er erneut und schoppte die Ärmel seiner Jeansjacke hoch. »Heute ist dein Glückstag.«

»Trau dich noch einmal in meine Nähe, und ich zeig dich an!«, blaffte sie und bereute, dies ohnehin nicht längst getan zu haben, nachdem er ihr neulich Nacht vor dem Buchladen aufgelauert hatte.

Zach schwieg und fuhr sich über die stoppeligen Haare. »Schon mal dran gedacht, dass die Dinge manchmal anders sind, als sie aussehen?«, sagte er schließlich verärgert.

Fiona verstand nicht. Und es interessierte sie

auch nicht. Sie spürte die Metallzacken des Schlüsselbunds in ihrer Hand. Wenn Zach sich noch einen Schritt weiter näherte, würde sie ihm das Ding ins Gesicht schlagen.

»Jens, du hast damals auf dem Campus versucht, mich zu vergewaltigen!« Ihre Stimme überschlug sich.

»Herrje … Hab damals halt 'ne Menge Mist gebaut, was Frauen und so angeht.« Er vergrub seine Hände in den Hosentaschen.

»Du hast mich monatelang verfolgt, Jens! Glaubst du wirklich, ich habe Lust, mir dein Gelaber anzuhören? Hau ab! Hau einfach ab!«, schrie Fiona ihn an.

»Verdammt, ich hab meine Schuld doch abgesessen!«

Spöttisch lachend bückte er sich nach seinem Rucksack, den er am Treppengeländer abgestellt hatte, und zog den leuchtend gelben Umschlag eines Fotoladens heraus. »Hier«, seufzte er und streckte ihr den Umschlag entgegen.

Fiona machte keine Anstalten, das Couvert anzunehmen.

»Was ist?«, fragte er verwirrt und ließ die ausgestreckte Hand sinken.

Fiona verzog keine Miene.

»Dann leck mich doch, Fiona!« Wütend packte Jens Zach den Umschlag wieder ein und stürmte an Fiona vorbei die Treppen hinunter.

Erleichtert schloss Fiona die Wohnungstür auf, aber Zach stoppte auf dem Treppenabsatz noch einmal. »Wirklich zu dumm von dir, Fiona … War mir ziemlich sicher, dass dich das, was ich hier dabeihabe, brennend interessieren würde …«

»Spar dir deine Spielchen!«, rief Fiona ihm hinterher und warf die Tür hinter sich zu.

❄ ❄ ❄

II. TEIL

Montag, 22. Juni

(Am Morgen in Berlin)

»Mann, wie lange wollen die uns denn noch ausfragen?«, murrte Sascha Funk, der mit Renate Pohl die im Sandkasten verstreuten Schaufeln und Förmchen einsammelte und dabei unschlüssig zu Ulrike Schneider hinübersah. Umgeben von einer Horde Mütter, lehnte die Kita-Leiterin an dem knallblauen Spiele-Container und stand Hauptkommissar Karstens und seiner Kollegin Behrendt Rede und Antwort.

»Das geht schon seit gestern so. Wenn du öfter mal bei der Arbeit aufkreuzen würdest, wüsstest du das«, sagte Pohl barsch, schob ihre Nickelbrille mit dem Zeigefinger hoch und deutete mit einer Plastikschaufel zu der Parkbank, auf der ein Polizist in Zivil mit einer Zeitung saß. »Immerhin haben die uns jetzt den da drüben abgestellt.«

Funk schüttelte den Kopf. »Anweisung von oben«, ahmte er die Kripo-Beamtin nach.

»Was stört dich denn an dem?«, fragte Pohl und rang einen Moment lang mit sich. »Immerhin ist Luna nun schon das zweite verschwundene Kind in unserer Kita …«, meinte sie dann.

Funk verdrehte die Augen und stieß einen Seufzer aus. »Ach was, Mann! Die Kinder waren hier doch bloß angemeldet, entführt worden sind die ganz woanders«, erwiderte er und sah Renate Pohl plötzlich skeptisch an. »Glaubst du etwa auch, ich hätte was damit zu tun, oder was?«

Schockiert kreuzte Pohl die Hände vor der Brust. »Ich? Wieso? Und wie kommst du überhaupt darauf, dass man dich verdächtigen könnte?«

»Klingst schon wie die Bullentussi da«, knurrte Funk mit einem Seitenblick zu Frauke Behrendt.

Der Polizist in Zivil senkte die Zeitung.

»Nicht so laut …«, flüsterte Pohl. »Sascha, wenn du irgendwas über die Sache weißt, ganz egal was, dann musst du es sagen, hörst du?«

Funk zuckte mit den Achseln. »Ich weiß nix. Aber mir glaubt ja sowieso keiner. Sogar die alte Schneider hat mich längst auf dem Kieker …«

Schweigend sah Pohl zu Ulrike Schneider hinüber. Die Kita-Leiterin war nach dem Tod ihres Mannes beinahe über Nacht ergraut und sah jetzt noch durchnächtigter als sonst aus.

»Weißt du was?«, sagte Pohl und blickte Funk über den Rand ihrer bunten Brille an. »Wir können froh sein, wenn die Schneider hier nicht bald dichtmachen muss …«

Funk beobachtete, wie Kommissar Karstens und seine Kollegin zurück in den dunkelblauen Passat stiegen, den sie unmittelbar vor dem Spielplatz geparkt hatten.

»Diese Bullen sollten lieber mal diesen Brommer befragen … Dann würde der vielleicht nicht mehr so oft hier rumsitzen und die Kinder anglotzen«, meinte Funk und fragte beiläufig: »Wo ist der heute eigentlich? Ich dachte, der sei auf der Bank da hinten festgewachsen …«

Ebenfalls ratlos blickte Pohl zu der leeren Parkbank auf der anderen Seite des Spielplatzes. »Soweit ich weiß, ist der vor einigen Tagen zur Beerdigung seiner Frau gefahren – zumindest hat er das gesagt.«

Funk verzog das Gesicht. »Was? Du hast echt mit dem geredet? Ich dachte, du kannst den nicht leiden.«

Renate Pohl zuckte die Achseln. »Hat sich neulich halt so ergeben. »Als ich ihn dabei erwischt habe, wie er den Kindern wieder mal Bonbons zugesteckt hat.«

»Aha«, meinte Funk sichtlich verblüfft. »Wusste gar nicht, dass der verheiratet war.«

Ungläubig schüttelte Funk den Kopf und richtete seinen Blick wieder auf die Kinder, die selbstvergessen an einer Sandburg bauten.

Pohl erhob sich und kehrte ihm mit den Worten

»Ich werd mal nach der Schneider schauen, bevor diese Mütter ihr noch mehr Löcher in den Bauch fragen« den Rücken zu.

»Mach das«, seufzte Funk, als er bemerkte, dass die beiden Jungen vor ihm zu tuscheln begonnen hatten.

Offenbar hatte einer der Knirpse etwas aus dem Sand ausgegraben, das ihre Aufmerksamkeit fesselte.

Mit einem Satz sprang Funk in den Sandkasten. »Was hast du denn da? Los, zeig das mal her!«

Der Kleine hielt seine Hände hinter dem Rücken versteckt und warf störrisch den Kopf von links nach rechts. »Ich hab's gefunden, ist meins!«

Nervös blickte Funk sich um. »Komm, gib das her. Ich will doch nur prüfen, ob das wertvoll ist«, log er. »Könnte ja auch ein Schatz oder so sein.«

Die Augen des Jungen weiteten sich. »Ein echter Schatz?«

»Womöglich«, raunte Funk geheimnisvoll. »Aber gut, wenn du's mir nicht geben willst, wirst du's nie erfahren.«

Der Junge grübelte und streckte dem Erzieher schließlich etwas Rostiges entgegen. Es war eine Rasierklinge.

Funks Gesichtszüge verdunkelten sich. »Ach du Scheiße!«, stieß er leise aus und sah sich ein weiteres Mal um, als er dem Kleinen vorsichtig die Klinge abnahm und in der Bauchtasche seines Kapuzenpullis verschwinden ließ. »Zeig mal her, hast du dich geschnitten?«, fragte er und nahm die Hand des Jungen in Augenschein.

Der Kleine schüttelte den Kopf und blickte Funk erwartungsvoll an. »Und? Ist's wertvoll?«

»Das muss ich erst überprüfen.«

»Ist aber meins!«, stellte der Junge entschieden klar.

»Ja, ja«, sagte Funk schnell und flüsterte: »Hör mal, wer so etwas findet, hat einen Wunsch frei.«

Der Junge sah ihn mit offenem Mund an. »Ganz ehrlich?«

»Großes Indianerehrenwort«, schwor Funk. »Dafür darfst du aber keinem was davon erzählen. Niemandem, hörst du?«

Der Junge hielt seinem Teddy die Ohren zu und hauchte ganz leise: »Nicht mal Micky?«

Funk schüttelte den Kopf. »Tut mir leid, Kumpel, nicht mal Micky. Niemand darf wissen, was du gefunden hast, sonst geht der Wunsch nicht in Erfüllung.«

Der nachdenkliche Gesichtsausdruck des Jungens wich einem stolzen Lächeln. »Abgemacht«, flüsterte er und reichte dem Erzieher wie zur Besiegelung seine kleine Hand.

Mit einem leisen Seufzer der Erleichterung wandte Funk sich um. Pohl. Die Mütter. Die Schneider. Der Beamte in Zivil. Niemand hatte etwas bemerkt.

❊ ❊ ❊

(Noch am selben Vormittag)

Eine viel zu kurze Nacht lag hinter ihr, als Fiona das Schlafzimmerfenster öffnete und mit leerem Blick in den Himmel starrte, der heute hellgrau statt strahlend blau war.

Adrians Bettseite war bereits leer und kalt. Wenn Fiona sich recht erinnerte, wollte er heute schon früher in den Laden, um die Weinbestände zu überprüfen, bevor er am Sonntag zum Weinkauf nach Bordeaux fahren würde. *Zumindest hat er das erzählt.*

Gähnend stand Fiona auf und kippte das Fenster. Ein frischer Windhauch strömte ins Zimmer, als sie die Kissen aufschüttelte und plötzlich ihren Schlüsselbund auf Adrians Nachttisch erspähte. Verwirrt hielt Fiona inne. Sie konnte sich beim besten Willen nicht daran erinnern, ihn gestern Abend dort hingelegt zu haben.

Und Adrian? Doch was sollte er damit gewollt haben?

Mit einem Mal beschlich Fiona ein seltsames Frösteln. Dann kam ihr der Schlüssel in den Sinn, den sie neulich unter dem Kachelofen entdeckt hatte. Barfuß lief Fiona ins Wohnzimmer, geradewegs auf den Kachelofen zu. Und ohne sich vollkommen im Klaren darüber zu sein, warum sie dies eigentlich tat, kniete sie auf allen vieren auf dem Holzboden und tastete mit der flachen Hand unter den Ofen. Die Flasche Johnny Walker rollte nach vorn. Sie war noch fast halb voll. Fiona betrachtete den Whisky einige Sekunden länger, als ihr lieb war, schob die Flasche aber schließlich wieder zurück. Dann, weiter hinten, ertastete sie den Schlüssel. Sie pustete den Staub weg und fuhr nachdenklich mit dem Daumen über die Prägung. Einem unbestimmten Gefühl folgend, lief sie kurz entschlossen in Adrians Arbeitszimmer und versuchte es bei dem Wurzelholzsekretär, der gleich neben dem DVD-Regal stand. Vergeblich, der Schlüssel passte nicht. Auch bei den hohen Wandschränken, in denen Adrian seine Akten aufbewahrte, hatte Fiona kein Glück. Sie probierte jede Tür, jeden Koffer und jedes sonstige abschließbare Fach in der Wohnung aus. Ohne Erfolg. Und noch als sie Stunden später vor ihrem Manuskript am Schreibtisch saß, ließ ihr der Gedanke daran, was es mit diesem Schlüssel auf sich haben könnte, keine Ruhe. Sie telefonierte schließlich sämtliche Schlüsseldienste in der Umgebung ab, doch niemand konnte mit dem Fabrikat etwas anfangen. Dann fiel Fiona ein kleiner Schlüsseldienst in Neukölln ein. Der Laden war ihr nie ganz legal vorgekommen, und eben das war es, wonach sie jetzt suchte. Wenn überhaupt jemand herausfinden konnte, zu welchem Schloss der Schlüssel passte, dann in diesem Laden. Keine fünf Minuten später verließ sie die Wohnung.

Als sie eine halbe Stunde später unmittelbar davorstand, kam ihr der Laden für Aufsperrdienste und Tresor-Öffnungen noch kleiner und heruntergekommener vor, als sie ihn in Erinnerung hatte. Sie klopfte gegen die schmutzige Glasscheibe und stellte sich auf die Zehenspitzen, um besser hineinsehen zu können. An der Tür hing ein blaues Schild mit der Aufschrift »Bis 18 Uhr geöffnet«. Dennoch war die Tür verschlossen. Fiona blickte auf ihre Uhr. Es war Viertel vor sechs. Sie klopfte ein weiteres Mal, doch nichts tat sich. Gerade als sie schon wieder gehen wollte, ertönte hinter ihr eine tiefe, rauchige Männerstimme.

»Such'n Se wen bestimmt'n?«

Blitzschnell wandte Fiona sich um. Vor ihr stand ein rundlicher Mann mit löchrigem Dreitagebart, den Hosenbund bis über den Bauch gezogen.

»Ja, nein, das heißt, ich habe einen Schlüssel dabei und möchte gerne wissen, zu welchem Schloss er passt …«

Der Mann musterte Fiona skeptisch und zog die Nase hoch. »Sind Se von 'ner Behörde oder so wat?«

»Behörde? Nein, wieso?«

»Na, von hier sind Se ja wohl nischt, wa«, stellte er fest, als er an Fiona heruntersah.

Er nickte knapp und pulte mit seinem Schlüssel im Ohr. »Charlottenburg?«

»Fast«, erwiderte Fiona mit aufgesetztem Lächeln.

»Und, ham Se zu Ihrem Schlüssel denn ooch die dazujehörige Schlüsselkarte dabei?«

Sie verneinte.

»Se wissen aber schon, dat ditte illejal is, wat Se da von mir wolln …«

Sie zuckte die Achseln, woraufhin er die Hand auf seinen vorstehenden Bauch legte und ein keuchendes Lachen von sich gab.

»Und da dachten Se, fahr ick doch mal nach Neukölln, da werdn die schon Mittel un Wege findn, wa?«

»Hören Sie, Sie müssen mir ja nicht helfen.«

Noch einmal sah er an ihr herunter, als sein Grinsen schlagartig verschwand. »Na, nu komm'n Se halt erst mal rinn in die jute Stube«, sagte er und schloss die Ladentür auf.

Das wenige Licht, das von außen durch die halb heruntergelassenen Rollläden drang, tauchte den Raum in eine schummrige Atmosphäre. Fiona schlug der modrige Geruch von uralten Duftbäumchen entgegen. Verschlossene Pappkartons stapelten sich bis unter die Decke, so dass die Ladenfläche noch winziger erschien, als sie ohnehin schon war. An den Wänden hingen, neben staubigen Schlüsselrohlingen, vergilbte Werbeposter von Schließanlagen, die vor zwanzig Jahren einmal modern gewesen sein mochten. Alles in allem sah dieser Laden nicht danach aus, als würden hier noch Schlüssel angefertigt.

»Na, denn zeign Se ma her«, ächzte der Mann, während er das blaue Türschild mit der »Geschlossen«-Seite nach außen kehrte.

Fiona griff in ihre Handtasche und legte den Schlüssel auf die Ladentheke. Der Mann schob seinen Unterkiefer zur Seite und kratzte sich am Kinn.

»Dit sieht aber nischt jut aus. Da kann ick Ihnen wohl nischt helfen.«

Fiona griff ein weiteres Mal in ihre Tasche und legte einen Fünfzigeuroschein neben die Kasse, die aussah, als stamme sie aus einem anderen Jahrhundert.

Der Mann schniefte. »So sieht dit natürlich schon wieder janz anders aus …« Er ließ den Schein in seiner Hosentasche verschwinden, musterte den Schlüssel eine Weile und fragte: »Woher ham Se dat jute Stück denn?«

Fiona atmete tief durch die Nase ein. »Das spielt keine Rolle. Ich will nur wissen, zu welchem Schloss er passt.«

Er drehte den Schlüssel zwischen seinen kurzen, fleischigen Fingern. »Keen Zweifel, der gehört eindeutig zu 'nem Wohnungstürschloss. Is aber eher eener der einfacheren Sorte, nischt gerade von 'nem Sicherheitsschloss.«

»Und? Ist es möglich herauszufinden, zu welcher Wohnung er genau passt?«

»Seh ick aus wie 'n Hellseher, oder wat?« Er

drehte sich nach einer Schublade um, über der ein Poster mit einem leichtbekleideten Mädchen hing, das mit gespreizten Beinen und halbgeöffnetem Mund lasziv in die Kamera schaute. Der Mann zog einen zerfledderten Katalog aus der Schublade. Er schlug das Inhaltsverzeichnis auf und blätterte einige Seiten weiter.

»Da ham wa 'n ja«, stellte er fest und deutete mit dem Zeigefinger auf den abgebildeten Schlüssel. »Wie ich's mir gedacht hab, dat is 'n altes Ostfabrikat. Diese Schlösser werden heutzutage jar nisch mehr verbaut.«

Fiona sah ihn mit schmalen Augen an. »Und das heißt?«

»Dat heißt, dat Schloss, zu dem der Schlüssel passt, wurde schon vor der Wende einjesetzt. Wenn mich nisch alles täuscht, gibt's heute nur noch 'n paar Schlösser dieser Art in irgendwelchn 60er-Jahre-Plattenbautn in Ost-Berlin. Wobei Plattenbauten noch gelinde ausgedrückt wär.«

»Wie meinen Sie das?«

Er hielt den Schlüssel auf Augenhöhe und verzog das Gesicht. »Ick sach ma so: Leute wie Sie würdn in so 'ne Bruchbude wohl keen Fuß rinnsetzen.«

»Genauer können Sie's mir nicht sagen?«, fragte sie und ließ die Schultern hängen.

»Nee, aber ick kann Ihnen dat Ding nachmachen, wenn Se wolln.«

147

Fiona kaute auf ihrer Unterlippe. »Ist gut.«

»Dit dauert aber 'n paar Tage, ick muss dafür ja erst die passenden Rohlinge besorgen. Und umsonst is im Leben natürlich ooch nur der Tod«, grinste er.

»Keine Sorge, über die Bezahlung werden wir uns schon einig«, erklärte sie. »Also, wann kann ich den Schlüssel abholen?«

An seinem Fingernagel kauend, brummelte er: »Ick sach ma, kommen Se ma so Ende der Woche, Anfang nächster Woche vorbei.«

»Geht's nicht auch etwas schneller?«

Er schnaufte. »Wie jesacht, ick muss den Rohling erst bestellen.«

Fiona ließ den Kopf hängen und betrachtete den Mann nachdenklich, bevor sie ihr Portemonnaie aus der Tasche zog und mit einer schwungvollen Handbewegung einen Hunderteuroschein auf den Tresen flattern ließ.

»Sind Sie ganz sicher?«

Der Mann zog seinen Hosenbund hoch und legte die Stirn in Falten. Dann steckte er das Geld ein.

»Sekunde«, murmelte er, legte den Kopf schräg in den Nacken und rief nach hinten: »Ruslaaaan! Kommst du mal kurz?«

Niemand antwortete.

»Ruslaaaan!«

»Ruhig Blut, Alter, bin ja schon da.«

Ein mit Goldketten behangener Muskelprotz kam aus dem Hinterzimmer.

Je länger Fiona den Männern gegenüberstand, die sich verklausuliert über den Schlüssel berieten, desto sicherer war sie sich, dass die beiden laut über sie lachen würden, sobald sie den Laden wieder verlassen hatte.

»Warten Se ma kurz«, murmelte der Dicke dann, zog die Nase hoch und folgte dem Muskelprotz ins Hinterzimmer.

Fiona sah ihnen nach, bis sie hinter einem Stapel Kartons verschwanden. Es verging eine ganze Weile. Sie sah sich im Laden um und dachte für einen Moment daran, was ihre Romanfigur in der gegenwärtigen Situation wohl tun würde – bleiben oder verschwinden –, da kam der Dicke zurück. Er rieb sich mit dem Handrücken die Nase und reichte Fiona den nachgemachten Zweitschlüssel.

Geht doch.

Fiona griff nach dem Schlüssel, den er jedoch im gleichen Augenblick zurückzog.

»Was ist?«, fragte sie.

»Ein Brauner müsste da wohl noch drin sein.«

»Bitte?«, entfuhr es Fiona empört.

Er grinste. »Offenbar scheint Ihnen der Schlüssel dit ja wert zu sein.«

Die Diskussion ermüdete Fiona. Widerwillig händigte sie ihm schließlich einen weiteren Fünfziger aus und nahm den Schlüssel, dessen Metalleinkerbungen noch ganz warm waren, und verließ den Laden.

Ein 60er-Jahre-Plattenbau in Ost-Berlin. In Gedanken überquerte sie die Straße zum gegenüberliegenden Taxistand.

Noch hatte sie nicht die geringste Ahnung, welch erschütternde Erkenntnis ihr der Schlüssel schon bald bringen sollte.

❊ ❊ ❊

(Auf einem Friedhof in Berlin)

Die rotgoldene Abendsonne kündigte die letzten Stunden des Tages an und tauchte den Sankt-Elisabeth-Friedhof in ein warmes Licht. Kommissar Karstens stand gedankenverloren vor einem Grabstein.

Pauline Weinert
März 1973 – Oktober 2008.
Im Gedenken an unsere Kollegin,
die zu früh aus dem Leben gerissen wurde

Zehn Monate waren seit Paulines Beerdigung vergangen, doch Piet Karstens hatte die Zeremonie noch vor Augen, als wäre die Zeit seither stehengeblieben. Die Sargträger. Der Priester. Die fassungslosen Gesichter von Kollegen und Angehörigen.

»Komm schon, Piet, es ist unser letzter Einsatz –
morgen um diese Zeit sitzen wir im Flieger nach
Phuket und lassen's uns so richtig gutgehen!«, hörte
er Pauline immer wieder sagen. Es sollten ihre letzten Worte gewesen sein.

Karstens zündete eine Kerze an, stellte sie auf
das von Blumen umsäumte Grab. Kopfschüttelnd
dachte er an all die Sitzungen bei der Polizeipsychologin, die er vorschriftsgemäß hinter sich gebracht hatte. Wenn er ehrlich zu sich selbst war,
hatten ihn weder die Sitzungen bei der Psycholo-
gin noch das kleine Techtelmechtel mit ihr über
Pauline hinweggetröstet.

Karstens nahm die Gießkanne und ging über
einen schmalen Kiesweg unter einem Torbogen
hindurch zum Brunnen. Für einen Moment kamen
ihm Fiona Seeberg und die Eltern der anderen entführten Kinder in den Sinn, die kein Grab hatten,
an dem sie eine Kerze anzünden konnten.

Mit einem Mal wurde er auf einen kahlköpfigen älteren Herrn im dunklen Anzug aufmerksam,
der sich in den hinteren Reihen an einer Grabstelle
zu schaffen machte.

Fritz Brommer.

Karstens ließ sich Zeit, während er die Gießkanne in den Brunnen tauchte. Aus dem Augenwinkel sah er, wie Brommer sich bekreuzigte, bevor er an den jahrhundertealten Eichen vorbei zum
Ausgang trottete und auf die Straße trat. Piet

Karstens wartete noch eine Weile, ehe er die Gießkanne abstellte und das Grab aufsuchte, vor dem
Brommer gestanden hatte. Seine Augen verengten
sich zu Schlitzen, als er die beiden Inschriften auf
dem Grabstein las. Sofort zog er sein Handy aus
der Jacketttasche und rief Frauke Behrendt an.

»Hier ist Piet. Du, sei doch so nett und fühle diesem Fritz Brommer nochmals auf den Zahn. Du
weißt schon, der aus dem Seniorenstift, der da öfter
auf dem Spielplatz der Kita Grünfink rumlungert.
Sieh noch mal in der Datenbank nach, ob nicht
doch irgendwas gegen ihn vorliegt. Ich hab ihn gerade auf dem Friedhof gesehen.«

»Auf dem Friedhof? Aber was machst du denn
da?«, fragte Behrendt und brach plötzlich ab, als
sie begriff, was Karstens dorthin verschlagen
hatte. Nach einem Räuspern sagte sie: »Okay, ja,
mach ich.«

»Außerdem will ich wissen, ob er ein Alibi für die
Zeit von Lunas Verschwinden hat«, sprach Karstens weiter. »Und noch was«, er richtete seinen
Blick auf den Grabstein, »Brommer stand rausge-
putzt im Sonntagsanzug vor einem Doppelgrab, in
dem laut Inschrift eine gewisse Melanie Kaiser, geboren am 8. Januar 1954, gestorben am 11. März
1958, liegt sowie ein Johannes Kaiser, geboren am
21. Dezember 1956, gestorben am 13. August 1959.«

»Ist notiert«, gab Behrendt zurück, als ihr auf-
fiel: »Aber das waren ja noch Kinder!«

152

»Eben. Und keines der beiden wurde älter als vier Jahre.«

»Wie die Entführungsopfer«, fügte Behrendt hinzu. »Piet, an der Sache ist doch irgendwas faul.«

»Wem sagst du das.«

»Ach Piet«, meinte Behrendt noch. »Ehe ich's vergesse: Es gibt Neues aus der Rechtsmedizin. Solewski konnte inzwischen einen ersten Blick auf Garcías Lilie werfen.«

»Und?«

»Gute Nachrichten«, verkündete Behrendt, »Solewski hat an der Lilie, die Maria García zugestellt worden war, eine Haarwurzel gefunden.«

»Das heißt, er kann die DNA ermitteln.«

»Das wäre zumindest ein Anfang. Solewski gibt uns Bescheid, sobald er Genaueres weiß.«

»In Ordnung«, beendete Karstens das Gespräch und sah nachdenklich auf den Grabstein. *Bleibt nur zu hoffen, dass die DNA-Analyse eine Spur bringt, bevor das nächste Kind entführt wird.*

❈ ❈ ❈

Fiona hielt den nachgemachten Schlüssel noch immer in der Hand, als sie aus dem Taxi stieg und die schwarze S-Klasse ihrer Eltern vor ihrer Haustür entdeckte. Einige Meter weiter stand Fionas Mutter mit verschränkten Armen, während ihr Vater mürrisch hinter dem Steuer saß.

Sieht ganz danach aus, als hätten sie sich wieder einmal gestritten.

Fiona ging mit einem zögerlichen Lächeln auf ihre Mutter zu. »Mama, was macht ihr denn hier?«

»Hallo, Schätzchen.« Henriette Seeberg tätschelte ihr die Wange.

»Wenn es wieder um die dreißigtausend für die neue Lüftungsanlage in Adrians Restaurant geht«, setzte Fiona an, »dann …«

»*Dein* Restaurant, Liebes«, unterbrach Henriette Seeberg, »deine Großzügigkeit gegenüber Adrian in allen Ehren, aber auf dem Papier ist es immer noch *dein* Restaurant.«

Fionas Vater stieg aus dem Wagen.

»Henriette, musst du jetzt mit solchen Lappalien anfangen«, sagte er kopfschüttelnd und drückte Fiona einen Kuss auf die Stirn. »Hallo, Liebes.«

»Lappalie? Wieso, was macht ihr überhaupt hier? Was ist denn los?«, wollte Fiona wissen.

Doch die Lippen ihres Vaters bewegten sich nicht.

»Lass uns reingehen«, meinte er und hakte sich bei Fiona ein.

Verunsichert erwiderte sie sein Lächeln, bevor sie schweigsam in die Wohnung gingen. Viktor Seeberg nahm am großen Küchentisch Platz, während sich Fionas Mutter Teewasser aufsetzte.

»Liebes, hast du denn gar keinen Magentee?«, fragte sie und durchforstete die Fächer des Küchenschranks. »Earl Grey … Oolong … Assam …«

154

Fiona reichte ihr eine silberbraune Teedose aus dem obersten Fach und sah ihre Mutter direkt an. »Also, was ist los? Ihr werdet den ganzen Weg aus Dahlem wohl kaum ohne Grund gemacht haben. Und erst recht nicht so spät am Abend.«

Als ihre Mutter nicht sofort reagierte, wandte sich Fiona zu ihrem Vater. Dieser aber deutete nur ein zaghaftes Kopfnicken in Richtung Fionas Mutter an. Fiona hatte nichts anderes erwartet. Ungeduldig fragte sie: »Also?«

Henriette Seeberg nahm eine Tasse mit Goldrand aus dem Porzellanschrank, goss heißes Wasser über einen Teebeutel und erzählte mit hochgezogenen Augenbrauen von einem Mann, der ihnen einen Besuch abgestattet hatte.

»Gott, dieser verdammte Stalker!«, brach es aus Fiona heraus. »Lass mich raten, sein Name war Jens Zach …«

Ihre Mutter sah sie fragend an. »… Zach? Nein, wer soll das sein?«

»Ach … niemand, schon gut«, lächelte Fiona erleichtert, ohne den argwöhnischen Blick, den ihre Mutter ihrem Vater zuwarf, zu registrieren.

»Sein Name war Piet Karstens, er war von der Kriminalpolizei«, entgegnete Henriette Seeberg ernst.

Fiona legte die Stirn in Falten. »Karstens? Aber wieso?«

»Er wollte dich sprechen, offenbar hatte er schon

mehrfach versucht, dich auf deinem Handy zu erreichen«, schnitt ihre Mutter ihr das Wort ab.

Fiona zog die Brauen zusammen. »Ja, ja, ich hatte mein Handy nicht dabei.«

»Er stand sogar vor deiner Haustür. Als keiner da war, ist er bei uns vorbeigekommen.«

»Er ist extra zu euch nach Dahlem gefahren?«, wunderte sich Fiona.

Henriette Seeberg hob die Schultern »Es schien ihm sehr wichtig zu sein.«

»Was wollte Karstens denn?«, fragte Fiona mit verschränkten Armen.

Ihre Mutter versenkte ein Stück Würfelzucker im Tee. »Es ging um ein kleines Mädchen. Lina, Lana oder so ähnlich, irgend so was Ausländisches …«

Fiona nahm die unterschwellige Andeutung ihrer Mutter sehr wohl zur Kenntnis, überging diese jedoch zugunsten ihrer Neugierde.

»Du meinst Luna?«

Kaum hatte Fiona den Namen ausgesprochen, da spürte sie, wie ihr plötzlich ganz anders zumute wurde.

»Sag bloß, du kennst das Mädchen?«, fragte Henriette Seeberg, sichtlich beunruhigt.

Fiona starrte ihre Mutter mit halbgeöffneten Lippen an. »Ja, ja«, sagte sie schnell, »Luna García geht in dieselbe Kita wie Sophie damals.«

Die Blicke ihrer Eltern trafen sich.

»In dieselbe Kita?«, fragte Henriette Seeberg. Die Frage klang mehr wie eine Feststellung.

»Nun sag schon, was ist mit ihr?«, hakte Fiona nach, als sie urplötzlich begriff. »Nein! Sag, dass das nicht wahr ist – nicht auch noch Luna!«

Fiona schnappte nach Luft und tastete nach der Stuhllehne, um sich an irgendetwas festzuhalten. Ihre Lippen bewegten sich, doch sie brachte kein Wort heraus.

»Fiona, es tut uns aufrichtig leid«, hauchte Viktor Seeberg, doch Fiona schenkte den Worten ihres Vaters keinerlei Beachtung. Sie schlug die Hände vor das Gesicht und begann zu schluchzen. Im nächsten Moment spürte sie die Umarmung ihrer Mutter.

»So eine schreckliche Geschichte. Da wird dieses kleine Mädchen einfach so mir nichts, dir nichts aus dem Berliner Zoo entführt«, sagte Henriette Seeberg leise und strich Fiona behutsam über den Hinterkopf.

Eine Zeitlang war es ganz still in der Küche, als wäre jedes Wort ein Wort zu viel.

»Aber warum wollte dir dieser Kommissar das eigentlich persönlich mitteilen?«, fragte Henriette Seeberg vorsichtig nach.

Fionas Schluchzen wurde lauter. »Er hatte es mir versprochen. Falls wieder ein Kind entführt werden würde, sollte ich es von ihm und nicht aus der Presse erfahren. Aber ausgerechnet Luna …« Ihre

Stimme brach, und kurzzeitig war sich Fiona nicht sicher, ob ihre Tränen Luna oder Sophie galten.

»Ausgerechnet«, wiederholte Henriette Seeberg und schüttelte langsam den Kopf.

»Immerhin scheint sich dieser Kommissar an eure Abmachung gehalten zu haben oder hat es zumindest versucht, auch wenn sein Timing äußerst unpassend war«, ließ sich Viktor Seeberg vernehmen.

»Wie meinst du das?«

Viktor Seeberg wich Fionas Blick aus und hüstelte. »Die van Andreesens von schräg gegenüber waren gerade zum Brunch da, als er klingelte.«

Fiona verzog irritiert das Gesicht. »Und weiter?«

Henriette Seeberg seufzte und machte eine unbestimmte Geste. »Nichts weiter. Glücklicherweise haben die van Andreesens nicht mitbekommen, worum es im Einzelnen ging. Trotzdem wissen sie jetzt, dass die Kripo bei uns im Haus war. Und wenn es Emma van Andreesen weiß, ist es nur noch eine Frage der Zeit, bis das in ganz Dahlem die Runde macht.«

Fionas Miene verdunkelte sich.

»Du weißt ja, dass dein Vater Teile des Unternehmens verkaufen will«, fuhr Henriette Seeberg fort, wrang den Teebeutel aus und warf ihn in den Abfall unter der Spüle. »Da sieht es nun mal nicht besonders gut aus, wenn unser Name wieder in Verbindung steht mit …«

»Moment«, unterbrach Fiona und hob protestierend die Hände. »Du willst mir nicht ernsthaft weismachen, dass ihr im Grunde nur deshalb hergekommen seid!«

Fassungslos machte sie einen Schritt zurück. »Es geht euch gar nicht um Luna, nicht wahr? Es geht euch einzig und allein um euren guten Namen. Ich bin sprachlos.«

Fionas Vater warf ihrer Mutter einen vorwurfsvollen Ich-hab-ja-gleich-gewusst-dass-das-so-enden-würde-Blick zu.

»Fiona, Liebes, es ist ja nicht so, dass uns die Sache mit der kleinen Luna nicht auch naheginge«, meinte er schließlich kleinlaut, »vergiss nicht, wie sehr wir Sophie vergöttert haben.«

»Aber das Leben muss nun mal weitergehen«, fügte Henriette Seeberg in gewohnt forscher Manier hinzu, »und da haben wir uns eben gedacht, dass ...«

Sie verstummte, als Fiona ihren Blick abwandte und plötzlich mit ausgestrecktem Arm zur Tür zeigte.

»Raus!«

Viktor Seeberg schob den Stuhl zurück und stand auf, um Fiona in den Arm zu nehmen, doch sie wich erneut zurück.

»Raus, hab ich gesagt!«

Ihre Hände zitterten vor Wut.

»Wie du willst«, antwortete Henriette Seeberg

scharf und folgte ihrem Mann, der bereits gesenkten Blicks die Küche verließ. Kaum eine halbe Minute später fiel die Wohnungstür zu.

Fiona verharrte einen Moment lang wie versteinert, bevor sie die randvolle, vor sich hin dampfende Teetasse mit einer Hand vom Tisch schlug. Dann sank sie auf einem Stuhl in sich zusammen und konnte ihre Tränen nicht länger zurückhalten.

❊ ❊ ❊

(Noch in derselben Nacht
rund hundert Kilometer vor Berlin)

»Mamá, bist du da? Mamá, ich hab Durst!«, rief Luna García leise, als sie durch die Gitterstäbe des Kinderbetts in den Raum blickte, der lediglich von einer Kerze beleuchtet wurde. Schlagartig verstummte ihr Rufen, als sie begriff, dass das Bett, in dem sie lag, nicht ihr Bett war. Und es war auch nicht das von Tante Isabella oder sonst irgendwem, bei dem sie übernachtet hatten, wenn Papa wieder böse zu Mama gewesen war.

Luna zwang sich, nicht zu weinen. Sie war schon ein großes Mädchen, sie konnte schon bis vierunddreißig zählen, ganz ohne Stützräder Fahrrad fahren und hatte sogar schon einmal eine Fohlengeburt gesehen. Und in fremden Betten zu schlafen, war für sie ein Klacks, sie war ja kein Baby mehr!

Dieses Bett hier war allerdings doch irgendwie unheimlich. Und wo waren überhaupt die anderen Kinder von Timmis Geburtstagsfeier? Und die Löwen und die Affen und der kleine Eisbär aus dem Zoo? Sie musste unendlich lange geschlafen haben, bestimmt hundert oder tausend Jahre.

Verängstigt betrachtete sie die entkleideten, kahlgeschorenen Barbiepuppen, die neben schwarzen Kreuzen und verblichenen Zeitungsartikeln mit Kinderfotos an der Wand hingen. Auf dem Boden stand ein Tablett mit Müsliriegeln, Bananen und einer Flasche Wasser.

Und daneben: »Mister Brown!«, entfuhr es Luna überglücklich, als sie ihren Hamster putzmunter in einem großen Einmachglas erspähte. Luna streckte ihre kleine Hand nach dem Glas aus und versuchte, ihren schmalen Kinderkörper durch die Gitterstäbe zu zwängen, als ein schwacher Luftzug den stickigen Raum durchdrang, die Kerze erlosch und Luna hörte, wie sich die Tür hinter ihr mit einem leisen Quietschen öffnete.

Geblendet vom hereinfallenden Tageslicht, sah sie eine Gestalt eintreten, die die Tür rasch hinter sich schloss. In dem Raum war es nun stockdunkel, und plötzlich spürte Luna eine Hand, die ihr den Mund zuhielt.

»Pssch!«, hauchte ihr eine Stimme ins Ohr.

»Jetzt hör mir mal gut zu, du kleine Kröte! Dein Schicksal ist längst besiegelt. Aber ich, ich dürfte überhaupt nicht hier sein, und du hast mich nie gesehen, verstanden?«

Luna nickte rasch. Dann flammte ein Streichholz auf und entzündete die Kerze erneut.

Im schwachen Schein erkannte Luna die Umrisse eines Mannes. Und wer auch immer er war, er wollte nicht ihr Freund sein.

»Du siehst doch deinen kleinen Liebling da«, flüsterte der Mann und entzündete ein weiteres Streichholz, das er nun direkt über den offenen Glasbehälter mit Mr Brown hielt.

»Nein! Bitte nicht!«, flehte Luna erschrocken. »Bitte, bitte, tun Sie Mr Brown nichts!«

Breit grinsend blies der Mann das Streichholz aus.

»Das liegt ganz bei dir, süße kleine Luna. In ein paar Tagen bist du sowieso tot. Oh ja, es wird ein langes Ritual werden«, sprach er in die Dunkelheit. »Und weißt du was? Ich darf nicht mitmachen.« Traurigkeit schwang in seiner Stimme, bevor er sein abschätziges Lachen wiederfand.

»Ach, was rede ich da, bist ja noch viel zu klein, um das alles zu begreifen. Bis es so weit ist ...«, sagte er und kam ihr jetzt so nahe, dass sich ihre Gesichter beinahe berührten und Luna seinen schlechten Atem riechen konnte. »Das bleibt unser kleines Geheimnis, verstanden? Wenn du auch nur den allerkleinsten Mucks von dir gibst, ist es allein deine Schuld, dass dein stinkender Hamster da bei lebendigem Leib verbrennt. Ist das klar?«

»Versprochen«, brachte Luna schluchzend heraus, während der Mann über ihre weichen, lockigen Haare strich.

Mittwoch, 24. Juni

(Kurz nach Mitternacht in Berlin)

Ein betrunkenes Pärchen torkelte am Spielplatz vorbei durch die Nacht, bevor es in einem Linienbus verschwand. Dann war es wieder still. Sascha Funk wartete noch, bis die rot leuchtenden Rücklichter des Busses in der Dunkelheit verglüht waren, bevor er zum Container schlich, in dem die Spielsachen der Kita über Nacht aufbewahrt wurden. Dann erst bemerkte er, dass nebenan in Ulrike Schneiders Büro noch Licht brannte.

Leise zog der Erzieher seinen Schlüsselbund aus der Hosentasche und leuchtete mit einer Taschenlampe auf das Vorhängeschloss. Die Tür sprang mit einem verräterischen Quietschen auf. Funk betrat den Container und positionierte die schwere Stabtaschenlampe auf einem Regal, so dass sie auf den nebenstehenden Metallschrank schien, den er hastig durchwühlte. Spielkarten. Gummitwistsets. Murmelsäckchen. Er zog die unterste Schublade auf. Buntstifte. Wasserfarben. Straßenkreide. Ganz hinten versteckt fand er schließlich, wonach er gesucht hatte.

Gott sei Dank.

Er schüttete einige versiegelte Plastiktütchen aus einem Samtbeutel auf dem Boden aus, zählte sie rasch ab und steckte sie in die Seitentasche seiner Army-Hose, als er plötzlich ein Kratzen an der Containerwand hörte. Funk spürte, wie sein Puls hochfuhr. Blitzschnell schaltete er die Taschenlampe aus und verharrte sekundenlang in der Dunkelheit, ehe er durch den Türspalt hinausspähte. Doch da war niemand, von den dämlichen Wackelelefanten, die einsam über den nächtlichen Spielplatz wachten, einmal abgesehen. Funk schaltete die Lampe wieder ein.

Penibel darauf achtend, dass er die heillose Unordnung exakt so hinterließ, wie er sie vorgefunden hatte, räumte Funk die Schublade wieder ein. Plötzlich erlosch das Licht der Taschenlampe.

Das fehlte gerade noch.

Er unterdrückte einen Fluch und tastete nach der Lampe. Doch seine Hände langten ins Leere. In der Annahme, die Lampe könne heruntergerollt sein, ging Funk auf die Knie und suchte den Boden ab, als er plötzlich etwas ertastete, das sich anfühlte wie ein Paar Schuhe.

Schuhe, die zu kräftigen Waden gehörten.

Panisch wich Sascha Funk zurück und erkannte

im hereinfallenden Mondschein die schattenhaften Umrisse einer bulligen Gestalt in der Tür. Dann ging alles ganz schnell.

Der erste Schlag traf Funk an der Schulter.

»Ey, was soll das!«

Funk fiel gegen das Regal. Es schepperte. Seine Finger rissen an einem Stück Stoff. Der nächste Schlag erwischte ihn an der anderen Schulter und ein weiterer traf ihn mitten ins Gesicht. Blutspeiend ging Sascha Funk zu Boden.

Donnerstag, 25. Juni

(In Berlin-Mitte)

Fiona öffnete den Briefkasten. Werbung. Rechnungen. Ein Schreiben für Adrian von der Bank. Der Flyer eines koreanischen Restaurants, das neu eröffnet worden war. Fiona warf die Post in ihre Tüte zu dem Stapel Druckpapier, den sie soeben im Schreibwarenladen gekauft hatte, da entdeckte sie ganz hinten im Briefkasten noch ein weißes Couvert ohne Absender.

Die letzte Sendung, die sie ohne Absender erhalten hatte, war das Päckchen mit der weißen Lilie gewesen. Mit ungutem Gefühl riss sie den Umschlag auf und zog ein zusammengefaltetes DIN-A4-Blatt heraus. Die Nachricht war von Jens Zach. Fiona erkannte die krakelige Handschrift sofort, immerhin hatte sie an der Uni etliche Briefe von ihm bekommen. Ihre Augen überflogen die Zeilen.

Liebe Fiona!

Es ist wichtig! Du musst mir die Möglichkeit geben, mich für das, was damals passiert ist, zu entschuldigen.

Nur ein Treffen! Gib dir einen Ruck, bitte, und triff dich mit mir!

Dein J.Z.

PS: Ich will wirklich nur dein Bestes!

Seufzend rieb sich Fiona den Nacken.

Wird das denn niemals aufhören?

Sie zerriss das Gekrakel und damit auch jeden Gedanken an Jens Zach, in der Hoffnung, er würde sie irgendwann schon in Ruhe lassen, wenn sie ihn nur lange genug ignorierte.

Als sie die Wohnungstür aufsperrte, hörte sie auf einmal eine Stimme aus dem Schlafzimmer, die ihr vertraut vorkam.

»Kuschel mich – ich hab dich so liiieb!«

Fiona stockte der Atem, als sie die Tür hinter sich schloss und es noch einmal klar und deutlich hörte.

»Kuschel mich – ich hab dich so liiieb!«

Die mechanische Stimme von Sophies Sprechpuppe. Fionas Herz begann zu rasen. Mit bleischweren Schritten näherte sie sich dem Schlafzimmer.

»Kuschel mich – ich hab dich so liiieb!«, drang es erneut über den Flur.

»Sophie!« Fiona verlor die Beherrschung, ließ die Tüte mit der Post und dem Druckpapier fallen und stürmte ins Schlafzimmer. Im Türrahmen hielt sie abrupt inne.

Adrian.

Er saß neben einem Stapel gefalteter Hemden und einer Reisetasche auf dem Bett – in seinem Arm Sophies Sprechpuppe. Es dauerte einige Sekunden, ehe Fiona sich wieder gefangen hatte.

»Fiona, ich …« Seine Stimme brach ab, als er die Puppe beiseitelegte.

»Woher hast du die Puppe?«, fragte Fiona entgeistert.

Adrian öffnete den Mund, brachte jedoch kein Wort über die Lippen.

Fiona setzte sich zu ihm aufs Bett.

»Ich hab sie im Keller gefunden, als ich die Reisetasche geholt habe. Du weißt schon, meine Winzertour nach Frankreich am Sonntag«, sagte Adrian leise.

Waren da Tränen in seinen Augen? Fiona erinnerte sich nicht, wann sie ihn das letzte Mal weinen gesehen hatte, und sein unerwarteter Gefühlsausbruch überraschte, nein verunsicherte sie. Fiona lehnte ihren Kopf gegen Adrians Schulter.

»Es war nicht deine Schuld. Es war ein öffentlicher Spielplatz, zu dem jeder Zugang hatte. Du konntest nichts dafür«, flüsterte sie. Ihre Hand fuhr zärtlich über Adrians Wange.

Er schwieg. Dann nahm er ihre Finger von seinem Gesicht und stand auf.

»Ich … ich muss noch mal in den Laden.«

»Jetzt noch?«

»Ich bin mit der Inventarliste noch nicht ganz durch, ich schaff's sonst nicht bis Sonntag«, erklärte er und hastete hinaus.

Was hatte sie bloß falsch gemacht? Ratlos sah Fiona ihm hinterher. Dann senkte sie den Blick wieder auf die Puppe und strich eine Weile gedankenverloren über das goldene Plastikhaar, als es an der Tür läutete. Fiona schloss eine Sekunde lang die Augen, bevor sie zur Tür ging und mit den Worten öffnete: »Adrian, es tut mir wirklich leid, wenn ich …« Sie verstummte. Vor ihr standen Kommissar Piet Karstens und Frauke Behrendt.

»Mit Adrian kann ich Ihnen leider nicht dienen«, räusperte sich Karstens. »Aber wir zwei hätten da noch ein paar Fragen an Sie, wenn's Ihnen recht ist.«

Verwundert blickte Fiona die beiden an.

»Dauert nicht lange«, erklärte Behrendt ungeduldig und trat ein, ehe Fiona etwas einwenden konnte.

»Na gut, dann gehen wir ins Wohnzimmer – Sie wissen ja, wo entlang«, meinte Fiona und bedeutete den Beamten, vorauszugehen.

Unvermittelt blieb Frauke Behrendt stehen. »Ach, sagen Sie, würde es Ihnen was ausmachen, wenn wir einen kurzen Blick ins Kinderzimmer werfen?«

»In Sophies Zimmer? Na schön, von mir aus.«

Fiona geleitete die Beamten in das Kinderzimmer, bemüht, jeglichen Impuls, der beim Anblick des Zimmers wie eine irreparable Fehlermeldung in ihr hochkam, zu unterdrücken.

Frauke Behrendt sah sich in Sophies Zimmer um, während Piet Karstens nur so dastand. Die Situation schien ihm unangenehm zu sein.

»Ich habe alles so gelassen, wie es war«, seufzte Fiona. »Sogar die hier …« Sie nahm eine Dose Fischfutter von der Fensterbank und streute ein paar Flocken in ein Goldfischglas.

Behrendt betrachtete die beiden Fische, bevor ihr Blick zum Hochbett, den Pferdepostern an der Wand und zu dem gerüschten Prinzessinnenkleid auf dem Stuhl schweifte.

»Ist ziemlich ordentlich für ein Kinderzimmer.«

Fiona holte tief Luft. »Sophie hat sich, bis auf einen Steiff-Teddybären, nie wirklich viel aus Spielsachen gemacht.«

»Ein Kind, das sich nicht viel aus Spielsachen macht?«, murmelte Behrendt. »Ganz schön ungewöhnlich, oder? Also, wenn ich da so an meine Kindheit zurückdenke …«

Fiona schob das Kinn vor. »Sophie war nun mal ein sehr eigenbrötlerisches Kind, hat irgendwie in ihrer eigenen Welt gelebt. Anfangs hatten Adrian und ich sogar Angst, sie hätte eine autistische Veranlagung oder so was. Ich war bei sämtlichen Ärzten mit ihr, es war ein regelrechter Marathon«, erklärte Fiona.

Behrendt drückte beiläufig die Play-Taste des bunten Kassettenrekorders, und das »*Terröööh!*« von Benjamin Blümchen erklang. Es schnürte Fiona beinahe die Luft ab. Panisch schaltete sie den Kassettenrekorder ab.

»War's das?«, fragte Fiona gereizt und sah Behrendt an, als hätte sie soeben ein Grab geschändet.

Behrendt nickte, und Momente später saßen sie im Wohnzimmer.

»Was ist eigentlich bei diesem Ärzte-Marathon rausgekommen?«, erkundigte sich Behrendt.

Fiona zuckte mit den Achseln. »Nichts. Rein körperlich betrachtet, war Sophie ein kerngesundes Kind.«

»Kerngesund?«, griff Behrendt auf und musterte Fiona eindringlich. »Frau Seeberg, Sophie hat in einem Alter, in dem andere Kinder schon ganze Sätze formulieren, noch immer kaum gesprochen. Und nach Angaben der Kita-Leiterin Ulrike Schneider war Ihnen zu jener Zeit nahegelegt worden, mit Sophie einen Kinderpsychologen aufzusuchen. Warum haben Sie das bei den Befragungen damals eigentlich verschwiegen?«

Fiona zog ihre Beine an und umschlang sie mit beiden Armen. Ihre Hausschlappen rutschten auf die Dielen und gaben die Sicht auf ihre rot lackierten Zehennägel frei. »Ich wüsste nicht, warum das so wichtig gewesen sein sollte.«

»Und warum sind Sie mit dem Kind, trotz eindringlicher Empfehlung, zu keinem Psychologen gegangen?« Der Vorwurf, der in Behrendts Stimme schwang, war mehr als deutlich.

Erstaunt sah Kommissar Karstens seine Kollegin von der Seite an. Behrendts Methode, bei Befragungen bloße Vermutungen einfach so als Behauptungen in den Raum zu stellen, überraschte ihn jedes Mal aufs Neue. Und Fiona Seebergs ertappter Blick sagte ihm, dass Behrendts Strategie wieder einmal aufgegangen war.

»Adrian hat nicht viel von so was gehalten. Außerdem dachten wir, das würde sich schon wieder legen«, erklärte sie schließlich.

Behrendt verzog keine Miene. »Dürfte ich mal Ihr Badezimmer benutzen?«

»Sicher. Die Gästetoilette ist am Ende des Flurs.«

»Danke.« Behrendt verschwand. Und mit ihr die aggressive Anspannung, die im Raum geherrscht hatte. Erst jetzt fiel Fiona auf, dass Piet Karstens ihre Zehen betrachtete. Mehr aus Verlegenheit schlüpfte sie wieder in ihre Hausschlappen.

Karstens straffte sich.

»Adrian war aber nicht der einzige Grund, weshalb ich mit Sophie nicht zum Psychologen gegangen bin«, erzählte Fiona schließlich weiter. »Arztbesuche waren mit Sophie einfach unmöglich. Schon gegen eine einfache Routineuntersuchung beim Kinderarzt hat sie sich mit Händen und Füßen gewehrt. Sie haben ja keine Ahnung, was für ein Theater das jedes Mal war – dabei war der Kinderarzt sogar ein Bekannter von uns und nicht irgendein Fremder.«

Sie wich seinem Blick aus.

»Ja, das glaub ich Ihnen gerne«, bemerkte Karstens verständnisvoll.

»Sie und Ihr Lebensgefährte sind wohl nicht sehr oft einer Meinung, was?«, fragte er dann.

»Nein, die perfekte Beziehung führen wir wirklich nicht, wenn Sie das meinen. Aber welche Beziehung ist schon perfekt«, sagte sie.

»An Sophie ging das damals sicher auch nicht spurlos vorbei. Ihr Lebensgefährte wurde aber nicht eventuell mal handgreiflich gegenüber Ihnen oder Ihrer Tochter?«

»Handgreiflich? Adrian?« Fiona blickte den Kommissar an, als habe sie sich verhört. »Wie kommen Sie denn darauf?«

Karstens schürzte die Lippen. »Reine Routinefrage, sonst nichts«, erklärte er, als im Flur das Klingeln von Behrendts Handys laut wurde.

Ein schneller Wortwechsel. Nach einer halben Ewigkeit kam Behrendt zurück ins Wohnzimmer. Betroffen blickte sie zu Karstens.

»Das war das Sankt-Marien-Krankenhaus in Kreuzberg – Maria García hat's nicht geschafft.

Sie ist heute um siebzehn Uhr zweiunddreißig auf der Intensivstation gestorben.«

Karstens presste die Augenlider aufeinander und schüttelte den Kopf. »Scheiße!« Das Hochhaus, der Rauch, García, die reglos in der Küche gehangen hatte, das Päckchen mit der weißen Lilie auf dem Esstisch, alles zog noch einmal im Schnelldurchlauf an ihm vorbei.

Fionas Hand fuhr zum Mund. »Frau García? Aber das ... das ist ja furchtbar«, flüsterte sie und kam sich plötzlich unsagbar verloren vor.

Frauke Behrendt trat zurück in den Flur, gefolgt von Piet Karstens, von dem Fiona nicht wollte, dass er geht. Sie wollte jetzt nicht allein sein. Natürlich sagte sie ihm das nicht.

❊ ❊ ❊

»Und setzen Sie doch bitte noch ein paar Flaschen Château Cheval Blanc auf die Liste«, wies Adrian seinen Oberkellner an, der ihm mit der Inventarliste in der Hand durch die Schwingtür der Restaurantküche gefolgt war, als er plötzlich eine Stimme im Rücken vernahm, bei der ihm schlagartig anders zumute wurde.

»Wird man hier endlich mal bedient?«

Stocksteif wandte Adrian sich zu einem der Fenstertische um.

»Theresa!«

177

Sie hatte ihre roten Haare zu einem strengen Zopf gebunden und lächelte Adrian verschlagen an.

»Hallo, Adrian.«

»Äh, warum gehen Sie nicht schon mal vor in den Weinkeller. Ich komme gleich nach«, wies Adrian den Kellner an, der sogleich verschwand.

»Was soll das?«, flüsterte Adrian und nahm zähneknirschend an ihrem Tisch Platz. »Du hast hier nichts zu suchen!«

»Ach nein? Wer sagt das?«

»Verdammt, ich sage das!« Er warf einen flüchtigen Blick über die Schultern und fauchte mit gedämpfter Stimme: »Du hast die dreißigtausend bekommen. Also halte dich jetzt gefälligst an deinen Teil der Abmachung und verschwinde aus meinem Leben!«

Versonnen lächelte Theresa in sich hinein.

»Tja, verschwinden, das würde ich ja gerne. Aber mein ist Auto kaputt, und da dachte ich …«

»Dein Auto?«, schnitt er ihr das Wort ab. »Du hast doch gar kein Auto – du hast doch noch nicht mal einen Führerschein!«

»Stimmt«, gab sie mit gespielter Verlegenheit zu. »Und genau da liegt mein Problem. Ich habe weder einen Führerschein noch ein Auto. Du dagegen fährst'n schicken Jaguar.« Ihre Augen schweiften zum Parkplatz vor dem Restaurant.

»Theresa, was soll das? Du weißt, dass der Wagen Fiona gehört.«

»Ich erinnere mich noch gut an Zeiten, in denen die Rückbank ganz schön gelitten hat. Erinnerst du dich?«

»Ja. Nein! Hör auf damit! Was soll das, Theresa?!«

Sie grinste. »Einhunderttausend, und ich schwöre dir, du siehst mich nie wieder.«

Adrian stieß einen abschätzigen Lacher aus. »Das ist absurd! Das weißt du genau.« Seine Augen verengten sich. »Du kriegst keinen Cent mehr von mir.«

Theresa bückte sich nach ihrer Handtasche, die sie, dem Etikett nach, gerade erst erstanden hatte, und legte ihr Handy auf den Tisch.

»Wenn das so ist, werde ich mich wohl mal ausgiebig mit Fiona unterhalten müssen«, sagte sie tonlos und durchforstete ihr Telefonbuch. »Fabian, Felicitas, Filippa, ah ja, Fiona, da haben wir sie ja.« Sie hielt das Telefon ans Ohr.

»Das wirst du schön seinlassen!«, zürnte Adrian, riss ihr das Handy aus der Hand und legte hastig auf. Erst jetzt bemerkte er, dass ihn bereits einige Gäste schief ansahen.

Theresa lachte amüsiert, während Adrian Mühe hatte, die Beherrschung nicht zu verlieren. »Vergiss es. Wenn's sein muss, werde ich Fiona meinen kleinen Fehltritt eben beichten.«

»Fehltritte, nicht Fehltritt«, berichtigte sie ihn. »Von einem einzigen Mal kann wohl kaum die Rede sein.«

»Und wenn schon«, entgegnete Adrian so gelassen wie möglich. »Unsere Beziehung hat schon ganz andere Dinge ausgehalten, schließlich macht jeder mal Fehler. Fiona wird mir verzeihen.«

Theresa schlug die Hände vor der Brust zusammen und lachte laut auf. Wieder blickten die Gäste an den umliegenden Tischen zu ihnen herüber. »Ja, unsere kleine Affäre vielleicht …«

Er schwieg und platzte fast vor Wut.

Mitleidig seufzte Theresa und strich die Tischdecke vor sich glatt. »Dann ist es wohl bald vorbei mit dem süßen Leben und dem – fast – eigenen Restaurant …«

»Ts, du hast wohl mal wieder zu tief ins Glas geschaut, was?«

»Keinesfalls«, entgegnete Theresa gelassen.

Adrian stützte die Ellenbogen am Tisch auf und rieb sich die Stirn. Theresa bemerkte, dass seine Hände zitterten.

»Du weißt doch, dass ich keine hunderttausend habe«, entwich es ihm schließlich.

»Natürlich hast du die nicht. Aber Fiona.«

»Theresa, das kannst du doch nicht …«, seine Stimme verebbte, als Theresa den Arm hochriss und Rolf zuwinkte, der soeben hereingekommen war und nun freudig strahlend auf sie zulief.

»Du hast eine Woche, um das Geld zu besorgen«, erklärte sie, Rolf weiter zulächelnd, der Augenblicke später ihren Tisch erreichte.

»Na, wird hier hinter meinem Rücken getuschelt?«, lachte Rolf und schlug Adrian wie immer auf die Schulter.

»Selbstverständlich«, erwiderte Theresa, halb im Scherz, und begrüßte Rolf mit einem langen Kuss auf den Mund.

Angewidert wandte sich Adrian ab.

»Ich sag's ja«, grinste Rolf, »vor Adrian musst du dich in Acht nehmen, das ist ein ganz schlimmer Finger.«

Adrian blieb das Lächeln im Halse stecken. Und für einen kurzen Moment blickte er hilflos in die Augen seines Freundes, als hoffte er auf irgendein Zeichen, das nicht kam. Dann schob er seinen Stuhl zurück und sagte: »Seid mir nicht böse, aber ich bin gerade mitten in der Inventur, und da ...«, er winkte ab, »ach, was soll's – was kann ich euch bringen?«, fragte er und brachte kleinlaut über die Lippen: »Geht aufs Haus.«

Rolf, der neben Theresa Platz genommen hatte und diese fest umschlungen im Arm hielt, lächelte überrascht. »Aufs Haus? Hast du heute die Spendierhosen an?«

»Wieso? Das macht man doch so unter guten Freunden, oder nicht?«, meinte er mit einem aufgesetzten Lächeln.

Rolf zwinkerte ihm zu. »Dank dir«, grinste er und schlug die Karte auf. »Also, ich hätte dann gerne ein Bier und das Kalbsschnitzel.«

Theresas Augen wanderten durch die Karte. »Und für mich bitte das Steak vom argentinischen Rind und eine Apfelschorle.«

Adrian deutete ein Kopfnicken an.

»Ach, und Adrian …«, schob Theresa nach.

»Ja?«

»Das Steak bitte englisch. Ich mag es, wenn es richtig schön blutet.«

»Das dachte ich mir«, sagte er und entfernte sich.

❊ ❊ ❊

Gedankenverloren starrte Piet Karstens über das Lenkrad hinweg auf die rote Ampel. Auf dem Beifahrersitz klappte Frauke Behrendt ihren Laptop auf.

»Was hast du vor?«, wollte Karstens wissen, den Blick weiter auf die Straße gerichtet.

Behrendt grinste geheimnisvoll, zog einen USB-Stick aus ihrer Tasche und steckte ihn in einen der Ports. Ein paar Klicks, und es öffnete sich ein Text-Dokument.

»*SPUREN DER SCHULD* von Fiona Seeberg«, las Behrendt vor.

»Was?«, fragte Karstens entsetzt. »Bist du jetzt völlig übergeschnappt? Du kannst der doch nicht einfach das Manuskript klauen!«

»Was heißt hier klauen«, spielte Behrendt die Sache herunter. »Seebergs Arbeitszimmer liegt gleich neben der Gästetoilette. Die Tür stand offen – das war ja quasi 'ne Aufforderung. Außerdem hab ich mir ja nur 'ne Kopie gezogen.«

»Nur? Was meinst du, was passiert, wenn rauskommt, dass du ohne Durchsuchungsbefehl …«

»Piet, jetzt mach dir nicht gleich in die Hose«, schnitt Behrendt ihm das Wort ab, während sie weiter die Zeilen auf dem Bildschirm überflog. »Hör lieber mal zu, was ich rausgefunden habe: Fiona Seebergs Tochter wurde vor über zwei Jahren entführt und ist nie wieder aufgetaucht.«

»Ist ja was ganz Neues«, warf er zynisch ein.

»Jetzt hör doch erst mal zu. Seebergs neuer Roman handelt ebenfalls von einem vermissten Kind. Aber jetzt kommt's: Zum Zeitpunkt, als die Mutter in Seebergs Buch ihr Kind als vermisst meldet, ist es längst tot.«

»Ich habe keine Ahnung, worauf du hinauswillst.«

»Im Klartext: Seebergs Romanfigur ist eine überforderte Mutter, die ihr Kind selbst umgebracht hat«, erläuterte Behrendt und sah Karstens von der Seite an. »Schon mal daran gedacht, dass sich Fiona Seeberg vielleicht nicht nur ihren Kummer, sondern auch ihre Schuld von der Seele schreibt?«

Karstens' Miene verfinsterte sich. »Und das hast du vorhin alles mal eben so beim Überfliegen des Romans festgestellt? Oder warst du vielleicht gar nicht auf der Toilette?«

»Sagen wir so, ich bin beim Querlesen zufällig auf die richtigen Stellen gestoßen«, wich Behrendt aus. »Hier, hör dir das mal an«, fuhr sie fort. »›Obwohl Katrin Siebig überzeugt war, dass die Wahrheit niemals ans Licht kommen würde, lastete die Schuld und der Drang, es wieder zu tun, wie ein immerwährender Fluch auf ihr.‹ Und hier heißt es weiter: ›… der Tod ihrer Tochter erschien ihr mehr und mehr wie ein Ausweg aus einem Leben, das sie nicht führen wollte. Wie ein Geheimgang, der sich ihr unverhofft offenbart hatte. Wie ein stilles Aufatmen für die nächsten neun Monate …‹«

Karstens schien nachzudenken. »Tut mir leid, Frauke, aber du verrennst dich da in was«, sagte er schließlich. »Ich glaub einfach nicht an die Nummer mit der Schriftstellerin, die ihre Morde in ihren Roman schreibt.«

Er lachte kurz auf. »Fehlt nur noch der Eispickel unterm Bett, was?«

»Eispickel?«

»Wie in *Basic Instinct*«, grinste er.

Verärgert sah Behrendt ihn an. »Ah ja, ich erinnere mich an die Szene, in der die Verdächtige beim Verhör keinen Slip trägt.« Und mit einem aufgesetzten Lächeln sagte sie: »Aber was unsere Schriftstellerin drunter trägt, wirst du ja – wie ich dich kenne – sicher bald rausfinden.«

»Was soll denn das schon wieder heißen?«, erboste sich Karstens.

»Ach komm, Piet, glaubst du, mir ist nicht aufgefallen, wie du sie angesehen hast?«

Karstens wollte gerade etwas entgegensetzen, als sein Handy auf der Mittelkonsole auf sich aufmerksam machte.

»Ja, Karstens hier«, nahm er das Gespräch an. »Hallo Kikki«, sagte er und blickte erwartungsvoll zu Behrendt, »... ja ... nein ... komm schon, Kikki, ich hab keine Lust auf deine Ratespielchen, erzähl mir doch einfach, was Sache ist«, seufzte er. »... aha, okay«, murmelte er, hielt das Telefon für einen Moment beiseite und flüsterte Behrendt zu: »Solewski hat angerufen, wegen der DNA von dem Haar, das an Garcías Lilie gefunden wurde.« Dann sprach er wieder in den Hörer: »Und, was hat die Analyse nun ergeben?« Er kaute auf seiner Unterlippe. »Aha. Okay, verstehe. Und hast du die DNA schon im Strafregister überprüft?«, erkundigte er sich ungeduldig. »... hm ... trotzdem, danke.« Enttäuscht legte er auf.

»Und?«, fragte Behrendt neugierig.

»Fehlanzeige. Es gab keine Übereinstimmung mit den DNA-Dateien im Strafregister.«

»Shit!«, stieß Behrendt aus und sah grimmig aus dem Fenster.

Wieder einmal glaubte Karstens jedoch, Behrendt anzusehen, dass es ihr in erster Linie um ihre Beförderung ging, die immer unwahrscheinlicher wurde, je mehr die Ermittlungen sich im

185

Kreise drehten. Doch er verkniff sich einen Kommentar.

»Eins ist laut DNA-Analyse allerdings sicher: Die Haarwurzel stammt eindeutig von einem Mann«, berichtete er weiter. »Wenn wir davon ausgehen, dass das Haar vom Täter stammt, dann können wir Fiona Seeberg mit Gewissheit ausschließen.«

»Na, Gott sei Dank, was, Piet?« Behrendt legte ihren Kopf schief. »Du kannst mich da vorne beim Italiener am Gendarmenmarkt rauslassen«, sagte sie knapp und ließ ihren Laptop in der Handtasche verschwinden. »Ich bin da verabredet.«

Karstens spitzte die Lippen. »Aha – und wer ist heute an der Reihe?«, fragte er und hielt vor dem Restaurant. »Astrid oder mal wieder dieser Josh?«

»Das geht dich gar nichts an«, meinte sie bissig, überprüfte im Rückspiegel den Sitz ihrer Frisur und stieg aus.

Karstens verbarg ein Grinsen, als sich seine Kollegin an der offenen Tür noch einmal zu ihm herunterbeugte.

»Da fällt mir noch eine Parallele zu *Basic Instinct* ein«, lächelte sie gehässig. »Die Polizeipsychologin – die hast du ja auch schon gefickt«, sagte sie, bevor sie die Beifahrertür energisch zuschmiss und Augenblicke später im Eingang des Restaurants verschwand.

Samstag, 27. Juni

(Am frühen Abend)

Im ersten Stock des St.-Justus-Gemeindezentrums wurde es auf einmal mucksmäuschenstill, als Theresa mit rot geränderten Augen von ihrer Abtreibung erzählte. Der Eingriff lag bereits einige Zeit zurück, und warum sie ausgerechnet jetzt, heute und hier bei den Anonymen Alkoholikern ihr Schweigen brach, dafür hatte sie selbst keine Erklärung.

Nervös wickelte sie eine rote Haarsträhne um ihren Zeigefinger und erzählte mit zittriger Stimme, dass sie sich immerzu eingeredet hatte, der Vater des Kindes sei eben nur einer von vielen Männern in ihrem Leben gewesen. Eine vorübergehende Liebschaft. Nicht mehr und nicht weniger. Unmittelbar nachdem sie ihm von der Schwangerschaft berichtet hatte, hat er jeglichen Kontakt abgebrochen. Das Kind alleine großzuziehen, stand für Theresa außer Frage, nicht zuletzt, weil ihr die finanziellen Mittel gefehlt hatten.

Ein Gruscheln wurde laut, als ihr eine junge Frau ein Taschentuch reichte. Theresa blickte in die betroffenen Gesichter und betonte, der Verlust dieses Kindes sei nicht der Grund für ihre Alkoholsucht gewesen.

»Und glaubst du, es würde dir helfen, uns zu erzählen, was der wahre Grund gewesen ist?«, fragte Claudie, die Sozialarbeiterin, vorsichtig nach.

Theresa schnäuzte in das Taschentuch, als die Tür aufging und Fiona, eine Entschuldigung für ihre Verspätung hustend, den Raum betrat. Ein Tuscheln machte die Runde, bevor Fiona mit rotem Kopf Platz nahm. Fiona schlug die Beine übereinander und strich ihren Rock glatt. Sie schien überrascht, Theresa weinen zu sehen.

»Weiter, Theresa. Lass ruhig alles raus«, warf Claudie ein und legte ein mildes Lächeln auf.

Doch Theresa war mit einem Mal verstummt. Nach einem flüchtigen Blick zu Fiona brach sie erneut in Tränen aus und lief überstürzt aus dem Raum.

Als sie die Stufen ins Foyer hinablief, hörte sie Fionas Stimme hinter sich. »Theresa, warte!« Doch Theresa steuerte zielstrebig auf den Ausgang des Gemeindezentrums zu. Das Mitgefühl von Fiona Seeberg war bei weitem das Letzte, was sie augenblicklich gebrauchen konnte.

❀ ❀ ❀

(Eine Autostunde vor Berlin)

Der metallische Geschmack von Blut lag ihm im Mund, als Sascha Funk wieder zu sich kam. Ein heftiges Pochen jagte ihm vom Hinterkopf den Nacken hinab, als er langsam seine Lider hob und die beiden Rottweiler erblickte, die sich knurrend vor ihm aufbauten. Panisch fuhr Funk zurück. Als er seine Schulterblätter gegen den Stuhlrücken presste, bemerkte er, dass er splitternackt war und mit den Händen so straff an den Stuhl gefesselt, dass ihm jegliches Blut in den Adern abgedrückt wurde.

Wo zum Henker bin ich hier?

Funk wagte es nicht, seinen Blick auch nur für den Bruchteil einer Sekunde von den knurrenden Rottweilern zu nehmen, als von irgendwo ein Pfiff ertönte. Gehorsam wie possierliche Schoßhündchen hechteten die stattlichen Vierbeiner davon. Funk hörte sie hinter seinem Rücken eine Treppe hinaufhetzten. Er wollte ihnen mit den Augen folgen, doch der Schmerz im Nacken hielt ihn davon ab. Verstört blickte Funk sich im Radius des Möglichen um. Ein verstaubtes Wandregal, in dem allerlei Einmachgläser und Flaschen mit der Aufschrift »*Chloroform*« standen. Heruntergebrannte Kerzen. Ein Spiegel mit schwarzen Kreuzen. Ein Campingtisch, der blutverschmiert war.

Jeder Muskel in Funks Körper verkrampfte

sich. Er schloss die Augen, wollte nicht wahrhaben, was er gesehen hatte. Sekunden später riss er sie wieder auf. Doch alles um ihn herum war unverändert. War erschreckend real. Und er, Sascha Leonard Funk, saß noch immer vollkommen nackt in dieser stickigen Kammer. Immer wieder ging er im Kopf die Ereignisse der vergangenen Nacht auf dem Spielplatz durch. Die Schläge mit der schweren Stabtaschenlampe, von denen er jeden einzelnen noch immer spürte. Die nicht enden wollende Fahrt im Laderaum des Lieferwagens, bevor ihm der scharfe Gestank von Chloroform gänzlich das Bewusstsein geraubt hatte.

Und dann? Was war dann geschehen?

Noch einmal bemühte er sich, der Gestalt im Container ein Gesicht zu geben. Doch da war nichts als ein großes Fragezeichen. Totales Blackout. Lädiert ließ Funk den Kopf hängen und blickte in eine Kammer hinter einer halb zertrümmerten Wand aus Brettern und Stacheldraht, als sein Herzschlag kurzzeitig aussetzte.

Ein rosafarbener Kinderrucksack. Lunas Barbie-Rucksack!

Funk schreckte auf, als er plötzlich eine kräftige Hand auf seiner Schulter spürte. Er hielt den Atem an. Das Blut schoss ihm durch den Kopf, während ein kräftig gebauter Mann in einem schmutzigen, durchgeschwitzten Unterhemd langsam um ihn herumtrat und ihn aus wässrig grünen Augen angrinste.

»Zum Teufel, Mann, was soll das Ganze? Sind Sie irgend so 'n scheiß Irrer?«

Mach schon, erinnere dich! Woher kennst du den Kerl ...

Nach und nach ordnete Sascha Funk die Konturen des Mannes einer flüchtigen Begegnung zu. Einer Begegnung, von der nicht einmal sicher war, ob sie überhaupt jemals stattgefunden hatte. Funk schluckte das Blut in seinem Mund herunter. »Verdammt! Wo bin ich hier?«

Der Mann nahm seine schweißnasse Hand von Funks Schulter und streifte sie an seinem vorgewölbten Bauch ab. »In meinem Reich«, antwortete er in kindlichem Tonfall, der so gar nicht zu seiner Erscheinung passte. Und tief durch die Nase einatmend ergänzte er: »Oder besser gesagt – darunter. Im bescheidenen Keller unseres Bungalows«, erklärte er und biss sich sogleich auf die Zunge. »Meines Bungalows.«

Funk verzerrte das Gesicht. »Sie sind also dieser scheiß Perverse – der, der die Kinder entführt hat.«

Für einen kurzen Moment funkelte Stolz in den Augen des Mannes, bevor er mit einem Kopfschütteln enttäuscht verneinte.

»Sie krankes Schwein! Was haben Sie mit mir vor? Und was haben Sie mit Luna und den anderen Kindern gemacht?«, kläffte Funk und blickte sich ein weiteres Mal verängstigt nach Lunas Barbie-Rucksack um. Nach dem blutverschmierten

Tisch. Nach den schwarzen Kreuzen. »Ich weiß, dass Sie Luna haben! Und – ist sie schon tot, hä?«

Wieder ein Kopfschütteln.

»So eine abartige Scheiße! Ich glaub Ihnen kein Wort!«, kreischte Funk, so dass ihm die Halsadern hervortraten. »Na los, sagen Sie schon: Wie viele Kinder haben Sie auf Ihrem verfluchten Gewissen, Mann?« Seine Unterlippe zitterte.

»Kein einziges«, entgegnete der Mann gleichmütig. Oder enttäuscht? Funk wusste es nicht.

Und mit fast weinerlichem Unterton fügte der Mann hinzu: »Ich darf sie nicht anrühren, niemand sonst darf sie anrühren.«

»Niemand sonst außer wem?«

Der Mann hob seinen Blick und sah abwesend durch Sascha Funk hindurch.

»Verdammt! Außer *wem*? Sagen Sie schon! Wer ist noch dabei?«, krächzte Funk. Er wurde das Gefühl nicht los, dass Luna García irgendwo in diesem Keller festgehalten wurde. Doch ganz gleich, wie oft er sich wiederholte, aus dem Mann war nichts herauszubekommen.

»Die Kinderchen gehen mich nichts an«, sagte er trotzig und klang wie ein Junge, der beim Fußballspielen auf der Ersatzbank sitzen muss.

»Scheiße, Mann«, wisperte Funk, »ich glaube, Sie sind eins von diesen armen Schweinen, bei denen es der Onkel früher etwas zu gut gemeint hat, was? Dieser ganze Bullshit läuft doch echt immer gleich ab! Haben Sie auch Tiere gequält, bevor Sie gemerkt haben, dass es mit Menschen mehr Spaß macht?«

»Halt's Maul!«, schrie der Mann und drehte sich nach dem Wandregal um.

Funk spähte erneut auf die Chloroformflaschen im obersten Fach des Regals.

»Ich mach ja immer nur den Dreck weg«, murmelte der Mann.

»Den Dreck?«, echote Funk mit kehliger Stimme.

»Ja, den Abschaum ... beschissene Störenfriede oder miese kleine Schnüffler wie dich!«

Funk schluckte, während der Mann sich nachdenklich am Hinterkopf kratzte. Sein rechtes Auge zuckte nervös. »Da war dieser Förster damals«, sagte er, verzog angeekelt das Gesicht und deutete mit den Händen einen Vollbart in Höhe seiner Wangen an. »Der ... der hatte diesen Bart.« Er schüttelte sich, als sei jener Bart mit einer traurigen Erinnerung verknüpft, die er um jeden Preis abschütteln wollte. Dann lachte er auf einmal wieder wie ein Kind auf. »War 'n echt harter Brocken, hat noch ewig gezappelt.«

Beiläufig griff er nach dem Glas Rasierklingen im Regal. »Und dann waren da noch die beiden neugierigen Pfadfinder«, gestand er schmunzelnd, wie jemand, der eine Jugendsünde ausplauderte. »Und dann gab's da natürlich noch die Tussi neulich.« Er schnalzte, während er das Einmachglas mit den Rasierklingen aufschraubte. »Meine Eltern zahlen jede Summe, wenn Sie mich nur gehenlassen«, äffte er eine junge Frauenstimme nach, während er die Rasierklingen auf dem Campingtisch ausschüttete. »Ts, selbst schuld. Rennt durch den Wald und spaziert hier einfach so rein. Ich meine, einfach so …«

Durch den Wald. In Gedanken schlug Funk eine Umgebungskarte von Berlin auf, als sich ihm der Mann erneut zuwandte.

»Und weißt du was?« Er beugte sich zu Funk herunter. »Die Fotze hat gequiekt wie 'n Schwein.«

»Sadistisches Arschloch!«, schrie Funk und spuckte ihm ins Gesicht.

Teilnahmslos wischte der Mann sich mit dem Handrücken die Spucke ab. Und wieder war da dieses nervöse Zucken am rechten Auge, als seine Mundwinkel zu einem abschätzigen Lachen hochschossen. Er keuchte und hielt sich vor Lachen den rundlichen Bauch. Dann ging er plötzlich auf Funk los.

Die Rasierklinge traf Funk an der Wange. Sofort durchfuhr ihn ein heftiges Brennen. Das Blut tropfte ihm auf die nackte, behaarte Brust. Schwankend hob er seinen Blick. »Sie werden mich töten, hab ich recht?«

Der Mann sah ihn an, als beleidige ihn die Frage. »Aber sicher«, antwortete er mit einer Selbstverständlichkeit, bei der sich Funk die Nackenhaare aufstellten.

Kalter Schweiß perlte auf Funks Stirn, und erst jetzt bemerkte er, dass er am ganzen Körper zitterte und entsetzlich fror. »Und wie werden Sie mich töten?« Seine Stimme bekam einen brüchigen Unterton.

»Kostprobe gefällig?«, fragte der Mann und sprang, euphorisch in die Hände klatschend, um Funk herum, als fiebere er dem Höhepunkt einer Zirkusnummer entgegen. Dann beugte er sich zu Funk herunter und zeigte stolz auf eine winzige Kamera auf dem Wandregal.

Schlagartig wurde Funk übel.

Sein Tod würde gefilmt.

Als der Mann im hinteren Teil der Kammer einen Haufen filziger Wolldecken beiseiteräumte, kam ein veralteter Fernseher zum Vorschein, in dem Funk sich selbst nackt auf dem Stuhl gefesselt sah. »Danke, aber ich verzichte auf Ihre beschissene Vorführung«, raunte Funk und spuckte auf den Boden.

Wieder war da dieses Zucken am rechten Auge des Mannes. »Na gut. Wie du willst.« Zornig und enttäuscht zugleich wandte er sich wieder dem Campingtisch zu. Augenblicke später hatte er eine neue Klinge in der Hand und kam direkt auf Funk zu.

»Okay, schon gut, Mann!«, fuhr Funk zurück.

Und mehr um Zeit zu schinden, sagte er: »Beginnen wir mit der Vorstellung.«

»Kluges Kerlchen«, grinste der Mann triumphierend, spulte die Videokassette im Rekorder zurück, drückte die Play-Taste und stierte zufrieden auf die Mattscheibe. Die erste Szene zeigte einen vollbärtigen Mann, der im dämmrigen Licht der Glühlampe bäuchlings auf dem Campingtisch lag. Entkleidet. Die Hände hinter dem Rücken gefesselt. *Der Förster.* Angsterfüllt blickte er in die Kamera, tat, wie ihm geheißen, und nannte seinen Namen. Die Kamera zoomte auf die unzähligen Schnittwunden seines nackten Körpers, fing jegliche Zuckung und jedes schmerzliche Aufstöhnen ein.

Erschüttert wandte Funk den Blick ab.

»Schau da hin!«, befahl ihm der Mann und strafte Funk mit einer Ohrfeige ab. »Da! Das bin ich!«, erklärte er. Plötzlich wieder kindlich beschwingt, starrte er gebannt auf das Video, auf dem er selbst nun das Gewehr des Försters zur Hand nahm, es entsicherte und wahllos auf sein Opfer schoss, bis der Mann, wie erlegtes Wild, regungslos auf dem von Blut glänzenden Campingtisch lag.

Wie gelähmt blickte Funk auf den Fernseher. »Gratulation, hast du toll gemacht«, sprach Funk, als rede er auf ein Kleinkind ein, das für seine ersten Gehversuche gelobt werden wollte. Zu Funks Erstaunen kamen keine Widerworte. Nicht der allerkleinste Protest. Nur ein geschmeicheltes Lächeln.

Dann legte sein Peiniger die nächste Videokassette ein, auf der zwei Pfadfinder zu sehen waren, die nichts ahnend in den Keller eingedrungen waren und sich neugierig umschauten.

Erleichtert atmete Funk aus, als auf dem Bildschirm, wie durch ein Wunder, nur noch Schneeflimmern zu sehen war.

»So eine Scheiße!«, fluchte der Mann und hastete zum Rekorder. Er riss die Kassette heraus und legte sie ein weiteres Mal ein. Auch dieser Versuch scheiterte. Er tobte vor Wut, und es dauerte eine Zeitlang, ehe er sich fasste und eine neue Videokassette einschob. Sascha Funk gefror das Blut in den Adern, als er das Mädchen auf dem Video erkannte.

❀ ❀ ❀

(In Berlin-Mitte)

»›Die Angeklagte Katrin Taubert wird zu elf Jahren Haft verurteilt‹, brachen die Worte der Richterin über sie herein. Katrin leistete keinen Widerstand, als sie im Gerichtssaal in Handschellen abgeführt wurde. Sie wusste, ihr Anwalt würde Revision einlegen wollen, doch ihr war es vollkommen gleich, wie viele Jahre sie hinter Gittern sitzen würde. Sie hatte ihr Kind umgebracht, und nichts auf der Welt würde ihr kleines Mädchen wieder lebendig machen – das war die einzig wahre Strafe …«, schrieb Fiona, als es an der Tür zu ihrem Arbeitszimmer klopfte. Sie speicherte die letzten Zeilen ab und klappte ihren Laptop zu. »Ja?«

Adrian trat herein und hielt einen Bund Spargel hoch. »Hier, ich hab frischen Beelitzer aus der *Riedelei* mitgebracht.«

»Danke, ist lieb, aber ich wollte nachher was mit Theresa essen«, erklärte sie beiläufig.

»Mit Theresa?«

Sie nickte. »Ich war vorhin wieder beim Meeting der Anonymen Alkoholiker. Und Theresa – sie war irgendwie so seltsam, war total verheult, warum, weiß ich nicht, ich bin erst später dazugekommen, und dann ist sie plötzlich rausgestürmt, mitten im Meeting. Das passt gar nicht zu ihr. Es lässt mir irgendwie keine Ruhe«, erzählte Fiona und legte eine nachdenkliche Miene auf. »Ich habe sie angerufen und ihr gesagt, dass ich noch das Kapitel fertigschreibe und dann bei ihr vorbeischaue.«

Natürlich nicht aus reiner Nächstenliebe, dachte Fiona, behielt den Gedanken aber für sich. Theresa war ihr nie ganz geheuer gewesen, doch seit dem AA-Meeting heute wurde Fiona das Gefühl nicht los, dass Theresa etwas verheimlichte, das auch sie etwas anging.

Adrian starrte Fiona verwirrt an.

»Ist noch was?«, fragte Fiona und klappte ihren Laptop wieder auf.

»Nein, nein.« Er hob die Schultern. »Es ist nur … Wir sehen uns dann wohl nicht mehr, bevor ich nach Bordeaux aufbreche.«

»Aber ich dachte, du fährst erst morgen?«

Adrian lächelte und küsste sie die Stirn. »Ich musste einen Termin bei einem der Winzer umlegen.«

Mit halb geöffnetem Mund sah Fiona ihn an. »Na, wenn das so ist, dann lass uns doch noch zusammen essen.«

Abwesend nickte Adrian. Dann griff er sich plötzlich an den Kopf. »So ein Mist! Ich habe die Inventarliste im Weinkeller liegenlassen. Ich muss noch mal in den Laden.«

»Und der Spargel?«

»Tut mir leid. Ich pack ihn ins Kühlfach. Schreib du ruhig dein Kapitel fertig. Den Spargel essen wir, wenn ich morgen wiederkomme«, meinte er achselzuckend und ging aus der Tür.

Fiona hörte ihn hektisch durch die Wohnung laufen, bevor er mit seiner Reisetasche in der Hand wieder in der Tür erschien und Fiona mit einem flüchtigen Kuss verabschiedete.

✳ ✳ ✳

(Einhundert Kilometer von Berlin entfernt)

»Was ist mit den Kindern?«, krächzte Sascha Funk. »Sind die auch auf einem Ihrer abartigen Videos verewigt?«

»Die Kinder, die Kinder – immer geht's nur um die Kinder! Wie oft denn noch: Ich darf die Kinderchen nicht anrühren!«, jammerte der Mann, bevor er das Band weiterlaufen ließ und zu seiner gewohnten Härte zurückfand. »Pass auf – jetzt kommt das Beste!«

Funk kannte die junge Frau auf dem Band aus jüngsten Zeitungsberichten. Auch sie war als vermisst gemeldet worden.

Wie alle Opfer war sie aufgefordert worden, ihren Namen in die Kamera zu sprechen.

»Ich heiße Anne Lemper«, brachte sie schluchzend hervor.

Szenen später versuchte Anne, sich an den Brettern hochzustemmen, um über eine Leiter an der Wand an die Deckenluke zu gelangen.

Amüsiert lachte der Mann neben Funk auf, als Annes Fluchtversuche kläglich scheiterten und sie schließlich zu Boden stürzte. Dann spulte er weiter zu jener Szene, an der wieder einmal er selbst in Erscheinung trat. Erneut kam Sascha Funk die Galle hoch, als er mit ansehen musste, wie der Mann sich vor die junge Frau kniete, die hilflos in dem Trümmerhaufen aus Brettern feststeckte, und ihr etwas in den Bauch ritzte. Die Frau gab keinen Mucks von sich.

Das änderte sich, als der Mann seine Hose aufknöpfte: Anne schrie vor Angst, während er ihr ins Gesicht schlug, ihre schmalen Handgelenke umgriff und ihre Beine gewaltsam spreizte. Verzweifelt versuchte Anne, sich zu wehren, und wand sich mit aller Kraft zwischen splittrigem Holz und Stacheldraht. Sie hatte keine Chance. Mit seinem ganzen Gewicht stemmte sich der Mann zwischen ihre Beine und drang im nächsten Moment gewaltsam in sie ein. Anne stieß einen gellenden Schrei aus und starrte mit offenem Mund und weit aufgerissenen Augen zur Decke, während sich der blanke Hintern des Mannes zwischen ihren Beinen immer schneller hob und senkte. Sein schweres Schnaufen ging in ein stoßartiges Röcheln über, das Augenblicke später seinen Höhepunkt fand und langsam wieder verebbte.

Eine Zeitlang lag der schwitzende Kerl noch wie ein schlaffer Sack auf der jungen Frau, bevor er der Kamera ein erleichtertes und zugleich schadenfrohes Grinsen schenkte.

»Schau hin, hab ich gesagt!«, schrie er, nachdem Funk seinen Blick abermals gequält abgewandt hatte. »Du willst das Beste doch nicht verpassen, oder?«

Benommen sah Funk wieder Richtung Fernseher, darauf gefasst, dass die nachfolgenden Szenen alles Bisherige an Grausamkeit noch übertreffen würden. Doch plötzlich erspähte er etwas im Hintergrund des verwackelten Bildes, das seinen Herzschlag kurzzeitig gefrieren ließ: ein riesiger Haufen Kinderschuhe.

Gütiger Gott.

Das mussten mindestens ein Dutzend Paar Schuhe sein – es ging offenbar um weitaus mehr Kinder, als die Polizei bislang angenommen hatte.

❊ ❊ ❊

(In Berlin)

Gegen Viertel vor neun hielt das Taxi vor einem sechsstöckigen Betonklotz. Fiona trat auf die Straße und betrachtete die Hauseingänge, von denen trotz der schrillen Graffiti, die von den Wänden schrien, einer grauer aussah als der andere.

»Ihre Tüte!«, rief der Taxifahrer noch.

»Ach ja, sicher. Danke«, meinte Fiona und nahm die Tüte mit dem Essen, das sie zuvor beim Koreaner geholt hatte, von der Rückbank. Dann steuerte sie auf den Eingang 114 c zu.

Eine junge Frau mit Zahnspange manövrierte umständlich einen Kinderwagen aus dem Hausflur. Fiona hielt ihr die Tür auf und lief mit großen Schritten die Treppen hinauf. Im Flur roch es nach scharfen Reinigungsmitteln. Im vierten Stock blieb sie vor einer verblichenen Garfield-Fußmatte stehen und klingelte bei Theresa Parloff.

Sie wartete einen Moment, doch niemand öffnete. Momente später versuchte sie es erneut. Abermals ohne Erfolg.

Nun mach schon auf, Theresa, lass mich nicht den ganzen Weg umsonst gemacht haben.

Doch auch nach dem dritten und vierten Läuten stand Fiona noch immer vor verschlossener Tür. Sie nahm ihr Handy zur Hand und wählte Theresas Nummer. Ein Freizeichen. Doch niemand hob ab.

Na, herzlichen Dank, da hätte ich auch in aller Ruhe am Roman weiterschreiben können.

Fiona wollte gerade umkehren, als sie plötzlich innehielt. Zögernd wandte sie sich um und spähte auf das heruntergekommene Türschloss, als ihr der Schlüssel in den Sinn kam. Was hatte der Typ im Schlüsselladen gesagt? 60er-Jahre-Plattenbau?

Sie fingerte den Schlüssel aus ihrer Handtasche. Fiona spürte, wie ihr Puls beschleunigte, als sie den Schlüssel vorsichtig zum Türschloss führte. Er passte nicht. Fiona versuchte es ein weiteres Mal. Fester. Ruckartiger. Dann rasteten die Metallzähne plötzlich ein.

Der Schlüssel passt.

Die ernüchternde Erkenntnis zog Fiona förmlich den Boden unter den Füßen weg. Mit einem

Mal ergab alles einen Sinn: Adrians schockiertes Gesicht, als sie ihm Theresa auf der Jubiläumsparty in der *Riedelei* vorgestellt hatte, sein seltsam verstörtes Verhalten am Yachthafen, sein aggressiver Unterton, wenn sie auf Theresa zu sprechen kam.

Der Wohnungsschlüssel war der endgültige Beweis, dass sich Fiona auf ihre anfängliche Intuition hätte verlassen sollen.

Für den Bruchteil einer Sekunde wurde ihr ganz schwarz vor Augen. Dann schloss sie, voller Wut, Enttäuschung und heftigen Adrenalinschüben, die Wohnungstür auf, um die Frau zur Rede zu stellen, die ihr, ohne mit der Wimper zu zucken, ins Gesicht gelogen hatte.

❊ ❊ ❊

(Berlin, Polizeipräsidium)

»Ich frage Sie jetzt zum letzten Mal, Herr Brommer: Wo waren Sie am Sonntag zwischen zwölf und sechzehn Uhr?« Frauke Behrendts schroffer Tonfall hallte durch den Vernehmungsraum.

Der kahlköpfige ältere Herr lehnte sich im Stuhl zurück. »Wie ich schon sagte, ich war spazieren. Es war strahlend blauer Himmel, und wer weiß, wie lang das gute Wetter noch anhält.«

Behrendt blickte über die Schulter zu Piet Karstens, der mit verschränkten Armen schräg hinter ihr stand. Dann meinte sie: »Aha. Spazieren. Und wo?«

Fritz Brommer hob die Schultern. »Eben da, wo ich immer langlaufe. Durchs Regierungsviertel. Am Kanzleramt vorbei und dann immer weiter am Ufer entlang«, erklärte er mit einer ausladenden Handbewegung.

»Ziemlich ausgiebiger Spaziergang«, fand Behrendt. »Sie scheinen recht gut in Form zu sein, was?«

»Ich nicht, aber der da«, grinste Brommer und deutete auf seinen Gehstock.

Behrendt stand auf, lief um den Tisch herum, auf dem ein Glas Wasser, ein leerer Aschenbecher und ein Mikrofon standen, und griff nach Brommers Gehstock.

»Massives Holz«, bemerkte sie und schwang den Stock wie einen Baseballschläger. »Ich nehme an, es gibt jemanden, der bezeugen kann, dass Sie spazieren waren?« Sie stellte den Stock zurück und setzte sich Brommer wieder gegenüber.

Bedächtig schüttelte Fritz Brommer den Kopf. »Nein, ich war allein unterwegs.«

»Ganz alleine. Verstehe. Lassen Sie mich raten: Natürlich haben Sie bei strahlendem Sonnenschein, bei dem sonntags Hinz und Kunz unterwegs ist, auch niemanden getroffen, der das bezeugen könnte?«

»Sie sagen es«, erwiderte er.

»Und danach?«

Brommer schnaufte. »Danach war ich den Rest des Tages auf meinem Zimmer.«

»Auch wieder ganz alleine?«

»Nein, mit meinen achtzigjährigen Liebhaberinnen aus dem Seniorenstift!«, lachte er höhnisch. Er blickte abwechselnd zu Behrendt und Karstens. Plötzlich verlor er sein Lachen. »Sagen Sie mal, verdächtigen Sie jetzt etwa mich?«

Behrendt musterte ihn mit gespitzten Lippen.

»Wir machen hier nur unsere Arbeit«, räusperte sich daraufhin Piet Karstens. »Solange der Täter nicht gefasst ist, müssen wir alles und jeden in Betracht ziehen.«

Entsetzt hob Brommer die Hände. »Aber ich bin unschuldig!«

Karstens machte ein paar Schritte durch den Raum, ohne den Blick von dem älteren Herrn zu nehmen. »An der Lilie, die der Mutter der entführten Luna García zugestellt worden war, wurde ein Haar sichergestellt, Herr Brommer.«

»Was denn für 'ne Lilie? Wovon reden Sie da eigentlich? Ich hab mit der Sache nichts zu tun!«

»Wenn das so ist, dann dürfte es ja sicher kein Problem für Sie sein, wenn wir eine Speichelprobe von Ihnen nehmen«, sagte Karstens trocken.

Brommer verschränkte die Arme. »Ein DNA-Test? Ts, das ist doch lachhaft«, schimpfte er, zog ein kariertes Stofftaschentuch aus der Hosentasche und tupfte sich ein paar Schweißperlen von der Glatze. »Sehe ich etwa aus wie einer, der sich an kleinen Kindern vergreift?«

Karstens blieb stehen, hob eine Braue und zog seine Mundwinkel hoch. »Wenn man den Leuten an der Nasenspitze ansehen könnte, ob sie schuldig sind oder nicht, wären wir hier wohl alle arbeitslos.«

Argwöhnisch beäugte Brommer den Kommissar und fuhr sich abermals mit dem Taschentuch über die Glatze.

»Sie haben ausgesagt, an dem Sonntag, an dem die kleine Luna García verschwand, bei der Beerdigung Ihrer Frau gewesen zu sein«, brachte Karstens schließlich hervor.

Der alte Mann nickte zustimmend.

»Herr Brommer, nach Angaben des Bestattungsunternehmens waren Sie bei der Beerdigung aber gar nicht anwesend – und vom Sargträger bis zum Priester hat das auch jeder bezeugen können!«

Brommer schluckte. Seine Augen wanderten durch den kargen, fensterlosen Raum. »Na schön, das ... das stimmt«, gab er zähneknirschend zu. »Meine Frau und ich ... wir hatten schon eine Weile keinen Kontakt mehr.«

Zwiespältig musterte Karstens ihn. »Also waren Sie nun bei ihrer Beerdigung oder nicht?«

»Ja, nein ... Herrgott, ich bin mit dem Zug runter nach München gefahren und hab's dann einfach nicht geschafft. Ich bin am Hauptbahnhof ausgestiegen, bin zum Taxistand, hab dem Fahrer gesagt, zu welchem Friedhof ich will, und …«, er schüttelte hilflos den Kopf, »… bin dann einfach nicht eingestiegen. Es ging einfach nicht.«

»Und was haben Sie stattdessen gemacht?«

Gedankenverloren starrte Brommer auf seine Hände und schüttelte den Kopf. »Ich habe einfach nur am Bahnhof gesessen. Vielleicht zwei, drei Stunden. Länger nicht. Habe die vielen vorbeilaufenden Leute angeguckt, mich gefragt, ob einer von denen vielleicht auch jemanden verloren hat, der ihm nahestand.«

»Trotz der Trennung haben Sie Ihre Frau noch sehr geliebt?«

Brommer nickte.

»Und dann?«

»Dann bin ich irgendwann wieder zurück nach Berlin gefahren«, flüsterte er so leise, dass man ihn kaum verstand.

Karstens stützte sich mit einer Hand vor ihm auf dem Tisch ab. »Und warum, wenn ich fragen darf, haben Sie's nicht fertiggebracht, auf die Beerdigung Ihrer eigenen Frau zu gehen? Was ist damals zwischen Ihnen und Barbara Kaiser vorgefallen?«

»Das geht Sie nichts an«, trotzte Brommer und schien gleichwohl überrascht, dass Kommissar Karstens den Namen seiner verstorbenen Frau kannte.

»Herr Brommer, es sind fünf Kinder entführt

worden, zwei davon allein in den letzten zwei Wochen – glauben Sie mir, alles geht uns etwas an.«

Doch Fritz Brommer schwieg beharrlich.

»Und was ist mit Ihren Kindern?«, hakte Karstens nach. »In den Akten steht, die Todesursache sei ungeklärt gewesen. Was ist mit Melanie und Johannes damals passiert, Herr Brommer?«

Brommer schwieg und schien mit den Gedanken woanders.

Frauke Behrendt nickte Karstens dezent zu.

»Eine der Pflegerinnen im Seniorenstift hat uns erzählt, dass Sie sich ehrenamtlich in Kinderheimen engagieren«, fuhr Behrendt mit der Befragung fort. »Sie sagte, Sie spenden einen beträchtlichen Teil Ihrer Rente an verschiedene Berliner Kinder-Institutionen.«

Und nach einer kurzen Pause fragte sie: »Haben Sie Schuldgefühle, Herr Brommer?«

»Schuldgefühle? Das ist ja wohl das Allerletzte!«, empörte er sich. »Da tut man was Gutes und bekommt's dann auch noch von der Polizei, deinem Freund und Helfer, zum Vorwurf gemacht!«

»Was Gutes, so nennen Sie das also«, herrschte Behrendt ihn an.

»Dass Sie ausgerechnet am Spielplatz der Kita, in die sowohl Sophie Seeberg als auch Luna García gingen, den netten Onkel mimen und den Kindern Bonbons zustecken, machen Sie auch nur aus reiner Menschenliebe, oder was?«

Brommer streckte in einer hilflosen Geste die Handflächen nach oben. »Wie Sie wissen, wohne ich direkt nebenan.«

Fassungslos schüttelte Behrendt den Kopf, ohne weiter auf seinen Einwand einzugehen.

»Und was sagen Sie dazu, dass sowohl die Erzieherin Renate Pohl als auch die Kita-Leiterin Ulrike Schneider unabhängig voneinander ausgesagt haben, Sie hätten vor einiger Zeit versucht, Kinder mit Süßigkeiten vom Spielplatz wegzulocken?«

»Dass diese Weiber gleich so übertreiben müssen. Aber für die beiden war ich eh schon immer der Sündenbock«, knurrte Brommer und wirkte von Minute zu Minute angespannter.

Plötzlich schlug Behrendt mit der flachen Hand auf die Tischplatte. »Los, Brommer! Wohin wollten Sie die Kinder locken? Auf Ihr Zimmer im Seniorenstift? Hä? Oder vielleicht in den weißen Lieferwagen, der mehrfach vor dem Spielplatz gesehen wurde?«

Brommers Miene verdunkelte sich. Nichts darin verriet, was er augenblicklich dachte.

❊ ❊ ❊

(Zehn Minuten zuvor in Berlin-Pankow)

Fionas Hände zitterten, nachdem sie mit dem losen Türschlüssel in der Hand die Wohnung betreten hatte.

»Theresa?«

Niemand antwortete. Fiona folgte der Musik, die leise über den Flur drang. Ein alter Prince-Song. Suchend lief Fiona durch die kleinen Zimmer mit den niedrigen Decken. Es roch nach kaltem Zigarettenrauch. Abgetretene Teppiche im Flur. Abgewohnte, schlichte Möbel im Wohnzimmer. In der Küche über dem Esstisch ein Lebkuchenherz vom Jahrmarkt, das sagte: »Du bist meine Zuckerpuppe.« Plüschkissen auf dem Bett im Schlafzimmer. Auf dem Nachttisch eine Packung Kleenex. Ein buntes Swatch-Telefon. Ein Fläschchen Babyöl. Fiona kam nicht umhin, sich vorzustellen, was sich hier hinter ihrem Rücken abgespielt haben musste, als sie Theresa auf einmal neben dem Bett fand. Erschrocken taumelte Fiona zurück. Theresa lag auf dem Rücken, die Hände und Füße von sich gestreckt, den Mund leicht geöffnet.

»Oh Gott, Theresa!«

Sie lag in ihrem Erbrochenen und rührte sich nicht, lediglich ihre Augen flackerten vereinzelt auf. In der Vene ihres rechten Unterarmes steckte eine Spritze.

Ein Schauer jagte Fiona über den Rücken. Rasch schnappte sie sich ein Kissen vom Bett und schob es Theresa unter den Kopf. »Theresa! Kannst du mich hören?«

Theresa entwich ein kraftloses Stöhnen. Doch ihre Miene, die sie stets unter einer dicken Make-up-Schicht wie hinter einem Schutzschild verbarg, zeigte nicht die allerkleinste Regung. Dann plötzlich: Ganz leicht öffnete Theresa den Mund und brachte ein kaum hörbares Wispern heraus, das Fiona nicht verstand.

»Theresa! Bleib hier! Los, sieh mich an! Halt durch!«, rief Fiona energisch, biss sich auf die Unterlippe und zog mit spitzen Fingern die Spritze aus Theresas Vene, aus der nun einige Tropfen Blut quollen.

»Was ist passiert, Theresa?«

»Es tut mir leid …«, japste sie leise.

Fiona strich ihr die roten Haare aus dem nassgeschwitzten Gesicht.

»Ich weiß … schon gut, das ist jetzt nicht wichtig«, redete Fiona auf sie ein. »Sag mir lieber, was passiert ist.«

Theresa bewegte die Lippen, brachte jedoch erneut nur ein heiseres Flüstern heraus.

Fiona beugte sich mit dem Ohr über Theresas Gesicht. Doch Theresa entwichen lediglich zwei letzte Worte: »Adrian … Sophie …«

»Sophie? Was ist mit Sophie? Theresa, komm

schon, was weißt du über Sophie? Was willst du mir sagen? Bitte, Theresa!«

Noch einmal gab Theresa ein Ächzen von sich, doch sie antwortete nicht mehr.

»Nein, Theresa, komm schon!«, schrie Fiona und ohrfeigte sie sachte, bevor sie hektisch nach ihrem Puls tastete. Dann riss sie Theresas Satinbluse auf, stemmte sich auf ihr Brustbein und versuchte, sie mit aller Kraft zu reanimieren.

»Komm schon!«, brüllte Fiona und versuchte es unentwegt wieder.

Es dauerte eine ganze Weile, ehe sie begriff, dass ihre Mühen umsonst waren. Mit zwei Fingern schloss sie Theresas Augenlider.

Was wusstest du über Sophie?

Erschöpft sank Fiona mit dem Rücken gegen das Bett, hielt sich benommen den Kopf und betrachtete die alten Einstichnarben auf Theresas Unterarmen, die davon zeugten, dass Theresa einst an der Nadel gehangen hatte.

Fiona mochte sich in vielerlei Hinsicht in Theresa getäuscht haben, dennoch bezweifelte sie, dass Theresa nach all den Jahren wieder zu fixen angefangen hatte. Sie hatte Theresa als eine echte Kämpfernatur erlebt, nicht nur bei den Anonymen Alkoholikern. Oder sollte das alles nur Fassade gewesen sein? Fiona griff das Telefon vom Nachttisch, um Kommissar Karstens anzurufen, als sie einen Bilderrahmen unter dem Bett erspähte. Sie legte das Telefon beiseite und zog das Bild hervor, dessen Anblick ihr einen Stich ins Herz versetzte.

Hinter gesprungenem Glas lächelten Adrian und Theresa, eng umschlungen an Deck der *Blue Star*. Fassungslos hielt Fiona das Bild in beiden Händen und betrachtete es eine Weile, bevor sie es in ihrer Handtasche verschwinden ließ, die Tränen von der Wange wischte und sich zwang, im Kommissariat anzurufen.

❄ ❄ ❄

(Im Polizeipräsidium)

»Ich will sofort mit meinem Anwalt sprechen!« Fritz Brommer sprang auf, sein Stuhl schlug auf dem Boden auf. »Eher sag ich überhaupt nichts mehr!«, giftete er Piet Karstens und Frauke Behrendt an, als die Tür aufging und Kikki in die Vernehmung platzte.

»Piet, tut mir leid, aber da ist eine Frau Seeberg in der Leitung, sie sagt, es sei dringend – und sie besteht darauf, nur mit dir zu sprechen.«

Sofort entwich Frauke Behrendt jenes hämische Grinsen, das Karstens in letzter Zeit schon zur Genüge gesehen hatte.

Karstens klatschte auf seine Oberschenkel. »Na gut, Herr Brommer, das wär's dann fürs Erste. Sie können dann gehen«, sagte er und folgte der pummeligen Asiatin.

»Ach, Herr Brommer, noch etwas«, Karstens trat noch einmal zurück in den Vernehmungsraum. »Gehen Sie eigentlich gerne in den Zoo?«

»In den Zoo?« Brommer runzelte die Stirn. »Hin und wieder. Ist allerdings schon ein paar Jährchen her, seit ich das letzte Mal da war. Warum?«

Statt einer Antwort nickte Karstens nur und verließ den Raum. Als er im Vorbeigehen auf den Monitor im Nebenzimmer blickte, wurde er Zeuge, wie Frauke Behrendt sich im Vernehmungsraum über den Tisch lehnte und den alten Mann mit einer schnellen Handbewegung am Kragen packte.

»Eins können Sie mir glauben: Im Knast wird Ihnen Ihr Anwalt auch nichts mehr nützen – denn da, lieber Herr Brommer, stehen Kinderschänder in der Hierarchie ganz weit unten!«, zischte sie und bemerkte zu spät, dass Karstens in der Tür stand und sie missbilligend anstarrte.

»Das Verhör ist beendet«, betonte er nachdrücklich, ohne den Blick von seiner Kollegin zu nehmen.

Widerwillig ließ Behrendt von Brommer ab, der schadenfroh in sich hineingrinsend sein Hemd glattstrich.

Karstens verschwand über den Flur, um das Telefonat anzunehmen, das Kikki zu ihm durchgestellt hatte.

»Es geht nicht um mich, jedenfalls nicht direkt«,

hörte er Fiona Seeberg am anderen Ende der Leitung sagen. »Eher um eine, sagen wir entfernte Bekannte. Theresa Parloff.«

»Was ist passiert? Soll ich einen Krankenwagen schicken?«

»Ja, das heißt nein, ein Leichenwagen wäre wohl angebrachter«, meinte Fiona.

Karstens stutzte, und auch Fiona Seeberg schien die Bedeutung ihrer Worte erst gänzlich zu begreifen, als sie sie aussprach.

Keine zwanzig Minuten nach ihrem Anruf im Präsidium war Piet Karstens in Theresas Wohnung eingetroffen. Ebenso lange hatte Fiona ihm und seinen Kollegen von der Spurensicherung Rede und Antwort gestanden.

Nicht einmal halb so lange brauchte sie anschließend, um zu Hause wutentbrannt Adrians Sachen zu packen: Mit einem großen blauen Müllsack in der Hand nahm sie sich zunächst das Schlafzimmer vor. Getrieben von unendlicher Wut und tiefer Demütigung, leerte Fiona Adrians Kleiderschränke. Anschließend machte sie sich über das Badezimmer und sein Arbeitszimmer her. Beim Ausräumen des DVD-Regals fiel ihr ein Schreiben der Bank in die Hände. Fiona entnahm den Zeilen, dass Adrian vor wenigen Tagen eine Barabhebung über dreißigtausend Euro von seinem Girokonto getätigt hatte. Nachdenklich blickte

Fiona von dem Schreiben auf und spürte erneut ein Stechen im Magen.

Dann waren die dreißigtausend Euro, die ich ihm überwiesen habe, wohl kaum für die neue Lüftungsanlage ...

Mit mehr als nur einem mulmigen Gefühl im Bauch legte sie das Schreiben beiseite, knotete den Plastiksack mit Adrians Sachen zu und warf ihn verächtlich ins Treppenhaus.

Neugierig beäugte die alte Hubertus aus der benachbarten Wohnung ihr Tun.

»Was ist?«, fuhr Fiona die ältere Dame an, was ihr noch im gleichen Moment leidtat.

Entrüstet riss Marianne Hubertus die Augen auf. »Nichts«, sagte sie beleidigt. »Ist bei Ihnen denn alles in Ordnung?«

»Alles bestens«, konterte Fiona kühl und schloss, nein knallte die Wohnungstür von innen zu. Tief ausatmend lehnte sie sich mit dem Rücken dagegen. Sie zitterte noch immer, während sie ihr Telefon von der Kommode nahm und Adrians Nummer wählte. Sie wollte eine Erklärung – eine Erklärung aus Adrians Mund. Stattdessen musste sie sich jedoch mit einer automatischen Telefonansage zufriedengeben. *The person you are calling is temporarily not available.* Fiona zwang sich, aufzulegen, zwang sich, nicht wieder in Tränen auszubrechen, zwang sich, nicht zur Flasche zu greifen. Doch schon Momente später fand sie sich in der Küche wieder und stürzte den Kognak hinunter, den sie hinter den Putzmitteln gefunden hatte. Die alten Verstecke, die alten Laster – alle guten Vorsätze, alles dahin.

Umnebelt vom Alkohol und zu vielen Gedanken, taumelte sie ins Wohnzimmer und holte die Flasche Johnny Walker unter dem Kachelofen hervor. Da fiel es ihr plötzlich auf: Der Schlüssel, den sie neulich zurück unter den Ofen gelegt hatte – er war weg. Fiona kniete sich vor den Ofen und tastete mit den Fingerspitzen bis in die hinteren Ecken. Doch der Originalschlüssel zu Theresas Wohnung war verschwunden.

Mit leerem Blick starrte Fiona ins Wohnzimmer, als sie auf einmal laut lachen musste. Sie lachte immer weiter, immer lauter. Immer bitterer. Mit Tränen in den Augen verfiel sie in einen regelrechten Lachkrampf, bis ihr das Zwerchfell weh tat und sie auch diesen Schmerz mit einem Schluck Johnny Walker betäubte.

❀ ❀ ❀

(Rund hundert Kilometer vor Berlin)

»Hör zu, Mann, du musst mir glauben, ich bin kein verdammter Schnüffler!«, schrie Sascha Funk. »Ich hatte da im Container 'n bisschen Gras versteckt, nix weiter, nur 'n kleines Haschdepot. Nach

Feierabend ziehen meine Jungs und ich auf dem Spielplatz manchmal gern einen kleinen Joint durch – das ist alles. Und jetzt, wo die Bullen da patrouillieren, wollte ich's aus dem Container verschwinden lassen. Mann, ich schwör's, ich hab keinen Schimmer, was da in dem Container noch sein sollte. Ich will's auch gar nicht wissen, Mann! Von mir aus können wir das Ganze einfach vergessen. Sie lassen mich gehen, und ich halt den Mund. Ich wandere aus, scheiß egal, wohin – und Sie sehen mich niemals wieder. Ist das 'n Deal?«

Der Mann im schmutzigen Unterhemd schenkte ihm ein schäbiges Lächeln und nahm mit spitzen Fingern die nächste Rasierklinge von dem Haufen, den er auf dem Campingtisch ausgeschüttet hatte.

»Ich scheiß auf deinen Deal.«

»Aber wenn ich's doch sage, ich bin wirklich kein gottverdammter Schnüffler!«, winselte Funk.

»Dann hast du wohl einfach nur Pech gehabt«, grinste der Mann schadenfroh. »Warst eben zufällig zur falschen Zeit am falschen Ort.«

Funk blickte auf die Klinge in der rechten Hand des Mannes.

»Wenn du stillhältst, lass ich dich vielleicht am Leben.«

Eine verdammte Lüge.

Aber Funk blieb keine Wahl. Resigniert schloss er die Augen. Der Mann hielt seinen Unterkiefer fest, und Funk spürte, wie er mit der anderen Hand die rostige Klinge an seiner Stirn ansetzte und ganz langsam seine Haut durchschnitt.

»Geht doch«, brummte der Mann zufrieden und setzte zu einem weiteren Schnitt an. Jeder einzelne Ritz brannte über Funks linker Augenbraue, während ihm das Blut übers Auge rann.

Irgendetwas in sich hineinnuschelnd, schnippte der Mann die Klinge weg und wandte sich erneut zum Tisch um. Suchend fuhr er mit dem Zeigefinger durch den Haufen verdreckter Klingen, als sei es von Bedeutung, welche er für sein Vorhaben auswählte. Schließlich streckte er seine Hand nach einer Rolle Klebeband und einer Kordel im Wandregal aus.

Aus dem Augenwinkel fixierte Funk die Chloroformflaschen im obersten Fach. Er witterte eine letzte Chance, seinem Tod doch noch zu entkommen. Dann geschah alles in Bruchteilen von Sekunden.

Mit Schwung ließ sich Funk mitsamt des Stuhls, an den er gefesselt war, nach vorne kippen und wuchtete sich auf die Füße. Blitzschnell drehte er sich um. Rammte seinem Peiniger die Stuhlbeine mit voller Wucht in den Leib, so dass dieser mit seinem ganzen Gewicht gegen das Regal stürzte. Funk zwang sich, die Luft anzuhalten, als die herabfallenden Chloroformflaschen wie Glasbomben auf dem Boden zerschellten. Sofort erzielte der austretende Giftstoff seine Wirkung.

Der Mann im Unterhemd verlor das Bewusstsein, während Funk sich rasch zu orientieren versuchte und mit dem Stuhl auf dem Rücken eine
schmale Tür ansteuerte. Er befahl sich, weiter den
Atem anzuhalten, und drückte die Klinke mit dem
Kinn herunter. Dann schleppte er sich die dahin-
tergelegene Treppe hinauf, auf deren Stufen Videokassetten und unzählige Schuhe verstreut lagen.

Noch mehr Kinderschuhe!, nahm Funk erschrocken zur Kenntnis, bevor er den Wohnbereich des
Bungalows erreichte. Das ganze Haus war ver-
dunkelt. Verzweifelt rang er nach Luft und blickte
sich nach den Rottweilern um.

Wo zum Teufel versteckt ihr Scheißköter euch!

Hastig schleppte er sich nach draußen. Das Tageslicht stach in seine Augen, als er durch ein Lilienbeet querfeldein auf den Wald zusteuerte. Für
eine Sekunde war ihm, als hätte er ein Kind
schreien hören.

Luna?

Funk blieb stehen. Da war es wieder, es war
eindeutig das Rufen eines Kindes.

»Luna? Kannst du mich hören? Luna?«

Nackt und blutverschmiert stolperte er zurück
Richtung Bungalow. Und mit einem Mal hörte er
neben den Rufen eines Mädchens einen leisen Gesang, der sich wie ein Kinderchor anhörte.

Was ist das, zum Teufel?

Funk hielt ein weiteres Mal inne. Von ferne vernahm er plötzlich Hundegebell – die Rottweiler hatten seine Fährte aufgenommen! Funk machte kehrt und rannte in den Wald, als sei der Leibhaftige hinter ihm her. Jeder Zentimeter seines Körpers schrie vor Schmerz, doch Funk gab nicht auf, lief weiter, bis ihm die Luft wegblieb. Wie von Sinnen hastete er auf eine nahegelegene Holzhütte zu. Hörte, wie sich das scharfe Knurren der Hunde rapide näherte. Nur noch wenige Meter bis zur Hütte. Funk lief um sein Leben. In letzter Sekunde erreichte er den Unterschlupf, hievte sich zur hölzernen Tür hinauf und schob gerade den morschen Riegel mit der Schulter beiseite, als er jäh die Zähne des ersten Rottweilers in seiner Wade spürte. Sie rissen an seinem Fleisch. Panisch versuchte Funk, das Tier abzuschütteln, doch da sprang ihm die zweite Bestie an die Hüfte und biss sich daran fest. Funk ging zu Boden, und seine schmerzverzerrten Schreie verhallten im menschenleeren Wald.

❊ ❊ ❊

(Berlin-Mitte)

Es war Ewigkeiten her, seit Fiona diese Bar zuletzt betreten hatte. Je weiter sie sich durch die Menschenmenge schob, um nach einem freien Platz

Ausschau zu halten, desto stickiger und feuchter wurde die Luft, in der rauchiger Kneipendunst und der Atem unzähliger Münder lag. Fiona schnorrte bei einer Gruppe Spanierinnen eine Zigarette und nahm am Tresen Platz. Ein Barkeeper im Iggy-Pop-Shirt schob Fiona die Getränkekarte über die Theke. Mehr der Form halber überflog sie die Auswahl und bestellte Sekunden später einen doppelten Whisky.

»Nehmen Sie lieber einen Whisky Sour«, grinste der gestriegelte Glatzkopf neben ihr, der bis eben noch das Fußballspiel auf einem übergroßen Flatscreen verfolgt hatte. »Glauben Sie mir, die machen hier den besten Whisky Sour der Stadt.«

»Dann sind Sie wohl nicht von hier, was?«, fertigte Fiona ihn ab.

Brüskiert hob der Mann die Hände. »Huuh, sieh an, eine Kratzbürste …«

»Gibt's hier ein Problem?«, tönte es im Rücken des Mannes. Hinter ihm stand Kommissar Piet Karstens.

»Hey, Mann, reg dich ab!«, fauchte der Glatzkopf, nahm sein Bierglas und verzog sich vor die Mattscheibe im hinteren Teil der Bar.

Karstens' Blick ruhte noch eine Weile auf dem Mann, bis er sich vergewissert hatte, dass er nicht mehr zu Fiona herüberschaute. Dann nahm der Kommissar auf dem frei gewordenen Barhocker Platz. Er trug das schwarze, enganliegende Hemd, das sie schon einmal an ihm gesehen hatte. Doch sein Auftreten hatte dieses Mal etwas Privates, und unter anderen Umständen hätte die Situation fast schon etwas von einem ersten Date gehabt.

Fiona lächelte und zog an ihrer Zigarette. »Danke, dass Sie so schnell kommen konnten.«

»Ist doch selbstverständlich«, meinte Karstens, als er ihre plötzliche Irritation bemerkte. »Ist irgendwas nicht in Ordnung?«

Fiona zeigte auf seine linke Gesichtshälfte. »Sie … Sie haben da was Rotes an der Backe.« Erschrocken zog sie ihre Hand zurück. »Ist das Blut?«

»Ach das, nein, das ist nur Farbe, nichts weiter«, erklärte er und rieb sich mit dem Handrücken über die Wange.

Erst jetzt erkannte Fiona, dass er die Farben der Deutschland-Flagge abwischte. »Ich hoffe, ich habe Sie nicht irgendwo rausgeholt oder halte Sie von irgendetwas ab?«

»Mich? Nein, kein Problem. Ehrlich gesagt ist das sowie ein ganz miserables Spiel heute.« Er prostete ihr zu.

»Wie sagt man … je später der Abend, desto interessanter die Gäste«, lächelte er, als im hinteren Teil der Bar ein Jubeln laut wurde.

»Tooor! Toooor! Tooooor!«, drang die Stimme des Kommentators durch die Kneipe. Das zwei zu null für Deutschland war gefallen. Fiona sah Karstens an, dass er gegen den Impuls ankämpfte, sich zum Fernseher umzudrehen.

Fiona stürzte ihren Whisky herunter und streckte dem Barmann das leere Glas entgegen. »Noch einen bitte!«

»Das mit Ihrer Freundin tut mir leid«, räusperte sich Karstens und bedeutete dem Barkeeper mit einem Fingerzeig auf Fionas Glas, ihm das Gleiche zu bringen.

Fiona blies Rauchkreise in die Luft. »Sie war nicht meine Freundin.«

»Trotzdem, traurige Sache mit diesen Junkies«, murmelte er mit einem Kopfschütteln.

Fiona räusperte sich. »Haben Sie eigentlich mal in Erwägung gezogen, dass sich Theresa den Schuss vielleicht gar nicht selbst gesetzt hat?«

»Wie meinen Sie das?«

»Ach, war nur so eine Frage«, sagte Fiona und winkte ab. Sie drückte ihre Zigarette im Ascher aus.

»Für mich sah das nach einer klassischen Überdosis aus. Der berühmte goldene Schuss. Sind Sie anderer Meinung, oder warum schauen Sie mich jetzt so zweifelnd an?«

»Nein, nein, Sie haben sicher recht«, erwiderte Fiona so leise, dass Karstens sie kaum verstand.

Er verschränkte die Arme und beugte sich nach vorne, um ihren Blick zu fixieren. »Frau Seeberg, wenn es da etwas gibt, das ich wissen sollte, dann müssen Sie es mir sagen! Wollen Sie, dass ich den

Leichnam Ihrer Freundin«, er hustete leise, »Ihrer Bekannten, meine ich … Soll ich sie obduzieren lassen?«

Fiona zögerte. Allmählich musste sie sich beeilen, wenn sie Karstens ihren schwerwiegenden Verdacht gegenüber Adrian noch darlegen wollte, bevor der Alkohol gänzlich Besitz von ihr ergriffen hatte. Schon jetzt huschten die Worte, die sie sich zurechtgelegt hatte, nur noch wie ein Schatten durch ihren Kopf.

Reiß dich am Riemen.

Sie wollte gerade ansetzen, ihre Bedenken zu äußern, als Karstens ihr zuvorkam. »Wissen Sie, wie lange Ihre Bekannte eigentlich schon für diesen Escort-Service gearbeitet hat?«

Fiona verzog das Gesicht. »Was für ein Escort-Service?«

Ungläubig lächelte Karstens. »Sie wussten gar nicht, dass Theresa Parloff für einen Escort-Service tätig war?«

Eine Antwort war überflüssig, denn die Überraschung stand Fiona buchstäblich ins Gesicht geschrieben. »Um ehrlich zu sein, hätte ich ihr so was gar nicht zugetraut. Sind Sie ganz sicher?«

»Hundertpro, wir haben alles überprüft.«

Fiona senkte den Blick auf ihr Whiskyglas. Hatte sie sich in Theresa viel mehr getäuscht als gedacht? Hatte sie sich den Schuss doch selbst gesetzt? Hastig bestellte Fiona eine weitere Runde Whisky.

»Äh, danke, für mich keinen mehr«, lehnte Piet Kastens ab. »Aber eine große Cola noch.« Er stützte sich mit dem Ellenbogen seitlich auf der Theke ab und beobachtete, wie Fiona das nächste Glas auf ex hinunterstürzte.

Wie sah Karstens sie an? Vorwurfsvoll? Nein, da war kein Vorwurf in seinen Augen. Warum auch. Schließlich stand ihr nicht auf der Stirn geschrieben, dass sie seit zwei Wochen trocken gewesen war, bevor sie ihr Gelübde gebrochen hatte. Nein, Karstens wusste nicht um das Ausmaß, den jeder Schluck auf ihr Leben hatte.

Und auch Fiona wollte augenblicklich nichts davon wissen.

»Wann kommt eigentlich Ihr neues Buch raus?«, fragte er wie aus dem Nichts.

»Laut Verlag soll es bereits zur kommenden Buchmesse erscheinen«, antwortete Fiona, dankbar für den Themenwechsel.

»Schaffen Sie das überhaupt? Ich meine, bei allem, was derzeit so um Sie herum passiert – das muss Sie doch ziemlich aufwühlen?«

»Gerade deshalb ja. Es war für mich längst überfällig, diesen Roman zu schreiben. Im Grunde ist es nicht wichtig, wann das Buch erscheint, entscheidend ist nur, dass ich ein für alle Mal einen Punkt unter diese Zeilen machen kann, verstehen Sie?«

Karstens studierte ihr Gesicht. »Einen Punkt unter das Kapitel Sophie, meinen Sie?«

Zaghaft nickte Fiona.

»Ist das der Grund, weshalb das Mädchen in Ihrem Roman stirbt?«

Mit skeptischer Miene fragte Fiona: »Woher wissen Sie das?« Entsetzen wurde in ihrer Stimme laut.

Karstens riss die Hände hoch. »Hab bloß geraten, mehr nicht«, sagte er schnell. »Ich hoffe, das … das klang jetzt nicht taktlos?«

Fiona zog die Augenbrauen zusammen, sie glaubte ihm kein Wort, war jedoch zu betrunken, um sich länger mit dem Gedanken auseinanderzusetzen.

Stattdessen blickte sie auf die Narbe, die quer über Karstens' Handrücken verlief. »Was hat es damit auf sich?«

»Ach, nichts, ist 'ne lange Geschichte.« Rasch zog er seine Hand weg.

»Entschuldigung, ich wollte nicht …«

»Schon okay, ist halb so wild«, beteuerte er. »Es ist wohl nicht dasselbe, wie wenn man ein Kind verliert, aber ich weiß, wie es ist, einen Menschen zu verlieren, den man liebt«, gestand er und fuhr mit dem Finger über die Narbe.

Schweigsam blickte Fiona ihn an und sah, wie sich seine schmalen, sinnlichen Lippen bewegten.

»Und wissen Sie, was noch schlimmer ist, als jemanden zu verlieren?«

Sie schüttelte den Kopf.

»Schuld daran zu sein«, sagte Karstens.

»Wie meinen Sie das?«

Er zuckte mit den Achseln, und Fiona sah, wie es in ihm arbeitete.

»Pauline, meine damalige Freundin – nein, sie war mehr als das. Jedenfalls waren wir da an so 'nem Fall dran. Mord. Drogen. Prostitution. Das ganze Register auf einmal. Einer der Hauptverdächtigen war ausgerechnet Paulines Exfreund. Nachtclubbesitzer. War alles 'ne ziemlich heikle Geschichte, und Pauline hat mich darum gebeten, sie zunächst allein mit ihrem Ex reden zu lassen.« Karstens schüttelte den Kopf und drehte nervös das Glas Cola auf dem Tresen. »Ich war von vornherein dagegen gewesen, aber Pauline hat so lange auf mich eingeredet, bis …«, wieder ein Kopfschütteln. »Wir haben uns schließlich gestritten. Dann ist sie rausgerannt.« Seine Stimme brach ab. »Das nächste Mal habe ich sie im Leichenschauhaus wiedergesehen.«

»Das tut mir leid.«

Er fuhr sich mit einer schnellen Bewegung durch die Haare. »Ich hätte sie niemals alleine zu diesem Bastard fahren lassen dürfen. Verdammt! Ich hatte ja keine Ahnung, dass sie in einen Hinterhalt gelockt wurde!«

Behutsam legte Fiona ihre Hand auf seine Schulter. »Wie lange ist das Ganze her?«

»Letztes Jahr. Am achtzehnten Oktober.« Seine Antwort klang wie ein Geständnis. »Es hört sich vielleicht verrückt an«, setzte er an, »aber obwohl Pauline längst unter der Erde ist, steht sie mir irgendwie immer noch sehr nahe. Inzwischen vielleicht mehr wie eine beste Freundin. Und manchmal, wenn ich so richtig verzweifelt bin, dann gehe ich an ihr Grab und hole mir Rat.«

»Nein, so verrückt klingt das gar nicht.«

Unverhofft schmunzelte Karstens. »Ist schon komisch.«

Sie lächelte. »Was denn?«

»Außer Ihnen habe ich das bisher noch niemandem so genau erzählt«, antwortete er heiser. »Aber genug von mir, am Telefon sagten Sie, es gebe da was, worüber Sie mit mir sprechen wollten?«

Fiona hatte Mühe, den Blickkontakt zu halten, da sie Karstens' Gesichtszüge in einem Moment verschwommen und im nächsten wieder gestochen scharf sah.

»Ich … ich weiß es nicht mehr. Ich glaube, es hat sich schon erledigt.«

»So? Worum ging's denn?«

Sie stützte ihr Kinn in die Hand, damit es zumindest so schien, als ob sie über seine Frage nachdachte. »Ist nicht so wichtig«, log sie schließlich und war unendlich dankbar, dass Karstens dies einfach so akzeptierte, und ließ ihr Glas ein weiteres Mal füllen.

»Hut ab, für 'ne Lady sind Sie aber ziemlich gut bei der Sache«, bemerkte er verblüfft.

Statt einer Antwort schenkte Fiona ihm ein Lächeln. Für einen Augenblick sah sie sich selbst aus der Satellitenansicht von Google Earth und zoomte in Gedanken den Bildausschnitt heran, um sich zu vergewissern, dass tatsächlich sie es war, die da in diesem Land, in dieser Stadt, in dieser Bar, an diesem Tresen mit diesem Polizisten saß. Betrunken.

»Alles in Ordnung?«, erkundigte sich Karstens.

»Alles bestens«, meinte Fiona, beschämt über ihren inzwischen lallenden Unterton.

»Vielleicht rufe ich Ihnen besser ein Taxi.«

»Ist nicht nötig, ich hab's nicht weit.«

»Kommt gar nicht in Frage, dass Sie um diese Zeit noch alleine nach Hause laufen«, sagte er und nickte zum Ausgang hin. »Mein Wagen steht vor der Tür. Ich fahr Sie.«

Nachdem sie gezahlt hatten, folgte Fiona Piet Karstens leicht schwankend nach draußen. Gegen die verrauchte Bar war die schwüle Luft der lauen Sommernacht die reinste Erholung. Fiona hakte sich bei Karstens ein und ließ sich zu seinem Passat auf der anderen Straßenseite geleiten. Erschöpft glitt sie auf den Beifahrersitz. Karstens startete den Wagen und fuhr los.

Verkehrsschilder, Leuchtreklamen, Trams – alles zog unscharf an Fiona vorbei, während sie mit schläfrigem Blick aus dem Fenster sah. Am liebsten hätte sie die Augen geschlossen und sich ganz und gar in Piet Karstens' schützende Obhut begeben. Sie wünschte sich, dass die Fahrt noch Ewigkeiten andauerte, bevor er sie wieder in der kalten Realität absetzte … Die Augen fielen ihr für einige Sekunden zu, und sie bemerkte, wie sich alles in ihrem Kopf zu drehen begann.

»So, da wären wir«, meinte Karstens nach einer Weile und brachte den Passat vor Fionas Haustür zum Stehen.

Fiona wandte den Kopf zur anderen Straßenseite, als ihr der Gedanke an die dunkle Wohnung, die bis heute Nachmittag ihr Zuhause gewesen war, plötzlich die Luft abschnürte. »Bringen Sie mich hier weg!«

»Was? Aber wieso? Wohin denn?«

»Ganz egal, einfach nur weg hier! Bitte!«

Karstens musterte sie eindringlich, wie um sich zu vergewissern, dass er sie richtig verstanden hatte. Dann startete er den Wagen und drückte aufs Gas.

Fiona kramte eine Packung Zigaretten aus ihrer Handtasche, hielt kurz inne und ließ sie wieder zurück in die Tasche fallen.

»Kein Problem, rauchen Sie ruhig.«

»Nein, nein, schon gut.«

»Doch, rauchen Sie nur, ist wirklich kein Problem.« Er grinste.

»Na dann«, murmelte sie, nahm ein Feuerzeug zur Hand und steckte die Zigarette zwischen ihren Lippen an. »Sie auch eine?«

Wieder ein Grinsen. »Na gut«, meinte er und nahm einen langen Zug von ihrer Zigarette, die sie ihm an den Mund führte, während er weiter nach vorne schaute. Fiona sah, wie Karstens inhalierte, und als sie den nächsten Zug nahm, setzte sie an der Stelle an, an der seine Lippen die Zigarette berührt hatten.

In den nächsten Minuten fiel kein Wort zwischen ihnen. Sie rauchten und schwiegen miteinander. Und für den Moment schien dies vollkommen auszureichen.

»Wohin fahren wir eigentlich?«, fragte Fiona, nachdem sie einige Straßen hinter sich gelassen hatten und Richtung Friedrichshain eingebogen waren.

Karstens' Augen flackerten bei seiner Antwort. »Ich dachte, vielleicht nehmen wir noch einen Drink – bei mir.«

Fiona schnippte ihre Zigarette hinaus und betrachtete die nachtgrauen, am Fenster vorbeifliegenden Wohnhäuser. Dann drehte sie sich lächelnd nach Karstens um.

»Nur wenn Sie wollen natürlich«, schob Karstens verunsichert nach.

»Okay«, erwiderte Fiona, selbst ein wenig überrascht von ihrer Antwort. Doch heute Nacht wollte sie nicht allein sein.

Die Wohnung von Piet Karstens lag im zweiten Stock eines frisch gestrichenen Neubaus und sah aus wie eine typische Junggesellenwohnung. Und genau so, wie Fiona sie sich vorgestellt hatte. Leere Sixpacks auf dem Wohnzimmertisch, haufenweise DVDs, getragene Jeans und T-Shirts auf der Couch und dem Fußboden. Allenfalls die dezente Moschusnote, der vertraute Duft eines Parfums, mit dem sie Karstens seit jeher in Verbindung brachte, zeugte davon, dass hier ein erwachsener Mann wohnte. Fiona schwankte ins Badezimmer. Eine braungebrannte Frau lächelte sie von einem Urlaubsschnappschuss an, während Fiona den Hahn aufdrehte, sich die Hände wusch. Die Frau sah glücklich aus, dachte Fiona, spritzte sich eine Handvoll kaltes Wasser ins Gesicht und trocknete sich mit einem Frotteehandtuch ab. Ihr Spiegelbild blickte sie fragend an.

Und? Was jetzt, Fiona?

Sie brauchte einige Sekunden, bis sie sich wieder gefangen hatte und aus dem Badezimmer treten konnte.

»Hier, ein zwanzig Jahre alter Schotte«, rief Karstens scherzhaft und hielt eine Whiskyflasche hoch.

Fiona lächelte leicht schief, als sich alles um sie herum erneut zu drehen begann und sie abermals ins Torkeln geriet. Piet Karstens machte einen Satz in Fionas Richtung und konnte sie gerade noch

auffangen, bevor ihre Beine unter ihr wegknick-
ten. Mehr um sich an ihm festzuhalten, schlang
Fiona die Arme um seinen Hals, als sich ihre Na-
senspitzen flüchtig berührten. Das Nächste, was
Fiona registrierte, waren Piet Karstens' feuchte
Lippen, die sich ihren Hals bis zu ihrem Mund hi-
nauftasteten, während sie Karstens noch immer
fest umschlang.

Ein alter Impuls in ihr verlangte nach Gegen-
wehr, doch sie schüttelte ihn ab, wie eine Altlast
aus einem vergangenen Leben, und ließ sich von
Karstens widerstandslos ihre Ballerinas abstreifen
und ihre Hose aufknöpfen. Sie hatte nicht die geringste Lust, sich zu fragen, was hier gerade anfing
und wo das enden würde. Stattdessen schloss sie
die Augen und spürte, wie Karstens' Hand unter
ihre Tunika fuhr und sich unter ihren BH schob.
Seine Finger umkreisten ihre Brustwarzen, während Fionas Hand wie von selbst Karstens' Hemd
aufknöpfte und über seinen muskulösen, spärlich
behaarten Oberkörper fuhr.

Jede Berührung schien vertraut, jede Bewegung eingespielt, beinahe so, als ob sie sich schon
hundertmal berührt hätten. Blitzschnell befreite
Fiona ihn von seinem Gürtel und öffnete die
Knöpfe seiner Jeans, bevor sie sich von Piet Karstens ins Schlafzimmer tragen ließ.

❋ ❋ ❋

(In einem Wald vor Berlin)

Gräuliche Wolkenfetzen zogen über den Himmel, rasend schnell oder unendlich langsam, er konnte es nicht genau sagen. Nichts schien mehr von Belang. Langsam kam Sascha Funk wieder zu sich und spürte die feuchte Erde an seiner nackten Haut. Sein blutverschmierter Körper war mit Kratzspuren und aufklaffenden Bisswunden übersät. Hände und Füße waren mit Kordeln gefesselt. Panisch sah Funk sich um, und es dauerte eine Weile, ehe er begriff, dass er in einem mannsgroßen, ungefähr zwei Meter tiefen Erdloch lag. Der silberne Klebebandstreifen über seinem Mund machte es ihm unmöglich, zu schreien. Vage kamen ihm wieder die hilflosen Schreie der kleinen Luna García in den Sinn. Dann die beiden Rottweiler. Funk schwitzte am ganzen Körper und versuchte, durch die Nase Luft zu bekommen, während er mit weit aufgerissenen Augen hinaufstarrte.

Sekunden oder Minuten später nahm er im Gegenlicht der Mittagssonne zwei Silhouetten wahr. Ein letzter Funken Hoffnung keimte in ihm auf, erstickte jedoch ebenso schnell wieder, als sich Funks Blick schärfte und er seinen Peiniger erkannte.

»Dachtest wohl, du könntest mich überlisten, was?«

Der Mann lachte in nahezu kindlichem Tonfall. »Böser Junge.«

Funk spähte auf den Spaten in seiner Hand und brachte nicht mehr als ein dumpfes »Mhmh, hmmmh!« heraus, während er mit ansehen musste, wie Schaufel um Schaufel Erde auf ihn herabregnete und ihn lebendig begrub. Obgleich er wusste, dass es kein Entkommen mehr gab, dass er hier und jetzt sterben würde, wand er sich wie ein Wurm und riss den Kopf von links nach rechts, um die Erde, die auf sein Gesicht fiel, abzuschütteln.

Mehr und mehr Erde regnete auf ihn hinab. Alsbald erschien ihm alles wie ein ferner Traum, in dem er nur noch Statist war.

Plötzlich tauchte halb verschwommen eine zweite Gestalt in seinem Blickfeld auf, die ihn milde anlächelte und eine weiße Lilie zu ihm hinabwarf. Sein Herz setzte sekundenlang aus, als er erkannte, wer die andere Gestalt war, und er jäh begreifen musste, weshalb nicht nur er, sondern auch die entführten Kinder niemals gefunden werden würden.

Sonntag, 28. Juni

(In Berlin)

Der hämmernde Schmerz in ihrem Kopf riss Fiona unsanft aus dem Schlaf.

Unendlich viele Whiskys. Und danach? Totaler Filmriss.

Gerädert rieb Fiona sich die Augen, hob die Bettdecke an und stellte fest, dass sie vollkommen nackt war. Sie schreckte auf und umklammerte die Decke. Ihre Augen wanderten durch das abgedunkelte Zimmer, das lediglich von einem schmalen Lichtstreifen beleuchtet wurde, der durch die offenstehende Tür fiel. Fionas Büstenhalter und ihr schwarzer Slip lagen zwischen einem Feinrippunterhemd und einer Männerjeans auf dem Boden verstreut.

Sie brauchte einige Sekunden, ehe die Erinnerung an die vergangene Nacht in ihr erwachte und ihr bewusst wurde, in wessen Bett sie augenblicklich lag. Das Prasseln der Dusche drang aus dem

Badezimmer. Kurz darauf das gutgelaunte Pfeifen von Piet Karstens.

»Au Scheiße!«, stieß Fiona leise aus, sprang aus dem Bett und klaubte rasch ihre Sachen vom Boden auf. Ihre Ballerinas fand sie im Wohnzimmer, als das Telefon auf dem Couchtisch lautstark auf sich aufmerksam machte. Viermal, fünfmal, nach dem sechsten Klingeln sprang der Anrufbeantworter an.

»Piet? Wo zum Teufel bleibst du denn? Es ist bereits zwanzig nach neun. Schelling tobt!«, hörte sie Frauke Behrendt nach dem Piepton sagen. »Übrigens habe ich nach deiner SMS gestern Abend sicherheitshalber doch noch diese Theresa Parloff obduzieren lassen. Laut Befund der Rechtsmedizin hat die Gute tatsächlich schon seit Jahren keine Drogen mehr genommen. Dass sie sich den Schuss selbst gesetzt hat, würde also nicht wirklich Sinn machen. Die Kollegen befragen derzeit übrigens noch Parloffs Nachbarn. Irgendwer muss doch was gesehen haben …«

Fiona, die sich gerade aus der Wohnung schleichen wollte, blieb wie versteinert im Raum stehen.

»Aber jetzt halt dich fest«, hörte sie Behrendts Stimme weiter sagen. »Hinter einer losen Kachel im Badezimmer ihrer Wohnung hat die Spurensicherung einen Haufen Bargeld sichergestellt. Satte dreißigtausend Euro, um genau zu sein. Ein hübsches Sümmchen – beim Escort-Service dürfte sie das wohl kaum verdient haben, denn nach Angaben ihres Vermieters war sie mit ihrer Miete bereits mehrere Monate im Verzug. Und das war längst nicht alles: Neben dem Bargeld lag außerdem noch ein hellgrauer Steiff-Teddybär. Das linke Ohr war abgerissen. Der Plüsch war stellenweise mit dunkelroten Flecken verklebt, ich hab ihn gleich zu Solewski ins Labor schicken lassen.«

Fiona wich jegliche Farbe aus dem Gesicht.

Ein hellgrauer Steiff-Teddybär, dem das linke Ohr fehlte. Das war eindeutig Sophies Teddy. *Um Himmels willen, was ist damals mit meinem kleinen Mädchen passiert?*

Für einen Moment wurde Fiona ganz schwindelig vor Wut, und sie hatte nun mehr denn je das Gefühl, dass Adrian ihr etwas verschwieg. Sie sah auf ihre Uhr.

Er wollte spätestens am Mittag aus Frankreich zurück sein.

Entschlossen blickte Fiona sich um, hob sämtliche Kissen hoch und durchwühlte in Windeseile den Kleiderschrank, ehe sie im obersten Fach unter den Pullovern fand, wonach sie gesucht hatte: *Karstens' Waffe.*

Plötzlich hörte sie, wie das Prasseln der Dusche im Badezimmer verstummte und Karstens den Duschvorhang beiseitezog.

Jetzt oder nie.

Fiona zog mit klopfendem Herzen die Pistole

aus dem Holster und ließ sie in ihrer Handtasche verschwinden. Wenige Augenblicke bevor Piet Karstens mit einem Handtuch um der Hüfte aus dem Badezimmer kam, hatte Fiona die Wohnung überstürzt verlassen.

* * *

Ein leises Scheppern durchdrang die düstere Tiefgarage, in der Fiona sich wie eine lauernde Katze hinter einem Geländewagen verschanzt hatte. Vorsichtig spähte sie zu den Lüftungsschächten, als plötzlich das mechanische Rattern des Rollgitters erklang. Die Neonröhren an der Decke sprangen an und erhellten das Untergeschoss. Ein Wagen fuhr ein.

Fiona presste sich mit dem Rücken gegen das Heck des Jeeps und zog Karstens' Waffe aus der Handtasche. Sie hörte, wie der Wagen in eine Parklücke manövriert wurde. Dann öffnete sich die Fahrertür. Vorsichtig lugte Fiona hinter dem Jeep hervor und wich hastig wieder zurück, als sie lediglich Marianne Hubertus von nebenan mit ihrem Sohn erspähte, der seinen Benz wieder einmal auf Adrians Parkplatz abgestellt hatte. Absätze hallten durch das Untergeschoss, während Hubertus' Dogge hinter den Geländewagen hechtete und Fiona neugierig beschnupperte. Fiona rührte sich nicht.

Los, mach, dass du wegkommst.

Doch die Hündin dachte gar nicht daran und beschnupperte seelenruhig Fionas Gesicht. Dann die Waffe in ihrer Hand.

Ohne Fiona zu bemerken, pfiff Hubertus die Dogge zurück, die Momente später mit ihr in der Tür zum Treppenhaus verschwand. Fiona atmete tief aus und warf einen Blick auf ihre Armbanduhr. Dann hob sich das Rollgitter ein weiteres Mal. Fiona lugte hinter dem Jeep hervor und erkannte hinter dem Gitter die Silhouette des schwarzen Jaguars.

Na endlich.

Dumpf drangen die Bässe der Musik durch den geschlossenen Wagen. Fiona schlug das Herz bis zum Hals, während Adrian den Jaguar neben Hubertus' Benz parkte. Die Bässe verstummten abrupt, und für wenige Sekunden herrschte Grabesstille in der Tiefgarage. Dann stieg Adrian aus dem Wagen und holte seine Reisetasche aus dem Kofferraum. Kurz darauf ertönte jenes »Uig, uig« der Zentralverriegelung, auf das Fiona wie auf ein Startsignal gewartet hatte. Mit gezogener Waffe sprang sie hinter dem Jeep hervor.

»Umdrehen!«, forderte sie Adrian mit dunkler, fester Stimme auf.

Erschrocken wandte er sich um und senkte den Blick auf die Pistole, die Fiona unbeholfen auf ihn richtete.

»Fiona? Was – bist du von allen guten Geistern verlassen? Was soll das? Nimm sofort dieses Ding da runter!«

»Stehen bleiben! Und nimm ja die Hände hoch!«

Völlig perplex stellte Adrian die Reisetasche ab und tat wie geheißen. »Herrgott, was soll denn das Ganze?«

»Was ist mit Sophie passiert?«, schrie Fiona hysterisch.

Ein verängstigtes Lächeln trat auf seine Lippen. »Fiona, Liebes, mach keinen Unsinn und gib mir die Pistole!« Er nahm die Hände wieder herunter.

Erst jetzt fielen Fiona die blutigen Kratzer auf Adrians Wange auf. »Bleib, wo du bist! Ich meine es ernst, Adrian: Du erzählst mir jetzt endlich, was damals wirklich geschehen ist, oder – ich schwör's dir bei Gott – ich drück ab!«

Ganz langsam hoben sich seine Hände wieder. »Du bist ja vollkommen verrückt geworden – ich hab keine Ahnung, wovon du da sprichst!«

»Ach nein? Na schön, dann fangen wir eben hiermit an«, sagte sie und zog mit der linken Hand das Foto aus der Tasche, das sie unter Theresas Bett gefunden hatte, und warf es ihm vor die Füße.

Adrian erblasste. Seine Lippen formten sich, um etwas zu sagen, doch er brachte keinen Laut heraus. »Woher hast du das?«, stammelte er dann.

»Sogar auf der *Blue Star* hast du dich mit Theresa vergnügt. Das Schiff war ein Geschenk von Papa. Zu unserer Verlobung!«

»Fiona, ich bitte dich, das ist alles ein riesiges Missverständnis!«

»Missverständnis?« Fiona schob das Kinn vor. »Und der Schlüssel zu Theresas Wohnung unter unserem Kachelofen – auch nur ein Missverständnis, was?«

Adrian wich ihrem Blick aus.

»Tja, damit hast du wohl nicht gerechnet«, fauchte sie und umgriff die Pistole jetzt so fest, dass das Blut aus ihren Fingern wich und ihre Knöchel weiß hervortraten. »Und weißt du was? Du bist nicht der Einzige, der einen Schlüssel zu ihrer Wohnung hat.«

Adrian zog die Brauen zusammen, seine Unterlippe zitterte. »Fiona, ich …«

»Verschon mich mit deinen Lügen, Adrian!« Sie machte eine Sprechpause, um sich zu sammeln, bevor sie fortfuhr: »Dass du mich mit Theresa betrogen hast, ist eine Sache, aber darum geht's mir gar nicht. Ich will verdammt noch mal wissen, wie Sophies Teddy in Theresas Badezimmer kommt!«

»Sophies Teddy? In Theresas Badezimmer? Ich … ich habe wirklich keine Ahnung, wovon du da redest …«, beteuerte Adrian.

Entweder wusste er wirklich nicht, was Sache war, oder aber er war ein noch viel besserer Lügner, als sie angenommen hatte, dachte Fiona. Nach

245

allem, was geschehen war, erschien ihr Letzteres zutreffender. »Und dass die dreißigtausend, die du ach so dringend für die neue ›Lüftungsanlage‹ gebraucht hast, ausgerechnet genau danebenlagen, war wohl auch bloß reiner Zufall?« Fiona entsicherte die Pistole. »Ich frage dich jetzt zum letzten Mal: Was ist damals mit meiner Tochter passiert? Wo ist sie, zum Teufel?« Alles in ihrer Stimme klang wutverzerrt.

Adrian wusste, dass Fiona zuletzt als Kind beim Tontaubenschießen eine Waffe in der Hand gehalten hatte. Er wusste aber auch, dass selbst der Schuss eines ungeübten Schützen aus dieser Entfernung in jedem Fall tödlich sein würde.

»Na schön!«, begann Adrian schließlich. Schweißperlen glänzten auf seiner Stirn. »Das mit Theresa, ja, das … das war ein dummer Ausrutscher.« Hilflos hob er den Blick. »Du musst mir glauben, die Sache mit Theresa ist lange vorbei!«

»Ah ja? Lass mich raten: Seit dem Verschwinden von Sophie?« Das kurze Flackern in Adrians Augen verriet, dass sie ins Schwarze getroffen hatte.

»Bitte, Fiona! Merkst du denn nicht, dass du jeglichen Bezug zur Realität verloren hast? Daran ist nur dein verdammter Roman schuld. Du hättest niemals damit anfangen dürfen!« Sein Unterkiefer bebte, als er weitersprach. »Herrgott, ja, ich habe einen Fehler gemacht, aber du glaubst doch nicht ernsthaft, dass ich irgendwas mit Sophies

Entführung zu tun habe!« Vorsichtig näherte er sich Fiona.

»Hör auf! Du wirst mir nicht länger etwas vormachen, das hast du lange genug getan!«

Ungeschickt fuchtelte sie mit der Pistole herum. »Ich will jetzt wissen, was mit Sophie passiert ist!«

Sie verfluchte ihre Tränen, die nun unkontrolliert über die Wangen rannen, während Adrian mit ausgestreckter Hand langsam auf sie zuging.

»Komm schon, Fiona! Sei vernünftig und gib mir die verdammte Pistole.«

Entschlossen schüttelte Fiona den Kopf.

»Willst du mich etwa erschießen wie einen räudigen Köter?«

»Liegt ganz bei dir«, gab sie zurück.

»Das traust du dich nicht«, sagte er, als bei den Lüftungsschächten plötzlich das Klingeln eines Handys laut wurde.

Fiona riss den Kopf zur Seite, woraufhin Adrian blitzschnell nach der Waffe langte und sie ihr zu entreißen versuchte. Ein Handgemenge entstand.

Mit einem Mal dröhnte ein ohrenbetäubender Schuss durch die Tiefgarage. Fiona taumelte nach hinten. Ihr Herz setzte einen Schlag lang aus, als sie Adrian mit der Pistole in der Hand sah. Überrascht stellte sie jedoch im nächsten Moment fest, aus wessen Waffe jener Warnschuss stammte.

Hinter den Lüftungsschächten tauchten Kommissar Piet Karstens und seine Kollegin auf.

247

»Waffe auf den Boden!«, forderte Karstens Adrian mit gezogener Pistole auf.

Doch Adrian machte keinerlei Anstalten, die Waffe aus der Hand zu legen.

Jetzt machte Frauke Behrendt einen Schritt nach vorne. »Herr Riedel, Sie werden des Mordes an Theresa Parloff beschuldigt und sind festgenommen! Los! Waffe schön langsam auf den Boden und dann die Hände hoch!«

Alle Augen waren auf Adrian gerichtet.

»Ich weiß nicht, wovon Sie reden«, sagte er mit einem flüchtigen Blick zu Fiona.

»Dann helfe ich Ihnen mal auf die Sprünge«, meinte Behrendt mit gekünsteltem Lächeln. »Sie hatten eine Affäre mit Theresa Parloff. Dass sie ein Exjunkie war, wussten Sie. Es war also ein Leichtes für Sie, sie zu überwältigen und ihr eine Überdosis zu spritzen, um es nach Selbstmord aussehen zu lassen, nicht wahr? Als Gastronom haben Sie doch sicherlich den ein oder anderen Kontakt, um die scheiß Drogen zu besorgen.«

Adrian machte einen Schritt seitwärts auf Fiona zu. »Ts, ich hab wirklich selten so einen Schwachsinn gehört. Warum in Gottes Namen sollte ich dieses Flittchen umbringen wollen?«, fragte er, die Pistole weiter mit beiden Händen umgreifend.

»Wie wär's für den Anfang mit dreißigtausend Euro? Außerdem wurden Sie von Parloffs Nachbarin gesehen – keine halbe Stunde bevor Parloff die Überdosis gespritzt worden war«, gab Behrendt zurück.

Adrians Gesicht war inzwischen kreidebleich.

Weiter auf Adrian zielend, sagte Behrendt: »Theresa Parloff hat Sie erpresst, stimmt's?«

Adrians Hände zitterten. »Nein. Nein. Neeein! Ich lass mir das alles nicht kaputtmachen!«

»Was lassen Sie sich nicht kaputtmachen?«, schaltete sich Piet Karstens ein, den Lauf seiner Waffe ebenfalls auf Adrian richtend. »Wenn die Affäre aufgeflogen wäre, dann wäre Ihr Plan, in eine reiche Familie einzuheiraten, wohl endgültig passé. Und das wollten Sie sich um nichts in der Welt entgehen lassen, nicht wahr? Und aus Angst, Ihre Schickimicki-Existenz zu verlieren, haben Sie Theresa Parloff für ihr Schweigen bezahlt, nicht wahr? Musste sie deshalb sterben, Herr Riedel?«

Adrian schwieg. Seine Stirn war klatschnass.

Karstens machte weiter. »Oder gab es da vielleicht noch etwas anderes, über das Theresa Parloff für immer schweigen sollte? Etwas, das mit dem Verschwinden Ihrer Tochter zu tun hat?«

»Ich fass es nicht! Sie werfen mich mit diesem skrupellosen Serientäter in einen Topf?«

»Herr Riedel, was haben Sie mit der Sache zu tun?«, fragte Karstens beharrlich weiter.

»Gar nichts!«

»Adrian, bitte«, ging Fiona dazwischen. Sie wusste, die Situation konnte jeden Moment eskalieren. »Was hat das alles mit Sophies Entführung zu tun?«

»Halt den Mund!«, fauchte er und richtete den Lauf der Pistole plötzlich auf Fiona. »Dir und deiner ganzen besseren Gesellschaft war ich doch sowieso nie gut genug!«

Fiona blieb der Mund offen stehen. »Aber was redest du denn da?«

»Ich wollte immer dazugehören«, gestand er und schaute abwesend durch sie hindurch. Da war wieder dieses seltsame Funkeln in seinen Augen.

»Herr Riedel! Das bringt doch nichts, machen Sie's nicht schlimmer, als es schon ist, und nehmen Sie die verdammte Waffe runter!«, versuchte Piet Karstens zu beschwichtigen. »Die Tiefgarage ist bereits umstellt!«, log Karstens. »Wenn Sie hier ein Blutbad anrichten, ist keinem geholfen! Mein Gott, lassen Sie Fiona gehen!«

Adrians angespannte Miene wich einem spöttischen Lächeln. »Aha, du und der Herr Kommissar, ihr seid also schon per du. Ist ja interessant«, sagte er Richtung Fiona, die ihre Arme ängstlich vor dem Oberkörper kreuzte.

Dann stieß er ein befremdliches Lachen aus, spannte den Hahn der Pistole und zielte mit der Mündung direkt auf Fionas Gesicht.

Fiona hielt den Atem an und fragte sich eine Sekunde lang, ob dies tatsächlich Realität oder möglicherweise bloß Fiktion war, als urplötzlich das

Licht in der Tiefgarage erlosch. Im nächsten Augenblick dröhnte ein weiterer Schuss durch das nachtschwarze Untergeschoss.

Stille. Schnelle Schritte. Kurz darauf sprangen die Neonröhren wieder an. Während Frauke Behrendt sich jetzt unweit des Lichtschalters in Position hielt, rannte Piet Karstens auf Fiona zu. »Alles okay?«

Sie nickte und starrte mit weit aufgerissenen Augen neben sich auf den Boden. Adrian lag reglos in seiner eigenen Blutlache, den Finger noch am Abzug der Pistole, mit der er sich selbst gerichtet hatte.

Dienstag, 30. Juni

(Am Vormittag in Berlin)

Zwei Nächte lagen hinter Fiona, in denen Adrians Selbstmord sie immer wieder schweißgebadet hatte erwachen lassen. In die gemeinsame Wohnung hatte sie seither keinen Fuß mehr gesetzt, sondern es vorgezogen, den Streit mit ihren Eltern beizulegen und vorübergehend mit ihrem alten Zimmer in Dahlem vorliebzunehmen. Schon nach Sophies Entführung hatte sie dort oft stundenlang auf dem Bett gelegen und durch das große Atelierfenster hinaus auf den glitzernden Pool gestarrt. Und wie damals suchte Fiona nach Antworten, die sie nicht fand.

Innerhalb von zwei Tagen waren zwei Menschen unmittelbar vor ihren Augen gestorben, und beide hatten ein Geheimnis mit in den Tod genommen, das eine Spur zu Sophie hätte sein können.

»Isst du nachher mit uns Mittag?«, rief ihre Mutter aus der Küche und riss sie aus ihren Gedanken.

Fiona stellte den Chardonnay unter das Bett zurück und schlenderte barfuß über die kühlen italienischen Fliesen in die Küche, in der ihre Mutter einen Strauß rote Rosen zurechtstutzte.

»Nein danke«, antwortete Fiona gleichmütig und setzte sich an den marmorierten Tisch. An Essen war für sie noch immer nicht zu denken. Sie stützte ihre Ellenbogen auf, legte das Kinn in ihre Hände und sah ihrer Mutter dabei zu, wie sie mit einer Rosenschere die Dornen entfernte.

»Sag bloß, Papa wird auf seine alten Tage doch noch zum Romantiker?«

Ihre Mutter spitzte ihre Lippen zu einem sarkastischen Lächeln. »Viktor? Ha, na, schön wär's. Nein, nein, dein Vater wird sich in diesem Leben wohl nicht mehr ändern, damit habe ich mich schon lange abgefunden.«

Die Tatsache, dass ihre Eltern – Streithähne, die ihresgleichen suchten – in vierundvierzig Ehejahren noch niemals zu Bett gegangen waren, ohne sich gute Nacht zu sagen, erschien Fiona noch immer unvorstellbar. Unvorstellbar schön.

»Die Blumen sind von Ulrike«, erzählte Henriette Seeberg schließlich.

»Ulrike?«

»Ulrike Schneider, die Kita-Leiterin.«

»Moment mal, das ist die Leiterin der Kita Grünfink … Sophies Kita«, sagte Fiona und blickte ihre Mutter irritiert an. »Ihr kennt euch?«

»Ja, Ulrike wohnt schließlich nur zwei Straßen weiter, in dem Backsteinhaus beim ehemaligen Postamt.«

»Die Schneider wohnt bei euch in der Nachbarschaft?«, fragte Fiona verblüfft. »Warum habt ihr mir das nie erzählt?«

Henriette Seeberg zuckte die Achseln, während sie eine Rose nach der anderen fein säuberlich in eine Vase dekorierte. »Ich wüsste nicht wozu. Außerdem ist Ulrike ja erst Anfang des Jahres hergezogen.«

»Aha, und warum ist sie hergezogen?«, fragte Fiona ihre Mutter, die in Sachen Tratsch und Klatsch in Dahlem stets bestens informiert war.

Henriette Seeberg stieß einen Seufzer aus. »Soweit ich weiß, hat sie das Haus nach dem tragischen Unfall ihres Mannes geerbt.«

»Ich wusste gar nicht, dass sie verheiratet war.«

Henriette Seeberg hob die Schulter. »Ich weiß es ja auch nur von Emma van Andreesen. Sie lebten wohl schon seit Jahren getrennt, hatten sich aber auf dem Papier nie scheiden lassen, was Ulrike jetzt zugutekommt. Sie wollte ohnehin raus aus der Großstadt.« Henriette Seeberg blickte zu Fiona auf und lächelte milde. »Dir würde das, nach allem was passiert ist, auch guttun.«

Fiona stöhnte leise. »Mutter, ich …«

»Du weißt, dass du hier jederzeit wieder einziehen kannst.«

»Ist lieb gemeint«, sagte Fiona mit gezwungenem Lächeln und senkte ihren Blick wieder auf die Rosen. »Wie ist der Mann von der Schneider eigentlich gestorben?«

Henriette Seeberg runzelte die Stirn. »Im Kühlhaus.«

»Im Kühlhaus? Wie das denn?«

»Ich habe es ja auch nur so gehört«, erwiderte ihre Mutter und senkte die Stimme. »Gerd, Ulrikes Mann, besaß einen Blumengroßhandel. Und eines Tages ist die Tür zum Kühlhaus zugefallen, während er noch da drin war.« Mitleidig schüttelte sie den Kopf. »Als Ulrike ihn fand, war er längst tot.«

»Sie hat ihn gefunden? Ich denke, die waren getrennt?«

»Wie auch immer«, meinte ihre Mutter und fegte die Blumenreste mit einem Handfeger zusammen. »Jetzt aber genug davon – Doktor Mierau wird mir was erzählen, wenn er erfährt, dass ich dir hier nur noch mehr Schauermärchen auf die Nase binde. Hast du dir eigentlich schon überlegt, was aus der *Riedelei* werden soll?«, wechselte ihre Mutter ungeschickt das Thema.

Fiona hatte bisher noch keinen Gedanken daran verschwendet. Ebenso wenig wie an das kleine Bürozimmer, das sich Adrian im hinteren Teil des Restaurants eingerichtet hatte und das ihr jetzt plötzlich wieder in den Sinn kam. Vielleicht würde sie dort auf Antworten stoßen, dachte Fiona und warf einen Blick auf ihre Uhr. Es war kurz vor elf. Wenn es der Verkehr zuließ, würde sie es gerade noch rechtzeitig in die *Riedelei* schaffen, bevor die Küche öffnete und die ersten Gäste zum Mittagstisch eintrafen. Abrupt erhob sie sich und küsste ihre Mutter auf die Stirn.

»Ich muss noch mal weg. Wie gesagt, wartet nicht mit dem Essen auf mich.«

»Aber wo willst du denn hin?«

Fiona blieb in der Küchentür stehen und zog einen Mundwinkel hoch. »Siehst du, Mama, genau deswegen wohne ich hier nicht.«

»Soll Viktor dich fahren?«, rief Henriette Seeberg ihr noch hinterher, doch Fiona hatte der Villa bereits den Rücken zugekehrt. Sie lief über das Kopfsteinpflaster auf den Taxistand am Ende der Straße zu und hatte die Frage ihrer Mutter ebenso wenig wahrgenommen wie die Gestalt, die ihr aufgelauert hatte und ihr jetzt wie ein Schatten hinter den Hecken folgte.

»Moment, halten Sie bitte«, wies Fiona den Fahrer an, als sie kaum drei Minuten später das ehemalige Postamt passierten. Fiona sah zu dem Backsteinhaus hinüber, in dem Ulrike Schneider wohnte. Die Hautür stand offen. »Ich steig hier aus«, sagte sie.

»Na, das hat sich ja gelohnt«, murrte der Taxifahrer.

»Hier, stimmt so.« Sie entschädigte ihn mit einem Zehneuroschein und stieg aus dem Wagen. Ohne zu wissen, wonach sie eigentlich suchte, folgte Fiona einer dicken, getigerten Katze den Treppenaufgang hinauf ins Haus.

Im Flur hingen Hirschgeweihe und aufgespießte Schmetterlinge hinter Glaskästen. Ein seltsamer, ammoniakdurchdrungener Gestank stach Fiona in der Nase, je tiefer sie in das Haus eindrang.

»Frau Schneider?«, rief sie, während sich eine weitere Katze schnurrend zwischen ihren Beinen schlängelte. Es kam keine Antwort. Fiona hielt sich ihr blaues Seidentuch vor Mund und Nase und sah sich neugierig um, als sie hinter der Tür zum Wohnzimmer noch mehr Katzen erblickte. Getigerte, gescheckte, schwarze, braune, weiße – *mein Gott, das müssen mindestens zwanzig sein.* Wahrlich in jedem Winkel des Raums fauchte oder miaute es. Die Tiere wirkten ebenso verwahrlost wie die heruntergekommene Couchgarnitur, die mit Kratzspuren, Katzenhaaren und Urinflecken übersät war. Fiona konnte kaum glauben, dass sie sich im Haus der nach außen stets gepflegt erscheinenden Kita-Leiterin befand.

»Frau Schneider, sind Sie zu Hause?«, versuchte sie es erneut.

Wieder nichts. Beunruhigt folgte Fiona den gerahmten Auszeichnungen an der Wand, die Ulrike Schneider für sozialpädagogische Tätigkeiten ehrten, die Kellertreppe hinunter, bevor sie vor einem Gruppenfoto der Kita Grünfink stehen blieb. Auch Sophie war auf dem Bild. Vertieft betrachtete Fiona ihr kleines Mädchen, das links außen neben Sascha Funk und Renate Pohl saß und das einzige Kind auf dem Bild war, das nicht lachte. Es versetzte ihr einen Stich ins Herz, und sie zwang sich, ihren Blick auf eine alte Fotografie an der Kellertür zu lenken, die Ulrike Schneider mit ihrem verstorbenen Mann vor der damals neu erbauten Kita zeigte. Plötzlich hörte Fiona einen seltsamen Laut, der von einer Katze hätte stammen können. Instinktiv legte sie ihre Hand auf die Klinke und öffnete die Tür. Dahinter verbarg sich ein abgedunkelter Raum, in dem Fiona eine schauerliche Regallandschaft erkannte, bis oben hin voll mit Tierpräparaten. Ausgestopfte Vögel, Luchse, Eichhörnchen und ein Marder, der sie mit weit aufgerissenem Maul bedrohlich anfunkelte.

»Suchen Sie was Bestimmtes, Frau Seeberg?«

Erschrocken wandte Fiona sich um.

»Frau Schneider, ich, nein, ich wollte nur … ich habe Sie gesucht.«

»Hier unten?«, fragte Schneider mit gespielter Freundlichkeit. Ihre Hüfte umspannte eine Gartenschürze, und ihre dürren Beine steckten in Gummistiefeln. Ihr graues Haar war zerzaust und verlieh ihr etwas Hexenartiges.

»Äh, nein, die Fotos«, stammelte Fiona, als sie

die elektrische Heckenschere in Schneiders rechter Hand bemerkte, und deutete rasch auf die Bilder an der Wand. »Ich habe die gesehen und …«

Schneiders Blick folgte Fionas Fingerzeig.

»Und da dachten Sie, schaue ich doch mal nach, was die alte Schneider für Leichen im Keller hat?«

Fiona starrte sie an und wusste nicht, was sie darauf antworten sollte.

Schneider grinste. »Das war nur ein Scherz, Frau Seeberg.« Mit einer schnellen Handbewegung schloss Schneider die Kellertür, bevor sie ihr aufgesetztes Lächeln erneuerte. »Sie müssen meinen Aufzug entschuldigen, die Kita wurde vorübergehend geschlossen, und da dachte ich, ich nutze die Zeit, um den Garten auf Vordermann zu bringen. Möchten Sie vielleicht einen Kaffee?«

Erst jetzt registrierte Fiona die Blumen in Schneiders Hand.

Lilien. Weiße Lilien.

Ihr blieb fast das Herz stehen. Die Erinnerung an jene Blume fühlte sich augenblicklich lebendiger denn je an. »Äh, nein, ich … ich muss leider schon wieder los«, sagte sie rasch und hastete an Schneider vorbei die Treppe hinauf.

»Na gut, dann eben ein anderes Mal«, murmelte Ulrike Schneider und blickte ihr mit einem tückischen Lächeln nach.

❀ ❀ ❀

(Im Berliner Polizeipräsidium)

»Gibt's hier was zu feiern?«, erkundigte sich Kommissar Piet Karstens, als er die Kaffeeküche des Präsidiums betrat und das Blech Streuselkuchen erspähte. Erst als er sich an den Bauch griff, fiel ihm auf, dass er seit geraumer Zeit nichts gegessen hatte. Seine Kollegen musterten ihn verstohlen, als sei er bis eben Gesprächsthema ihres Kaffeeklatschs gewesen.

»Der Schelling hat heute Geburtstag«, erklärte Kikki schließlich und zog ihre tiefsitzende Jeans hoch, um ihren über den Bund quellenden Hüftspeck zu verbergen.

Das Stück Kuchen, das sich Karstens soeben mit einem Klecks Schlagsahne in den Mund geschoben hatte, blieb ihm beinahe im Halse stecken, als er daran denken musste, dass Schelling den Kuchen womöglich selbst gebacken hatte.

»Auch einen Kaffee?«, fragte Kikki lächelnd und nahm eine frische Tasse aus dem Geschirrspüler.

Karstens nickte und meinte den Gesichtern der umstehenden Kollegen anzusehen, dass sie ihm etwas verschwiegen. Erst recht, als diese sich einer nach dem anderen unter profanen Vorwänden zurück an ihre Schreibtische begaben.

Dankbar nahm Karstens den frisch gebrühten Kaffee entgegen und zog die Brauen zusammen. »Hab ich irgendwas verpasst?«

Kikki presste die Lippen aufeinander und lud sich ein neues Stück Kuchen auf.

»Ich soll dir ausrichten, dass du in Schellings Büro kommen sollst, sobald du hier aufkreuzt«, platzte es schließlich aus ihr heraus.

Verwundert verzog Karstens das Gesicht. »Und warum, wenn ich fragen darf?«

Kikki zuckte mit den Achseln. »Hat er nicht gesagt.«

»Ach komm schon, Kikki, scheinbar weiß hier doch sowieso jeder außer mir Bescheid!«

Sie goss sich reichlich Kondensmilch in ihren Kaffee, bevor sie einen flüchtigen Blick zum Flur warf. »Na gut, aber du hast es nicht von mir.«

Karstens trat einen Schritt an sie heran und lehnte sich dicht neben ihr gegen den mannshohen Kühlschrank.

»Ich tippe mal, deine liebe Partnerin konnte ihren Mund nicht halten«, sagte Kikki mit gesenkter Stimme.

»Frauke? Wie darf ich das verstehen?«

»Sie hat dem Schelling heute Morgen gleich als Erstes den Bericht über die Ereignisse in Seebergs Tiefgarage auf den Schreibtisch gelegt.«

»Ts, diese Streberin«, entfuhr es Karstens. »Aber das kann wohl kaum alles sein?«

Kikki schüttelte den Kopf. »Was hättest du eigentlich gemacht, wenn diese Schriftstellerin ihren Typen wirklich abgeknallt hätte? Ich meine, ihr seid reichlich spät eingeschritten, hab ich mir sagen lassen.«

Karstens zuckte gleichmütig mit den Achseln. »Hätte ja sein können, dass dieser Riedel doch noch auspackt.«

Sie lächelte. »Hast Glück gehabt, dass der Schuss nicht nach hinten losgegangen ist, was?«

Er nickte und sah Kikki eindringlich an. »Und deshalb zitiert mich Schelling in sein Büro?«

Kikki kratzte sich im Nacken und senkte ihren Blick auf Karstens' Schuhe. »Oh, wir haben uns endlich mal ein neues Paar Schuhe geleistet. Nicht schlecht.«

»Kikki, jetzt lenk nicht ab!«, stöhnte Karstens ungeduldig.

Sie spitzte ihren kleinen Mund. »Weißt du, Piet, am besten fragst du das Schelling einfach selbst.«

Karstens sah, dass sie errötete.

»Na schön«, zischte er, stürzte seinen Kaffee in einem Schluck herunter und eilte mit Riesensätzen durch den Flur geradewegs auf das Büro des Dezernatsleiters zu.

Es dauerte keine fünf Minuten, bis ein heftiges Wortgefecht zwischen Piet Karstens und Bernd Schelling entfachte. Alles und jeder auf dem Revier verstummte und bewegte sich mit einem Mal nur noch in Zeitlupe. Als Karstens mit hochrotem Kopf aus Schellings Büro kam, fehlte die Waffe in seinem Schulterholster.

Momente später betrat Frauke Behrendt mit einem Stapel Videobänder das Dezernat.

Karstens stürmte aufgebracht auf sie zu. »Ist dir deine scheiß Beförderung wirklich so wichtig, dass dir es wert war, mich zu verpfeifen, ja?«

»Ach komm, Piet, willst du mir etwa weismachen, dass du nichts mit dieser Seeberg hattest? Wie ist sie wohl an die Waffe gekommen«, geiferte Behrendt ihm vor den Augen aller hinterher. »Du bist in dem Fall doch längst nicht mehr objektiv!«

Für eine Weile herrschte Totenstille im Präsidium, als sei jedes Wort strafbar.

»Na klar, als ob es dir darum ginge!«, giftete Karstens zurück, stieß die Tür zum Parkplatz auf und verließ fluchend das Revier.

Nicht genug damit, dass der Großteil ihrer Indizien bislang ins Leere geführt hatte und mit jedem weiteren Tag die Aussicht darauf schwand, Luna García, geschweige denn eines der anderen entführten Kinder, lebendig wiederzufinden – eine Partnerin, die ihm in den Rücken fiel, war wirklich das Letzte, was Piet Karstens jetzt gebrauchen konnte.

✳ ✳ ✳

(Im Restaurant)

Um Viertel vor eins erreichte Fiona die *Riedelei*. Dort hatte niemand eine Ahnung davon, was in den letzten Tagen geschehen war. Fiona stieß die Pendeltür zur Küche auf und lief an den Köchen vorbei zu Adrians Büroraum.

»Frau Seeberg, Sie habe ich hier ja schon Ewigkeiten nicht mehr gesehen!«, begrüßte sie der Oberkellner Jamal mit strahlendem Lächeln. »Einen Espresso für die *signorina*?«

Die vielen Zähne in seinem breiten Lächeln blitzten sie an.

»Danke, nein«, entgegnete Fiona.

»Wo steckt eigentlich Ihr Mann? Wollte er nicht längst zurück sein?«, erkundigte sich der Oberkellner.

Eine durchaus berechtigte Frage, fand Fiona. »Er bleibt noch ein paar Tage länger als geplant in Frankreich«, log sie, um sich unnötige Diskussionen zu ersparen. Augenblicklich hatte sie weder Lust noch Kraft, vor versammelter Mannschaft die Wahrheit preiszugeben. »Verraten Sie mir, wo der Schlüssel zu Adrians Büro liegt?«

»Der Schlüssel, äh ... keine Ahnung.«

Fiona blinzelte verwirrt. »Was soll das heißen?«

Jamals überfreundliches Lächeln schwand abrupt. »Tut mir echt leid, aber *signore* Riedel hat strengstens angeordnet, dass ...«

265

»Entweder Sie schließen jetzt diese Bürotür auf, oder ich lasse sie aufbrechen«, entfuhr es Fiona mit ausdrucksloser Miene.

»Okay, okay«, erwiderte Jamal mit erhobenen Händen. »Ist denn irgendwas nicht in Ordnung?«

Fiona sparte sich eine Antwort.

Schweigend ging Jamal in die Personalumkleide und kam wenig später mit einer leeren Champagnerflasche zurück, aus der er einen Schlüssel in seine Hand schüttete. Dann sperrte er die Bürotür auf.

Fiona betrat den Raum und schloss die Tür hinter sich.

Ihr Blick streifte Adrians Laptop, die Papierberge auf dem Schreibtisch, das dunkle Jackett, das über dem Stuhl hing. Alles in diesem Raum schrie förmlich nach Adrian, und es dauerte eine Weile, ehe Fiona begriff, was sie hier augenblicklich tat. Sie kämpfte mit den Tränen und zwang sich, die Gedanken an Adrian für einen Moment zu verdrängen, während sie rasch eine Schreibtischschublade nach der anderen aufzog und sämtliche Büroschränke durchforstete. Abgesehen von einem Stapel uralter Kreditkartenabrechnungen, förderte die Durchsuchung jedoch nicht den allerkleinsten Hinweis zutage, was Adrian mit Sophies Entführung zu tun haben könnte. Ratlos betrachtete Fiona das Chaos, das sie angerichtet hatte, und nahm schließlich Adrians Laptop in Augenschein. Sie setzte sich hinter den Schreibtisch und wartete, bis das Apple-Zeichen auf dem Bildschirm erleuchtete. Die Maschine forderte sie auf, ein Passwort einzugeben. Fiona versuchte es mit Adrians Geburtsdatum. Ohne Erfolg. Dann tippte sie den Namen des Restaurants ein. Anschließend die Namen und Kosenamen sämtlicher Familienmitglieder. Wieder: *LogIn failed, please enter the correct passwort.*

Fiona dachte nach. Sie ging Geburtsdaten, Nummernschilder und sogar Urlaubsorte, an denen sie gewesen waren, im Kopf durch. Vergeblich. Ernüchtert sank sie im Stuhl zurück und gab es auf. Stattdessen überflog sie die alten Kreditkartenabrechnungen, die Adrian sich stets ins Büro hatte schicken lassen. Neben Abbuchungen von diversen Tankstellen, Restaurants und Supermärkten entdeckte Fiona Zahlungsabgänge sündhaft teurer Dessous-Boutiquen. An solcherlei Geschenke konnte sie sich allerdings beim besten Willen nicht erinnern.

Zu guter Letzt fiel ihr Augenmerk auf mehr als ein Dutzend Abbuchungen von ein und demselben Ausflugslokal im Spreewald, die überwiegend an jenen Tagen getätigt worden waren, an denen Adrian auf Sophie aufgepasst hatte.

Die Champagnerfrühstücke für sechsundfünfzig Euro dürfte er sich wohl kaum mit einer Zweijährigen geteilt haben. Deshalb also die vielen Ausflüge, die er so bereitwillig mit Sophie unternommen hatte.

Die schmerzliche Erkenntnis trieb ihr erneut die Tränen in die Augen, da öffnete plötzlich jemand die Tür zum Büro.

Es war Rolf Jobst. »Klopf, klopf! Darf man reinkommen?«, fragte er, nachdem er bereits eingetreten war, und schien fast ein wenig überrascht, Fiona anzutreffen. »Ich dachte mir schon, dass du hier bist«, sagte er dennoch.

Rolf trug einen dunklen Nadelstreifenanzug, und hätte Fiona nicht gewusst, dass er Immobilienmakler war, so hätte sie ihn spätestens jetzt für einen gehalten. Dann sah Fiona hinter Rolfs wie immer gutgelaunter Fassade, dass auch er von den Ereignissen der vergangenen Tage gezeichnet war.

Mit ausgebreiteten Armen ging er auf Fiona zu. »Was passiert ist, tut mir so unendlich leid, Fiona.«

Fiona erhob sich und schloss die Augen, während sie dastand und Rolfs tröstende Umarmung genoss.

Er wich zurück und umfasste ihre Schulter. »Fiona, wenn ich irgendwas für dich tun kann, sei es wegen des Restaurants oder sonst etwas, dann lässt du es mich bitte wissen, ja?«

Sie nickte. »Wahrscheinlich werde ich den Laden erst mal schließen.«

»Ja, wird wahrscheinlich das Beste sein«, pflichtete Rolf ihr bei. »Was hast du eigentlich mit Adrians Laptop vor?«, erkundigte er sich dann.

»Ach, nichts«, meinte sie und klappte das Mac-

Book zu, als das Handy in ihrer Hosentasche Alarm schlug.

Fiona blickte auf das Display. Es war Karstens, den sie auf dem Weg zum Restaurant angerufen hatte, um ihn über den makaberen Tierfriedhof in Ulrike Schneiders Keller und die weißen Lilien in ihrem Garten zu unterrichten.

Leise räusperte sich Rolf. »Geh ruhig dran, ich wollte sowieso nur kurz vorbeischauen – bin schon wieder weg«, sagte er und war schon aus der Tür, als Fiona das Telefonat annahm.

»Hallo, Piet. Hast du was über die Kita-Leiterin herausfinden können?«, fragte sie leise.

»Tut mir leid, ich habe diese Schneider nochmals überprüft – sieht ganz so aus, als hat die 'ne lupenreine Weste. Und da weder der Besitz von präparierten Tieren noch der von weißen Lilien strafbar ist, sind mir hinsichtlich einer Hausdurchsuchung leider die Hände gebunden«, seufzte Karstens am anderen Ende der Leitung.

»Verstehe«, sagte Fiona enttäuscht. »Ich hätte da allerdings etwas, das dich interessieren könnte: Adrians Laptop.«

»Sein Laptop? Mir gegenüber hat dein Verlobter behauptet, er hätte gar keinen …«

Eine Lüge. Eine von so vielen.

»Mit einem Passwort kann ich aber leider nicht dienen. Ich habe wirklich schon alle möglichen Kombinationen versucht.«

»Das dürfte kein Problem sein. Ich kenne mich mit solchen Dingen aus.«

»Soll ich den Laptop aufs Präsidium bringen?«

»Aufs Präsidium? Äh, nein, das ist keine gute Idee«, sagte Karstens schnell. Da sie bislang kein Wort über ihr Tête-à-Tête neulich Nacht verloren hatten und er es auch dabei belassen wollte, zog Karstens es vor, seine vorläufige Suspendierung zu verschweigen. »Was hältst du davon, wenn wir uns in zwanzig Minuten bei dir zu Hause treffen?«

»Bei mir?«, sagte Fiona, bemüht, sich ihre Verunsicherung nicht anmerken zu lassen. Aber sie musste ohnehin irgendwann wieder in die Wohnung, und nach allem, was geschehen war, tat sie dies lieber im Beisein von Piet Karstens. »In Ordnung, dann bis gleich«, sagte sie schließlich, legte das Handy beiseite und fuhr sich einen Augenblick lang nachdenklich über die Unterlippe. Dann packte sie den Laptop und die Kreditkartenrechnungen ein und verließ das Büro.

❊ ❊ ❊

(Polizeipräsidium, Berlin)

»Stopp, spul noch mal zurück!«, wies Frauke Behrendt einen der Kollegen an, die mit ihr und dem Dezernatsleiter Bernd Schelling im abgedunkelten

Raum die Bänder der Überwachungskameras des Berliner Zoos sichteten. Alle Aufzeichnungen stammten vom einundzwanzigsten Juni, dem Tag, an dem die kleine Luna García dort verschwand. Gebannt starrte Behrendt auf das Video, das ein Beamter an die Wand warf. Ihre Intuition hatte sie in den vergangenen fünf Dienstjahren kein einziges Mal getäuscht. Sollte Fritz Brommer, entgegen seiner Aussage, tatsächlich im Zoo gewesen sein, wäre Behrendt nicht nur der Ruhm sicher, jenen Serientäter, der das LKA jahrelang in Atem gehalten hatte, zu überführen, sondern auch die Beförderung zur Kommissarin.

»Da! Da hinten! Das könnte er sein!« Behrendt sprang auf. Sie zeigte mit ihrem Kugelschreiber auf einen älteren Herrn mit Schildkappe, der den Eingang des Zoos passiert hatte und jetzt unmittelbar hinter dem großen Torbogen stand.

»Markus, kannst du den Bildausschnitt näher ranzoomen?«

»Klar«, tönte es hinter dem Projektor hervor, und stufenweise vergrößerte sich das Bild.

Behrendt kniff die Augen zusammen. »Kriegst du das noch schärfer hin?«

»Tut mir leid, mehr ist nicht drin, offenbar stammt die Überwachungskamera des Zoos noch aus der Steinzeit.«

Nervös kaute Behrendt an einem Fingernagel. Der stattlichen Figur nach konnte es ohne weiteres

Fritz Brommer sein, doch das Gesicht des Mannes war zu unscharf, um es zu identifizieren.

»So ein Mist!«, fluchte Behrendt und setzte sich wieder. Wenn das so weiterging, konnte es noch Tage dauern, bis sie die Bänder sämtlicher Überwachungskameras im Zoo überprüft hatten. Wertvolle Zeit, die sie nicht hatten, da mit jeder verstreichenden Stunde die Chance schwand, Luna García lebend zu finden. Nach einer kurzen Zigarettenpause bestand sie dennoch darauf, mit dem Sichten der Bänder fortzufahren.

In diesem Moment betrat Kikki aufgebracht den Raum. »Solewski hat gerade aus der Rechtsmedizin angerufen! Die DNA des Haares an der Lilie, die Lunas Mutter zugestellt worden war, stimmt nicht mit der Speichelprobe von Fritz Brommer überein.«

»Verdammt!«, stöhnte Behrendt. Sie sank im Stuhl zurück und richtete ihren Blick verbissen auf das nachfolgende Video, auf dem sich nun Unmengen von Zoobesuchern um das Eisbärengehege drängten.

»Tja, ich schätze, da müsst ihr wohl was Neues finden, um Brommer festzunageln«, meinte Kikki.

»Danke, von allein wäre ich da nie drauf gekommen«, entgegnete Behrendt sarkastisch, als sich ihre Miene plötzlich erhellte. »Moment! Ich glaube, ich habe soeben gefunden, wonach wir suchen. Noch mal zurückspulen bitte!«

Behrendt sprintete erneut nach vorne und deutete auf einen weißen Lieferwagen, der hinter der meterhohen Umzäunung parkte.

»Vergrößern bitte!«

Dann sagte sie: »Da am Heck: der Ein-Herz-für-Kinder-Aufkleber – sieht aus wie unser altbekannter Lieferwagen, der auch vor dem Schwimmbad in Potsdam und vor der Kita beobachtet wurde. Das ist doch kein Zufall, dass der ausgerechnet an dem Tag da steht, an dem Luna García dort verschwindet.«

Sekundenlang herrschte ein angespanntes Schweigen in dem abgedunkelten Raum.

»Sieh sich einer das an«, entfuhr es Behrendt. Sie richtete ihren Blick auf das Eisbärengehege schräg unten im Bild. »Da ist diese Bachmann mit ihrem Sohn Timmi, Luna García und den anderen Kindern, die er zu seiner Geburtstagsparty im Zoo eingeladen hatte.« Behrendt betrachtete die Kinder, die gebannt einem jungen Eisbären bei der Fütterung zuschauten. »Ist das die einzige Kamera, die auf das Eisbärengehege zeigt?«

»Ja«, wusste Micha, einer der älteren Kollegen, der aussah, als gehöre er zum Inventar.

Weitere Minuten vergingen, in denen die Beamten schweigend die Videoaufnahmen verfolgten.

»Scheiße – da hinten! Hinter den Kindern!«, rief Behrendt. »Auf der Parkbank! Aus der Perspektive noch mal ranzoomen bitte!«

Alle Augen starrten nun gebannt auf die Projektion, während sich das Gesicht unter der Schildkappe vergrößerte.

»Na, wer sagt's denn: Das ist eindeutig Fritz Brommer! Der sitzt keine fünf Meter von Luna García entfernt!« Behrendt atmete tief durch. »Volltreffer, Brommer hat also doch gelogen.«

Dann drängte sich eine Gruppe japanischer Touristen ins Bild und verbarg die Sicht auf Brommer und Luna, die auf den nachfolgenden Bändern ebenso verschwunden waren wie der weiße Lieferwagen. Siegessicher lächelte Behrendt zu Bernd Schelling.

»Nicht schlecht«, nickte der Dezernatsleiter beeindruckt und klopfte ihr im Hinausgehen auf die Schulter. »Sie wissen ja, was nun zu tun ist – also nichts wie an die Arbeit!«

❊ ❊ ❊

(Noch am selben Nachmittag in Berlin-Mitte)

Alles in der Wohnung erschien Fiona jetzt, wo auch Adrian nicht mehr da war, ungeheuer fremd. Kalt. Still. Und erschreckend leer. Wohin sie auch blickte, die Erinnerung an ihr vergangenes Leben schnürte ihr beinahe die Brust zu. Sie postierte Adrians Laptop auf dem Küchentisch, ging in Sophies Zimmer und fütterte die beiden Goldfische, als Piet Karstens auch schon klingelte. Fiona stellte das Fischfutter zurück, hastete in den Flur und hob in Windeseile ein paar herumliegende Schnapsflaschen auf.

Es klingelte erneut. Fiona warf einen flüchtigen Blick in den Garderobenspiegel und öffnete.

Piet Karstens stand bereits oben vor der Wohnungstür. Ein Lächeln lag auf seinem Gesicht, dennoch sah er aus, als hätte er die ganze Nacht kein Auge zugemacht. Er trug ein gestärktes Hemd, eine Lederjacke und eine, wie Fiona fand, gutsitzende Jeans, unter denen ein neues Paar Lederschuhe glänzte. Fiona blickte in seine blassblauen Augen. Es erschien ihr seltsam, ihn zu begrüßen und dabei so zu tun, als wäre nie etwas zwischen ihnen gewesen. Karstens schien ebenfalls verunsichert, denn er sah sie an, als warte er auf ein Zeichen, ob er auf eine Wiederholung der gemeinsamen Nacht hoffen könne. Ein Zeichen, das Fiona ihm unter anderen Umständen nur zu gerne gegeben hätte.

Karstens schloss die Tür hinter sich und folgte Fiona in die Küche. Beide waren froh, ihre Aufmerksamkeit auf den Laptop richten zu können.

»Da haben wir ja das gute Stück«, meinte Karstens.

Er hängte seine Lederjacke über den Stuhl, auf dem er Platz nahm, und fuhr das MacBook hoch, während Fiona Kaffee aufsetzte.

»Meinst du, das mit dem Passwort kriegst du hin?«, fragte Fiona und holte zwei Tassen aus dem Küchenschrank.

Er lächelte kurz. »Klar. Ich wünschte, mancher Fall wäre so leicht zu lösen wie ein Computer-Passwort – und notfalls haben wir ja noch die hier«, sagte er, zog eine CD-ROM aus der Innentasche seiner Lederjacke und hielt sie mit zwei Fingern hoch. »Darauf ist ein spezielles Programm, das eigens für das Hacken von Passwörtern und versteckten Dateien programmiert wurde. Ganz egal, wie verschlüsselt die Dateien auch sind, mit dieser CD lesen wir sie garantiert aus.«

Verblüfft hob Fiona die Brauen. »Wenn das so ist, kann man ja von Glück reden, dass du nicht für die Gegenseite arbeitest, oder besitzen alle Polizisten so ein Ding?«

»Ich sag mal so – alle, die über gewisse Kontakte verfügen«, grinste er.

Tatsächlich hatte Piet Karstens nicht zu viel versprochen, und noch bevor der Kaffee durchgelaufen war, hatte er Adrians Passwort geknackt. Allerdings ohne die CD.

»Und, wie lautete das Passwort?«, wollte Fiona wissen, während sie zwei volle Kaffeetassen, Zucker und Milch auf den Tisch stellte.

»Das … das wurde so genau nicht angezeigt …«, sagte er mit einer lapidaren Geste.

Fiona zog die Brauen zusammen und setzte sich

an den Tisch. »Piet, was soll diese Geheimniskrämerei?«

»Na schön, wie du willst«, seufzte er schwerfällig. »Theresa. Das Passwort lautete Theresa.«

Er drehte den Bildschirm in Fionas Richtung und rückte mit seinem Stuhl dicht neben sie, so dass sich ihre Ellenbogen berührten.

Fiona schluckte.

Theresa, natürlich, wie dumm von mir.

Sie war bemüht, sich ihre Demütigung nicht anmerken zu lassen.

Und ich naive Kuh habe es doch tatsächlich noch mit meinem eigenen Namen versucht.

Karstens durchforstete sämtliche Bilder, Videos und Downloads, bevor er sich über Adrians E-Mails hermachte. »Laut E-Mail-Korrespondenz hat sich dein werter Verlobter vor ungefähr zwei Jahren einen zusätzlichen Freemail-Account eingerichtet und von da an eine ganze Zeit lang mehrmals täglich mit dieser Theresa Parloff gemailt.«

»Erspar mir die Details«, bat ihn Fiona und übernahm die Tastatur. Sie tippte den Namen ihrer Tochter in den automatischen Suchlauf ein.

Nichts. Der Name tauchte kein einziges Mal auf.

»Lass mich mal.« Sanft umfasste Karstens Fionas Hände und nahm sie von der Tastatur. »Es muss irgendetwas geben, das nicht nur du, sondern auch ich nicht sehen sollte, sonst hätte mir Adrian

Riedel wohl kaum verschwiegen, dass er einen Laptop besaß«, sagte er mit schmalen Augen. »Was hat er bloß versteckt, das die Polizei auf keinen Fall finden sollte?«

Beiläufig nippte Karstens an seinem Kaffee und überflog unzählige E-Mails, als er plötzlich innehielt und die Tasse abstellte, ohne die Augen von dem Bildschirm zu nehmen. Plötzlich klappte er den Laptop unvermittelt zu, als wolle er nicht wahrhaben, was er gerade entdeckt hatte.

»Was soll das? Ich will sofort wissen, was los ist!«, meinte Fiona und langte nach dem Laptop.

»Warte!«, erwiderte Karstens. Er stand auf, zog sein Handy aus der Tasche und wählte die Nummer des Präsidiums.

Verwirrt schüttelte Fiona den Kopf und steckte sich eine Zigarette an.

»Ich erkläre dir gleich alles«, murmelte Karstens und nahm ihr die Zigarette aus der Hand.

»Hallo Kikki, hier ist Piet ... ja ... nein, danke. Gut ... nein, noch nicht, keine Ahnung – Kikki, hör zu, es ist wichtig, du musst bitte dringend jemanden für mich überprüfen«, sprach er mit der Zigarette im Mundwinkel und lief vor dem Küchenfenster nervös auf und ab. »Mensch, Kikki, ja-ha, ich wei-eiß, deswegen ruf ich ja auch dich an, weil ich weiß, dass ich mich auf dich verlassen kann, stimmt's? Gut, danke. Der Name der zu überprüfenden Person lautet Rolf Jobst.«

Entgeistert blickte Fiona zu Karstens auf, während dieser weitertelefonierte. »Okay, nein, du musst noch weiter zurückgehen, die Sache liegt schon ein paar Jahre zurück … ja, ja genau. Und du bist dir ganz sicher, dass er es ist?« Karstens blieb stehen. »Danke, mehr wollte ich nicht wissen, nein, ist nicht nötig.« Er legte auf, drückte die Zigarette im Ascher aus und sah Fiona wortlos an.

»Nun sag schon, was ist mit Rolf?«, fragte sie bestimmt.

»Wie gut kennst du Rolf Jobst?«

»Adrian ist«, sie stockte, »Adrian war mit ihm befreundet.«

Alarmiert horchte Karstens auf. »Seit wann?«

Sie hob die Schultern. »Vielleicht seit drei oder vier Jahren. Rolf war außerdem Stammkunde in der *Riedelei*. Ich habe ihn dort eben noch im Büro getroffen.«

»Im Büro? Weißt du, was er da wollte?«

»Keine Ahnung«, erwiderte sie unsicher, dachte nun aber über die gleiche Frage nach. »Würdest du mir jetzt bitte endlich sagen, was los ist?«

Karstens musterte sie eine Weile. »Wusstest du, dass Rolf Jobst früher als Kinderarzt praktiziert hat?«

»War mir bekannt. Und weiter? Piet, raus jetzt mit der Sprache!«

Piet Karstens zog Luft durch die Zähne, bevor er fortfuhr: »Ich habe gegen Rolf Jobst vor einigen

Jahren wegen des Verdachts auf Kindesmiss-
brauch ermittelt.«

Fionas Miene gefror. »Was?«

»Er wurde mehrfach beschuldigt, kleine Kinder
während der Untersuchungen unsittlich berührt
zu haben«, erklärte Karstens.

Sprachlos starrte Fiona durch ihn hindurch.
»Rolf? Aber … ausgerechnet Rolf – das … das
glaube ich einfach nicht …« Ihre Hand fuhr zum
Mund, als ihr in den Sinn kam, dass sie mit Sophie
regelmäßig in seiner Praxis gewesen war.

Kein Wunder, dass sie sich mit Händen und Füßen
gewehrt hat, noch zu irgendeinem Arzt zu gehen.

Würgend rannte Fiona ins Badezimmer und
übergab sich. Es verging eine ganze Weile, ehe sie
zu Karstens zurückkehren konnte.

»Geht's wieder?«, fragte Karstens besorgt und
strich ihr eine Haarsträhne aus dem verweinten
Gesicht.

»Danke, ja«, antwortete sie und schloss eine Sekunde lang die Augen. »Was ist aus den Ermittlungen gegen Rolf geworden?«, fragte sie dann und
setzte sich wieder. »Wurde er verurteilt?«

Karstens entwich ein langer Seufzer, dem im
Grunde nichts mehr hinzuzufügen war. »Als sich
die Sache herumsprach, konnte er zwar seine Praxis dichtmachen, das Verfahren gegen ihn musste
aber wegen Mangel an Beweisen eingestellt werden«, sagte er schließlich.

»Ich kann das alles nicht glauben«, meinte Fiona, noch immer fassungslos. »Mir hat er erzählt, er hätte aus freien Stücken in die Immobilienbranche gewechselt. Weil ihn die Arbeit als Kinderarzt auf Dauer deprimiert hat und er lieber Zukunftsträume verkaufen wollte, statt Krankheiten zu diagnostizieren. Ja, das waren wohl seine Worte«, sagte Fiona und ließ den Kopf hängen.

Karstens erhob sich und nahm seine Jacke. »Fiona, ich will dich ja nicht beunruhigen, aber dass dieser Rolf ausgerechnet mit deinem Lebensgefährten befreundet war und Sophie verschwand, als sie sich bereits kannten, das gefällt mir alles nicht. Weißt du was, ich werde diesem Rolf jetzt einen Besuch abstatten und ihm nochmals auf den Zahn fühlen.«

»In Ordnung«, meinte Fiona, stellte ihre Tasse in die Spüle und schulterte ihre Handtasche.

Irritiert blinzelte Karstens. »Wohin willst du, wenn ich fragen darf?«

»Na, mitkommen natürlich, was denkst du denn?«

»Kommt überhaupt nicht in Frage – als ob ich wegen dir nicht schon genug Ärger hätte«, entgegnete er entschieden.

Fiona begriff, worauf er hinauswollte oder eben nicht hinauswollte, und fragte lieber nicht weiter nach. »Na schön«, lenkte sie ein. »Rolf wird wahrscheinlich aber nicht zu Hause sein, er war mit

Adrian dienstagnachmittags immer beim Squash«, trug sie bei und nannte Karstens die Adresse einer Squashhalle in Treptow. »Vorausgesetzt, das war nicht auch nur eine von Adrians Lügen …«

»Danke. Den hier nehme ich aber mit«, meinte er und klemmte sich den Laptop unter den Arm. »Beweismaterial«, sagte er schnell, bevor Fiona etwas entgegnen konnte. Offenbar wollte er verhindern, dass sie sich in der Zwischenzeit auf den E-Mail-Verkehr zwischen Adrian und Theresa stürzte und sich unnötig quälte.

»Ich kann mich doch darauf verlassen, dass du die Sache mit Rolf Jobst mir überlässt und dich da raushältst?«, fragte er.

Widerwillig stimmte Fiona zu.

Er legte den Kopf in den Nacken und sah sie aus halb offenen Augen an. »Als ich mich das letzte Mal auf dich verlassen habe, hast du meine Waffe geklaut, mit der kurz darauf ein Menschenleben in deiner Tiefgarage ausgelöscht wurde.«

»Ich hab's ja verstanden, Herr Oberkommissar.«

Nach einem letzten tiefen Blick in ihre Augen ging Karstens aus der Tür.

Fiona trat ans Küchenfenster und sah mit leerem Blick zur Straße hinunter. Piet Karstens lief zu seinem Wagen, doch Fiona sah ihn bereits in der Squashhalle. Sah Rolfs dummes Gesicht, wenn Piet Karstens gleich vor ihm stehen würde. Allein der Gedanke, dass ausgerechnet Rolf eben noch eine Schulter zum Anlehnen für sie gewesen war, bereitete ihr eine Gänsehaut. Angespannt blickte sie auf ihr Handy, unterdrückte jedoch den Impuls, Rolfs Nummer zu wählen und ihre ganze Wut herauszuschreien. Doch untätig in der Küche herumzusitzen, machte sie ebenso wahnsinnig.

Kurzzeitig dachte sie daran, sich hinter ihren Schreibtisch zu setzen und sich mit ihrem Roman abzulenken, tat diesen Gedanken jedoch gleich wieder ab. Es erschien ihr geradezu absurd, in ihrem jetzigen Zustand auch nur einen einzigen klaren Satz zu formulieren.

Wenn Karstens doch wenigstens Adrians Laptop dagelassen hätte ...

Ihr Blick fiel auf ihre Handtasche auf dem Stuhl neben ihr, in der sich die übrigen Kreditkartenabrechnungen aus Adrians Büro befanden. Fiona breitete alle Belege auf dem Tisch aus. Wieder war es der Name von ein und demselben Ausflugslokal, der sich wie ein roter Faden durch die Abbuchungen zog. Grübelnd ging Fiona in ihr Arbeitszimmer, warf ihren Laptop an und googelte die Adresse des besagten Lokals im Spreewald.

»Genießen Sie die einzigartige Naturlandschaft des Spreewalds! Der Biergarten in der *Grünen Pforte* ist für unsere großen und kleinen Gäste bis 19 Uhr geöffnet. Kahnfahrten durch das Flusslabyrinth im verwunschenen Hochwald ab 6 Euro«, hieß es auf der Website. Fiona sah auf die Uhr. Inzwischen war es halb vier, ihr bliebe noch ausreichend Zeit, um sich vor Ort ein wenig umzusehen.

❊ ❊ ❊

(In Berlin)

Frauke Behrendt würgte den dunkelblauen Passat in der Parklücke unmittelbar vor dem Seniorenstift Bernhof ab. Noch so eine Sache, die Piet Karstens besser konnte, dachte sie, redete sich jedoch partout ein, alles richtig gemacht zu haben. Sie stieg aus dem Wagen und lief auf das große Sandsteingebäude auf der anderen Straßenseite zu. Dicht hinter ihr die beiden älteren Kollegen, die ihren Streifenwagen vor dem Spielplatz geparkt hatten. Im Foyer des Seniorenstifts schlug Behrendt der Geruch von alten Leuten entgegen.

»Frauke Behrendt, LKA«, wies sie sich an der Pforte aus und erkundigte sich nach Fritz Brommers Zimmernummer.

Der dickliche Pförtner inspizierte Behrendts Dienstmarke, als kenne er so etwas nur aus dem Fernsehen. »Was hat unser Herr Brommer denn ausgefressen?«, erkundigte er sich neugierig.

Ohne zu antworten, steckte Behrendt ihre Marke ein.

Zu dritt folgten sie schließlich einem großzügigen, holzverkleideten Gang durch das Erdgeschoss. Ohrensessel in jeder Ecke. Vasen mit Trockenblumen neben rollstuhlgerechten Zimmertüren. An den Wänden abstrakte Fotografien, wie man sie aus Zahnarztpraxen kennt. Energisch klopfte Behrendt an die Tür mit der goldenen Achtzehn.

»Herr Brommer, hier ist Frauke Behrendt, LKA, öffnen Sie bitte die Tür.«

Sie hörte Schritte im Zimmer.

»Herr Brommer, machen Sie auf!« Behrendt klopfte erneut, während sich ihre Kollegen mit gezogener Waffe neben der Tür in Position brachten.

Fritz Brommer öffnete in einem karierten Pyjama. Das Zimmer dahinter lag vollständig im Dunkeln. »Sie schon wieder! Großer Gott, was ist denn los? Kann man denn hier nicht mal in Ruhe seinen Mittagschlaf machen?«, gähnte er und blinzelte die Beamten mit schläfrigen Augen an.

»Fritz Brommer, Sie stehen unter dringendem Verdacht, Luna García und vier weitere Kinder entführt zu haben, und sind vorläufig festgenommen. Ich muss Sie bitten, mitzukommen.«

»Was sagen Sie da?« Brommer zog die Brauen zusammen. »Das ist doch … Was erlauben Sie sich! Ich bin unschuldig!«

Brommer wich zurück und wollte Behrendt gerade die Tür vor der Nase zuschlagen, als einer der Polizisten diese mit seinem Fuß stoppte.

Der alte Mann schnaufte. »Wie oft denn noch? Ich habe längst gesagt, was ich weiß!«

»Lassen Sie die Spielchen!«, fauchte Behrendt. »Wir wissen, dass Sie im Zoo waren, als Luna García verschwand.«

Das Gesicht des alten Mannes wirkte mit einem Mal aschfahl. Er schob das Kinn vor und sah Behrendt an. »Das macht mich noch lange nicht zum Kindermörder!«

»Das können Sie gerne morgen dem Untersuchungsrichter erzählen.« Behrendt stakste in sein Zimmer und zog die schweren Vorhänge beiseite, so dass das hereinfallende Sonnenlicht den Raum erhellte. Das Zimmer hatte zwar einen direkten Zugang zu einer gepflegten Gartenanlage, war jedoch wesentlich kleiner und einfacher eingerichtet, als Behrendt erwartet hatte. »Sie haben drei Minuten, um Ihre Sachen zu packen.«

Unwirsch betrachtete Fritz Brommer die Polizistin. Dann bedeutete er ihr mit einem Blick zur Tür, draußen zu warten. »Oder wollen Sie vielleicht noch zuschauen, wie sich ein alter Mann umzieht?«

Missmutig verließ Behrendt das Zimmer und nahm auf einem Sessel auf dem Gang Platz. Erst jetzt bemerkte sie die weißhaarige, vermutlich hundertjährige Frau im Nachthemd, die sie die ganze Zeit über aus der gegenüberliegenden Tür beobachtet hatte.

»Hier gibt's nichts zu sehen!«, schnauzte Behrendt und blickte abwechselnd von ihrer Armbanduhr zu Brommers Tür. Mit ungutem Gefühl erhob sie sich und klopfte. »Brommer, wird's bald?«

Es kam keine Antwort.

»Bommer?«

Energisch schlug Behrendt die Tür auf. Brommers leere Reisetasche lag auf dem Bett. Die Tür zum Garten stand offen. Von Brommer selbst fehlte jede Spur.

»Shit!« Behrendt sprintete mit ihren Kollegen Richtung Garten und riss den Kopf von links nach rechts. Brommer war weg.

»Das darf doch nicht wahr sein! So eine Scheiße!« Sie schlug ihre Hände über dem Kopf zusammen und trat wütend gegen einen Mülleimer.

❊ ❊ ❊

(In Berlin-Mitte)

Mit Unbehagen betrat Fiona die Tiefgarage. Als sie die Kreidemarkierung sah, die die Spurensicherung um Adrians Leichnam auf dem Boden gezeichnet hatte, hörte sie den Schuss noch einmal durch das Untergeschoss dröhnen. Sie stieg in den Wagen. Im Seitenfach lagen Adrians CDs, sein karierter Schal auf der Rückbank, seine Kaugummis in der Mittelkonsole. Als Fiona den Jaguar startete, sprang der Player an und der Singsang eines Berliner Gangsta-Rappers dröhnte aus den Boxen. Fiona lachte bitter. Hatten Adrian und sie eigentlich noch irgendetwas gemein gehabt, das über den Schmerz von Sophies Verlust hinausgegangen war? Fiona schaltete die Musik ab.

Als sie die Adresse des Ausflugslokals in das Navigationssystem eintippte, wurde angezeigt, dass die Route bereits gespeichert und vierzehnmal gefahren worden war. Natürlich, dachte Fiona und kam sich einmal mehr wie ein Idiot vor. Sie lenkte den Jaguar aus der Tiefgarage und ließ sich von der monotonen Stimme des Navis in den Spreewald lotsen.

Nach einer knappen Stunde fuhr Fiona von der Autobahn ab und folgte dem Streckenverlauf durch das urwüchsige Naturreservat, bevor sie in einen Schotterweg einbog und zwischen VW-Bussen, Kombis und unzähligen Motorrädern vor der *Grünen Pforte* parkte. Um Viertel vor fünf war der Biergarten noch immer so überfüllt, dass Fiona mit einem Fensterplatz im Innern des rustikalen Gasthauses vorliebnehmen musste. Schlager dudelten aus den Boxen, und es roch nach frisch gebrühtem Kaffee.

Mehr der Form halber bestellte sie bei der Bedienung, einer fülligen älteren Frau mit Schultertuch und Spitzenschürze, einen Kaffee und ein Stück hausgemachten Apfelkuchen, wenngleich ihr beim Anblick der fröhlichen Familien um sie herum auf einmal jeglicher Appetit vergangen war. Vielleicht war es doch keine so gute Idee, hierherzukommen, dachte Fiona. An jedem der Tische sah sie Sophie sitzen, die gelangweilt mit ihrem Essen spielte, während Adrian und Theresa vor aller Augen ungeniert herumturtelten.

Sie müssen ausgesehen haben wie eine nette kleine Familie. Fiona wollte sich gar nicht erst ausmalen, was sich in Sophies Gegenwart noch alles zwischen Theresa und Adrian abgespielt haben mochte.

Eine junge Kellnerin, ebenfalls in sorbischer Tracht, brachte den Kaffee.

»Entschuldigung, haben Sie vielleicht schon mal dieses Mädchen hier gesehen?«, fragte Fiona und zog ein Foto von Sophie aus ihrer Tasche.

»Nein, tut mir leid«, entgegnete die Kellnerin kopfschüttelnd und wandte sich wieder ab.

»Moment noch, sind Sie sich wirklich ganz sicher?«

Noch einmal drehte sich die junge Frau um und betrachtete das Foto. Dieses Mal etwas länger.

Fiona setzte ein höfliches Lächeln auf. »Ist zwar schon eine Weile her, aber hier hat sie ihren Kuchen immer am liebsten gegessen«, log sie.

Erneut schüttelte die junge Frau den Kopf. »Das mag ja sein. Aber haben Sie sich mal umgeschaut, wie viele Kinder hier jeden Tag ein und aus gehen? Andererseits«, murmelte die Kellnerin auf einmal nachdenklich, während sie wieder auf das Foto blickte. »Jetzt, wo Sie's sagen. Die blonden Korkenzieherlocken, die hellen Augen … Wenn ich mich recht erinnere, war immer so ein großer Dunkelhaariger mit ihr hier und so 'ne Rothaarige.« Sie blickte Fiona mit einem Mal skeptisch an. »Wieso? Sind Sie von der Polizei oder so?«

»Weshalb sollte ich von der Polizei sein?«

Die junge Frau antwortete nicht und sah sich stattdessen beunruhigt nach ihren Kolleginnen um.

»Ich bin die Mutter des Mädchens«, erklärte Fiona knapp, »sie heißt Sophie und wurde vor zwei Jahren entführt.«

»Um Himmels willen«, flüsterte die Kellnerin und hielt sich die Wange, als habe sie Zahnschmerzen.

»Das ist ja schrecklich«, meinte sie nach einem kurzen Schweigen. Die Bestürzung in ihrer Stimme klang ehrlich.

Die Mundwinkel der Kellnerin zuckten unmerklich, als sich ihr schüchterner Blick mit dem ihrer füllligen Kollegin an der Kuchentheke kreuzte.

»Mensch, Barbara, so werden wir hier nie fertig.

Hopp, hopp, du wirst an Tisch sieben gebraucht!«, befahl die Dickliche und stellte im Vorbeigehen den Apfelkuchen auf Fionas Tisch ab.

»Komme ja schon«, murrte die junge Frau und musterte Fiona noch einmal eindringlich, bevor sie zwischen den umliegenden Tischen verschwand.

Fiona nippte an ihrer Kaffeetasse, bemüht, ihre Anspannung zu verbergen. Sie ließ die junge Kellnerin, die jetzt am Nachbartisch abkassierte, keine Sekunde aus den Augen, bis ein kräftiger Mann in einem schlammgrauen Overall ihre Aufmerksamkeit auf sich zog, der humpelnd das Lokal betrat. Seine Augen strahlten nichts als Kälte aus. In seiner Rechten hielt er einen Eimer mit Flieder und anderen Sträuchern, die er gegen die verdorrten Blumen von der Theke tauschte. Beiläufig stocherte Fiona in ihrem Kuchen und fragte sich, woher sie diesen Mann kannte. Dann bemerkte sie plötzlich, dass die junge Kellnerin sie verstört ansah, bevor sie mit dem Kopf unauffällig zu dem Mann an der Theke deutete und sich rasch abwandte. Momente später verließ der Mann das Lokal Richtung Parkplatz. Fiona reckte ihren Hals und spähte neugierig durch das Fenster. Sie sah, wie der Mann den Eimer zwischen allerlei Gartenwerkzeug und Säcken mit Blumenerde auf der Ladefläche seines weißen Lieferwagens deponierte. Als er die Hecktüren schloss, erbot sich ein Anblick, der ihr den Atem stocken ließ: An der linken

Tür haftete ein roter Ein-Herz-für-Kinder-Aufkleber. Das Nummernschild war schlammverdreckt und unmöglich zu entziffern.

Unzählige Gedanken jagten Fiona durch den Kopf. Womöglich gab es im gesamten Land Tausende weißer Lieferwagen mit solch einem Aufkleber. Entweder war sie jetzt vollkommen hysterisch geworden – oder dies war tatsächlich der gesuchte Lieferwagen. Fiona klopfte das Herz bis zum Hals.

»Zahlen bitte!«, rief sie der nächstbesten Kellnerin zu. Und noch ehe jemand reagierte, warf sie ein paar Münzen auf den Tisch und hastete hinaus zu ihrem Wagen.

Keine halbe Minute später startete sie den Jaguar und folgte dem Lieferwagen in sicherer Entfernung.

Der Wagen beschleunigte, und Fiona hatte Mühe, ihm auf der schlaglöchrigen Straße zu folgen. Sie sah die Tachonadel kontinuierlich nach oben klettern, während sie durch kleinere Ortschaften rasten, in denen höchstens fünfzig erlaubt war. Es verstrichen weitere zehn Minuten, bevor der Lieferwagen in einen verwucherten Feldweg einbog, der geradewegs in ein Waldgebiet führte. Mit jedem Meter, den Fiona dem Fahrzeug tiefer in den Forst folgte, wuchs das Unbehagen in ihrem Bauch. Alles um sie herum schien plötzlich wie ausgestorben und erschreckend düster, als schirmte eine Mauer aus haushohen Bäumen jegliches Sonnenlicht ab.

Fiona dachte daran, Piet Karstens anzurufen, hatte jedoch alle Hände voll zu tun, den Jaguar über den holprigen und zunehmend schlammigen Untergrund zu lenken. Zudem erschwerte der dichter werdende Nebel die Sicht.

Ehe Fiona sich's versah, endete ihre Fahrt an einem gewaltigen Sumpfgebiet. Sie schaltete das Fernlicht ein und beugte sich nach vorne, um nach dem Lieferwagen Ausschau zu halten. Doch der schien wie vom Erdboden verschluckt. Sie ließ das Fenster herunter und atmete die frische Luft in tiefen Zügen ein.

Mein Gott, dieser Wagen kann sich doch nicht einfach in Luft aufgelöst haben.

Fiona legte den Rückwärtsgang ein, aber die Reifen drehten im Schlamm durch. Sie versuchte es erneut, die Reifen gruben sich jedoch nur immer tiefer ein. »So ein Mist! Das kann doch alles nicht wahr sein!« Wütend trommelte sie auf das Lenkrad. Dann bückte sie sich nach ihrem Handy in der Handtasche und tippte in der Wiederwahlliste auf Piet Karstens' Nummer. Doch eine Verbindung wurde nicht hergestellt. Und ein Blick auf das Display bestätigte, was Fiona längst befürchtet hatte: Dieser gottverlassene Wald war ein einziges Funkloch. Den Anruf beim Abschleppdienst konnte sie sich demnach ebenfalls schenken. *Das fehlte gerade noch ...*

Sie zog eine Brandenburgkarte aus dem Handschuhfach und versuchte, sich anhand der eingezeichneten Wanderwege und Wasserstraßen zu orientieren. Schließlich begriff sie, dass sie es keinesfalls zu Fuß ins nächstgelegene Dorf schaffen würde, und faltete, nein knüllte die Karte wütend zusammen, als plötzlich etwas an ihrem Fenster vorbeihuschte. Fiona riss den Kopf zur Seite und schrak vom Fenster zurück.

Was zum Teufel war das?

Ihr Puls raste, als sie sich abermals umblickte. Bestimmt hatte sie sich getäuscht.

Und jetzt? Was jetzt, Frau Seeberg?

Für einen Augenblick überlegte sie, was ihre Romanheldin nun tun würde, kam jedoch zu dem Entschluss, dass diese sich gar nicht erst in solch eine beschissene Situation gebracht hätte. Denn hier draußen war absolut niemand, keine Menschenseele.

Zumindest dachte Fiona das. Die Gestalt, die sich ihr jetzt humpelnd aus den Büschen näherte, bemerkte sie nicht.

Noch nicht.

※ ※ ※

(In Berlin)

Mit quietschenden Sohlen jagte Rolf Jobst einem Squashball hinterher und schlug ihn mit voller Wucht zurück an die Wand. Nochmals und noch einmal. Dann sprang der Ball ins Aus.

»Rolf Jobst, so sieht man sich wieder«, sagte Piet Karstens, der den Ball hinter ihm abgefangen hatte und jetzt mit einem Lächeln auf Rolf zukam, das nichts Gutes zu bedeuten hatte.

Rolf wischte sich mit dem Handrücken über die nasse Stirn und stützte sich keuchend auf seinen Knien ab. Sein verschwitztes T-Shirt klebte an seiner Brust. Er brauchte einen Moment, ehe er erkannte, wen er da vor sich hatte.

»Sieh einer an, Kommissar Piet Karstens. Was verschafft mir die Ehre?«

Er richtete sich schwer atmend auf und umfasste den Griff seines Schlägers mit beiden Händen. »Wenn ich mich recht erinnere, haben wir uns das letzte Mal vor Gericht getroffen. Tja, ist ganz schön dumm für Sie gelaufen, was?«

Zornig warf Karstens den Ball von sich und trat auf Rolf zu. »Na, wie war das damals, sich an den kleinen Kindern in der Praxis zu vergehen? Hat's Spaß gemacht, hä?«

»Wie oft denn noch – ich habe kein Kind angerührt, niemals!«, verteidigte sich Rolf.

»Ts … ja, ja, reden Sie nur«, sagte Karstens, entriss ihm den Schläger und schleuderte diesen wütend in die Ecke. »Rein zufällig habe ich davon erfahren, dass Sie eng mit Fiona Seebergs Lebensgefährten befreundet waren … die kleine Sophie haben Sie also auch in Ihrer Praxis ›behandelt‹, nicht wahr?«

Er schubste Rolf, so dass dieser nach hinten taumelte und beinahe zu Boden ging.

»Sie machen einen gewaltigen Fehler, Karstens!«

»Ja klar«, lachte Piet Karstens abfällig, »und als Nächstes wollen Sie mir noch weismachen, Sie hätten auch mit dem Verschwinden von Sophie nichts zu tun, was?«

Ein Handy klingelte.

Karstens ließ widerwillig von Rolf ab. Dann trat er ein paar Schritte zurück und nahm das Gespräch an, ohne Rolf auch nur für den Bruchteil einer Sekunde aus den Augen zu lassen.

»Kikki, was gibt's?«

»Wir haben ihn – es ist Fritz Brommer! Entgegen seiner Aussage hat ihn Behrendt eindeutig auf den Überwachungsbändern des Berliner Zoos identifiziert. Er war da, als Luna verschwand«, teilte sie ihm aufgeregt mit.

Nachdenklich schwieg Karstens in sich hinein. »Ich nehme an, sie hat ihn gleich festgenommen?«, fragte er dann.

»Ja, das heißt nein. Du weißt es nicht von mir, aber: Als Frauke ihn verhaften wollte, ist Brommer getürmt und ist seitdem flüchtig.«

»Das glaube ich jetzt nicht!«, brach es aus Karstens heraus, obgleich er eine gewisse Schadenfreude über Behrendts Scheitern nicht leugnen konnte.

Er hörte Kikki seufzen. »Frauke ist bereits mit einem Sondereinsatzkommando auf dem Weg in den Spreewald. Brommer hat dort wohl einen Ferienbungalow, und sie geht davon aus, dass er sich dort aufhält.«

»Okay, danke.«

»Moment, Piet, das ist noch nicht alles«, tönte es aus der Leitung. »Fiona Seeberg ist soeben an der Ortseinfahrt von Lübbenau geblitzt worden – das ist ganz in der Nähe von Brommers Bungalow.«

»Was? Aber was hat die denn da zu suchen?«, dachte Karstens laut.

»Ich hab keine Ahnung, Piet. Aber nach der Aktion mit der geklauten Waffe trau ich dieser Frau alles zu.«

»War auf dem Radarfoto sonst noch jemand zu erkennen?«

»Nein, nur die Seeberg. Die ist mit fast hundert Sachen durch die Ortschaft gebrettert. Sieht aus, als hätte sie's ziemlich eilig gehabt.«

Karstens runzelte die Stirn. »Nach einer Spazierfahrt klingt das jedenfalls nicht gerade.«

»Nein, aber, Piet: Wenn ich du wäre und meine Dienstmarke jemals wiederhaben wollte, würde ich mich da an deiner Stelle besser nicht blicken lassen«, sagte sie, obwohl sie wusste, dass er sich ohnehin nicht an ihren Rat halten würde.

»Danke, Kikki. Hast was gut bei mir«, meinte Karstens und steckte sein Handy wieder ein. Und mit einem warnenden Fingerzeig zu Rolf, der ihn noch immer entsetzt anstarrte, sagte er: »Sollte ich Sie noch einmal auch nur in der Nähe eines Kindes sehen, mach ich Sie fertig!« Dann verließ er überhastet den Squashcourt, während Rolf ihm hinterherbrüllte: »Wenn Sie glauben, Sie könnten Ihre Unzufriedenheit über Ihr eigenes Versagen an mir auslassen, haben Sie sich gewaltig geschnitten! Ist doch nicht meine Schuld, dass Sie diese Kinder immer noch nicht gefunden haben! Und eins sage ich Ihnen: Das hier wird Ihnen noch verdammt leidtun!«

Wütend stieg Piet Karstens zurück in seinen Wagen. Dank Frauke Behrendt war er nicht nur seiner Waffe und seiner Polizeimarke, sondern auch seines Dienstwagens beraubt worden und hatte notgedrungen seinen uralten silbernen Golf wieder zum Leben erweckt. Die Fahrt in den Spreewald konnte schnell in einem heimtückischen Labyrinth aus Auen- und Moorlandschaft enden, dennoch hatte er keine Wahl. Er drückte das Gaspedal bis zum Anschlag durch und jagte sämtlichen Tempolimits zum Trotz über die Autobahnen und Landstraßen. Laut Kikki sollte er eine gute

Stunde bis zu Brommers Bungalow benötigen, er aber wollte es in einer halben schaffen. Wollte sich keinesfalls noch einmal vorwerfen müssen, die entscheidenden Minuten zu spät gekommen zu sein, wie bei seinem Einsatz damals mit Pauline. Dieses Mal würde er nicht mit einem Abschiedsgruß auf einem Grabstein vorliebnehmen.

❋ ❋ ❋

(Im Spreewald)

Dank Kikkis präziser Beschreibung, die sie ihm noch durchgegeben hatte, und der Tatsache, dass Behrendt ganze Streckenabschnitte hatte sperren lassen, brauchte Karstens lediglich den Straßenbarrikaden im Spreewald zu folgen. Er konnte von Glück reden, dass ihm sein Ruf vorausgeeilt war, selbst der unerfahrenste Polizist seinen Namen kannte und ihn reibungslos ohne Marke passieren ließ. Von ferne sah er die Einsatzwagen des SEK. Karstens wusste: Mit diesen bis auf die Zähne bewaffneten Jungs war nicht zu spaßen. Wenn es sein musste, schossen sie auf alles, was sich bewegte. Er parkte seinen alten Golf hinter der Polizeiabsperrung am Rande einer Böschung und sah sich nach Fionas schwarzem Jaguar um.

Wer oder was sie auch immer in den Spreewald

geführt hatte, hier war sie jedenfalls nicht, stellte er fest und schnippte eine Stechmücke von seinem Arm, da hörte er plötzlich einen Schuss.

Was zum Henker?

Karstens kämpfte sich durch das sumpfige Gestrüpp zum Bungalow. Noch ehe er Brommers gelb gestrichenen Bungalow erreichte, lief ihm zu seiner Überraschung Hannes Jäger, der zwei Meter große Riese der Lübbenauer Polizei, in die Arme. Gefolgt von einer Handvoll GSG-9-Beamten.

»Die Party ist vorbei! Der Bungalow wurde gestürmt«, berichtete Jäger, klang jedoch alles andere als erleichtert.

»Was denn? Was ist passiert?«, erkundigte sich Karstens, als von der Straße her die Sirenen mehrerer Krankenwagen ertönten.

»Das fragen Sie mal besser Ihre Kollegin. Die wird sowieso einiges erklären müssen. Und diese Kinder, nach denen Sie suchen«, sagte Jäger mit einer wegwerfenden Handbewegung, »in der Bude da hinten sind sie jedenfalls nicht. Die ganze Aktion war ein Schlag ins Wasser!«

Karstens musterte ihn kurz, dann folgte er einer Horde Sanitäter im Laufschritt zum Bungalow. Unweit dahinter entdeckte er Fritz Brommer. Der alte Mann krümmte sich schmerzverzerrt auf der Wiese. Jede Menge Blut quoll ihm über die faltigen Hände.

»Vorsicht mit der Wirbelsäule«, meinte einer der Sanitäter, als sie Brommer auf eine Trage hievten.

»Piet, was machst du denn hier?«, tönte es hinter Karstens.

Die Stimme gehörte Frauke Behrendt.

»Das sollte ich wohl eher dich fragen«, gab Karstens zurück, blickte verärgert auf den stark blutenden Mann und hob seinen Blick zu Behrendt.

»Ich, ich konnte nichts dafür, Brommer war nicht im Bungalow – er kam da aus dem Hinterhalt!«, stammelte sie hilflos und zeigte auf das angrenzende Waldstück. »Mein Gott, ich dachte, er hätte eine Pistole in der Hand – ich dachte, er würde schießen!«, brachte sie zu ihrer Verteidigung hervor. Ihre Hände zitterten, als sie sich an die Stirn griff. »Ich konnte doch aus der Entfernung gar nicht erkennen, dass dieses Ding da keine Waffe war«, sagte sie und deutete auf die Mückenspraydose, die neben Brommer im Gras lag.

»Du hast auf ihn geschossen, weil er ein Mückenspray in der Hand hatte?«

»Verdammt, Piet, woher hätte ich das denn wissen sollen? Außerdem hat der sich von hinten an mich rangeschlichen!«, jammerte Behrendt weiter. Ihre Augen waren gerötet und gläsern vor Wut und Enttäuschung.

»Rangeschlichen, so ein Quatsch!«, ächzte Brommer unter Schmerzen von der Trage, während die Sanitäter noch immer damit beschäftigt waren, seine Blutungen zu stoppen. Hasserfüllt blickte er Behrendt an. »Sie allein sind schuld, wenn ich für den Rest meiner Tage an den Rollstuhl gefesselt bin!« Dann richtete er seinen Blick auf Karstens. »Da sehen Sie, was Ihre unfähige Kollegin angerichtet hat! Die kann nicht mal 'ne Pistole von 'nem Mückenspray unterscheiden! Einfach abgeknallt hat die mich! Aber das wird noch Folgen haben, verlassen Sie sich drauf – und wenn es das Letzte ist, was ich tue!«

Behrendt hatte sichtlich Mühe, nicht aus der Haut zu fahren. »Der Mann hat mich absichtlich getäuscht, um mich zu provozieren«, erklärte sie, als lege sie sich bereits ihre Rechtfertigungen gegenüber dem Dezernatsleiter zurecht.

Unschlüssig runzelte Karstens die Stirn.

»Piet, ich wollte nicht, dass das hier passiert – genauso wenig wie ich wollte, dass du vorübergehend suspendiert wirst. Es tut mir wirklich leid, ich konnte ja nicht ahnen, dass Schelling gleich so heftig reagieren würde, das musst du mir glauben.«

»Ja, sicher«, entgegnete er. Ihre nachträglichen Beteuerungen konnte sie sich sparen, dachte er, während Brommer davongetragen wurde – und mit ihm eine der wenigen heißen Spuren. »Was, wenn er uns die Sache mit dem Zoo nur aus Angst verschwiegen hat, weil er bereits verdächtigt wurde?«, murmelte Karstens.

Behrendt verzog das Gesicht. »Klar, dann war

es wohl reiner Zufall, dass er ausgerechnet an dem Nachmittag im Zoo war, an dem Luna verschwand. Nee, niemals«, antwortete sie und sah Karstens skeptisch von der Seite an. »Piet, du glaubst dem doch nicht etwa? Der lügt doch wie gedruckt!«

Karstens antwortete nicht und ließ seinen Blick über die umliegenden Wälder schweifen.

Was, wenn Brommer tatsächlich die Wahrheit sagte? Was, wenn sie die ganze Zeit einer falschen Spur gefolgt waren? Womöglich hatte der Täter sie absichtlich auf eine falsche Fährte locken wollen. Und wer sagt überhaupt, dass es nur ein Täter war? Fakt ist, dass sie von Anfang an nur von einem Täter ausgegangen waren – ein weiterer Fehler?

Karstens wusste es nicht. Sehr wohl wusste er jedoch, dass Fiona Seeberg nicht ohne Grund hier rausgefahren und mit neunzig Stundenkilometern durch die Ortschaft gerast war.

»Soll ich dich mit zurücknehmen?«, bot Behrendt an. »Die Klimaanlage im Passat funktioniert wieder.«

»Nein danke, ich komm schon zurecht.«

»Kann ich sonst noch irgendwas für dich tun?«, hörte er Behrendts schlechtes Gewissen fragen.

Karstens rieb sich das Kinn. »Hast du Fiona Seeberg gesehen?«

»Die Seeberg?«, wiederholte Behrendt mit einem Anflug von Entsetzen und antwortete mit einem entschiedenen Kopfschütteln. »Warum?«

Karstens tat ihre Frage mit einem Schulterzucken ab und nickte Richtung Bungalow. »Was dagegen, wenn ich mich dort noch mal umsehe?«

Behrendt verneinte.

Ein kurzer Blick genügte Piet Karstens jedoch, um die Aussage von Hannes Jäger zu unterstreichen: Nichts in dieser Hütte schien auf ein Verbrechen, geschweige denn auf die entführten Kinder hinzudeuten. Seufzend rieb sich Karstens den angespannten Nacken, während er sich zwischen den Leuten von der Spurensicherung noch einmal umschaute. Ein alter Gaskocher. Eine Angel. Bücherregale voll Karl May. Auf einem Klappstuhl lag eine Bibel. Eine Couch diente als Schlafsofa. Der perfekte Rückzugsort, dachte Karstens und spähte erneut hinaus in den Wald. Er musste an Anne Lemper denken, die junge Frau, die vorletzte Woche nicht weit von hier tot aus dem Wasser geborgen wurde. Und an das Kreuz, das ihr in den Bauch geritzt worden war. Umso mehr beunruhigte es ihn, dass Fiona da draußen irgendwo im Nirgendwo war und er sie auf ihrem Handy nicht erreichte. Er musste sie finden, ehe die Dunkelheit hereinbrechen würde, und wenn er das gesamte Biospährenreservat nach ihr durchkämmte.

Er lief zurück zu seinem Wagen. »Wann geht hier die Sonne unter?«, fragte er Hannes Jäger, der an der offenen Tür seines Einsatzwagens lehnte und eine Zigarette rauchte.

»So gegen kurz vor zehn«, meinte Jäger, blies den Rauch aus und bot Karstens eine Zigarette an, die er augenblicklich nur zu gut vertragen konnte.

»Also in ungefähr drei Stunden«, vergewisserte sich Karstens mit einem Blick auf die Uhr, als ein Funkspruch aus dem Einsatzwagen drang, in dem von einem Jaguar die Rede war, der in der Nähe des Rohrkanals im Moor stecken geblieben war.

»*Ein Jaguar?*«

Jäger seufzte. »Ach, nee, nicht schon wieder … das fehlte jetzt noch kurz vor Feierabend. Diese dämlichen – Verzeihung –, diese Touristen lernen es aber auch nie. Da wird in jedem Reiseführer gepredigt, dass …«

»Moment, ich will sofort wissen, welche Farbe der Wagen hat!«, unterbrach ihn Karstens.

Jäger rollte mit den Augen, bückte sich aber schließlich nach dem Funkgerät und gab Karstens' Frage weiter.

»Schwarz«, sagte Jäger kurz darauf und zog gemächlich an seiner Zigarette.

»Ich weiß, wem der Wagen gehört, ich komme mit! Los, ich fahre Ihnen hinterher!«, rief Karstens und sprang in seinen Golf.

Jäger stöhnte verärgert und schnickte die Zigarette weg. Dann stieg er in seinen Wagen, wendete und fuhr voraus.

Eine Viertelstunde später erreichten sie das Sumpf-gebiet. Der Abschleppdienst war bereits vor Ort. Karstens rannte zu dem schwarzen Jaguar. Er trug das amtliche Kennzeichen B – FS 374. Fionas Wagen. Von ihr selbst fehlte jedoch jede Spur.

Hannes Jäger stützte die Hände in seine runde Hüfte. »Typisch Frau, ein Jaguar ist doch kein Ge-ländewagen.«

»Wir müssen sie suchen!«, sagte Karstens ent-schlossen.

»Warum? Nur weil die mit ihrer schicken Karre im Moor stecken geblieben ist?« Jäger lachte. »Mein lieber Kollege, wenn wir hier jedes Mal, wenn eine Touristin mit ihrem Wagen irgendwo festhängt, eine Suchaktion starten würden, hätten wir wohl sieben Tage die Woche nichts anderes zu tun.«

»Sie ist aber keine Touristin.«

Jäger schielte auf das Nummernschild, wäh-rend der Wagen mit einem Stahlseil auf die Rampe des Abschleppwagens gezogen wurde. »Eine Ein-heimische ist sie jedenfalls nicht«, sagte er und schüttelte entschieden den Kopf. »Nee, ohne mich, Karstens. Ich hab Feierabend und außerdem gleich 'ne Verabredung auf dem Schützenfest – und ich werd meine Süße bestimmt nicht warten lassen.«

»Tun Sie, was Sie nicht lassen können, aber ich gehe hier nicht eher weg, bis ich sie gefunden habe.«

Seufzend zog Jäger seinen Hosenbund hoch,

kniff die Augen zusammen und ließ seinen Blick über das nebelverschleierte Moor zum Fluss hinüberschweifen.

»Na also, da haben wir's ja«, meinte er und stapfte durch den Matsch auf einen kleinen Anlegeplatz am Wasser zu. »Hier, da sehen Sie's: Der Kahn da in der Mitte fehlt. Offenbar wusste sich die Dame schon selbst zu helfen.«

Grübelnd schob Karstens seinen Unterkiefer zur Seite und begutachtete die Abdrücke der Schuhe, die neben den Reifenspuren des Jaguars zum Wasser führten. »Das hier sind eindeutig die Schuhe eines Mannes, Fiona hat niemals so große Füße!«

Jäger schmunzelte, dann entwich ihm ein breites Grinsen. »Ach, so ist das. Jetzt verstehe ich, worum es Ihnen geht. Sie sind eifersüchtig. Die hat 'nen anderen, was?«

»Ach, Sie verstehen überhaupt nichts!«, regte Karstens sich auf. Mit einem Satz sprang er in einen der Kähne, die wie Nussschalen auf dem trüben Gewässer schwammen.

»Sie wollen sie also tatsächlich suchen«, murmelte Jäger und schien mit einem Mal seltsam besorgt. »Sie wissen aber schon, dass es bald dunkel wird – und dann kann's hier draußen ganz schön ungemütlich werden … Und wenn Sie Pech haben, gibt's heute sogar noch ein Wärmegewitter, angekündigt war es jedenfalls.«

Schweigend machte Karstens den Kahn los.

Jäger räusperte sich. »Na schön, wie Sie wollen, aber eins versprechen Sie mir: Sobald Sie sie gefunden haben, rufen Sie mich an. Verstanden?«

»Ja, versprochen!«, rief Piet Karstens. Lautlos ruderte er davon, und als er sich umdrehte, sah er Hannes Jäger am Ufer immer kleiner werden.

❀ ❀ ❀

»Los, Schlampe! Mach die Augen auf!«

Fiona schreckte auf, als ein Eimer kaltes Wasser über ihr ausgeschüttet wurde. An ein Heizungsrohr gefesselt, fand sie sich auf dem Erdboden eines stickigen, fensterlosen Raums wieder. Ein Keller, vermutete Fiona und hatte keinen Schimmer, wie lange sie schon bewusstlos gewesen und hier unten gelegen hatte. Vor ihr stand der Mann, dem sie aus dem Café gefolgt war. Der Mann, der sich im Moor an ihren Wagen herangepirscht, ihre Fahrertür aufgerissen, sie vom Sitz gezerrt und mit einem Spaten niedergeschlagen hatte, wie ihr die pochende Platzwunde an der linken Schläfe schmerzlich in Erinnerung rief.

Dem Lieferwagen nach musste er es gewesen sein, der ihr kleines Mädchen und all die anderen Kinder entführt hatte. Fiona wollte schreien, doch es war ihr unmöglich, die Lippen zu öffnen, da ein breiter Klebebandstreifen ihren Mund verschloss.

Hier also hat er Sophie hingebracht.

Sie starrte in eine halb zertrümmerte Kammer. Ein alter Campingtisch. Darauf stand ein Glas. Mit rostigen Rasierklingen.

Oh Gott. War es da auf dem Tisch gewesen? Hat er sie dort etwa umgebracht?

»Noch so 'ne Schnüfflerin, was?«, raunte der Mann plötzlich.

Fiona schaute ihn ängstlich an. Schlagartig begann sie zu zittern.

Der Mann schob seinen Overall bis zur Hüfte herunter, so dass darunter sein schmutziges Unterhemd zum Vorschein kam. Er schwitzte am ganzen Leib.

»Da muss wohl irgendwo ein Nest von deiner Sorte sein«, sagte er und schnitt eine schadenfrohe Grimasse. »Nicht dass das jetzt noch wichtig wäre, aber für den Fall, dass du auch nach diesen kleinen Quälgeistern suchst, bist du bei mir an der falschen Adresse, Schätzchen.«

Sein rechtes Auge zuckte nervös, und von dem einen auf den anderen Moment wich das niederträchtige Lachen des Mannes einer fast unschuldigen Miene.

»Ich hab sie nie angerührt, nie.« Das Zucken am Auge wurde stärker. »Nein, Finger weg, böser Junge, nicht anfassen. Nicht anfassen! Nicht!«, ermahnte er sich selbst, als führe er ein innerliches Zwiegespräch.

Zum Teufel, mit wem redet er da?, dachte Fiona verwundert.

Im nächsten Moment humpelte er auf die andere Seite der Kammer zu, von der aus er ein grelles Licht und eine Videokamera auf Fiona richtete. Sie hielt den Atem an, als sie sah, wie er ein Glas Rasierklingen in seiner Hand ausschüttete und direkt auf sie zukam.

»Na, gefallen die dir?«, sagte er plötzlich wieder mit der Strenge eines erwachsenen Mannes.

Fiona schrak zurück, als er mit einer rostigen Klinge vor ihrer Nase herumfuchtelte.

»Was glaubst du wohl, was ich damit vorhabe?«

Fiona atmete stoßweise durch die Nase und presste ihren Rücken, so fest sie konnte, an die Wand.

»Jaaah, sieh mich nur an! Es geht doch nichts über diese herrliche Angst in den Augen!« Er lachte, und seine Augen leuchteten geradezu fanatisch auf, während er Fiona kaum spürbar mit der Klinge über die Wange strich. »So ein hübsches Gesicht – ich hoffe, du hängst nicht allzu sehr an deinem Spiegelbild.«

Du krankes Schwein!

Fionas Augen schnellten durch die Dunkelheit.

Was hast du mit Sophie gemacht? Und wo ist Luna? Ist sie etwa auch hier unten?

Ihrer Kehle entwich ein stummer Schrei. Innerlich hatte sich Fiona bereits darauf eingestellt, in diesem Verlies zu sterben, als sich plötzlich eine Tür zu einer Treppe öffnete.

»Halt!«, schrie jemand.

Hoffnungsvoll richtete Fiona ihren Blick auf die Umrisse der Gestalt in der Tür, deren Stimme ihr vertraut vorkam.

»Guten Abend, Frau Seeberg.«

Fionas Herz setzte einen Schlag lang aus, als sie plötzlich erkannte, wessen Stimme das war.

Nein! Nein, das kann nicht sein! Das darf nicht sein!

Fiona zog es regelrecht den Boden unter den Füßen weg, als sie sah, wer da aus dem Türschatten trat.

❀ ❀ ❀

Die untergehende Abendsonne verglühte langsam hinter den Baumkronen und verwandelte den Spreewald mehr und mehr in eine schauerliche Kulisse. Ein dichter Nebelschleier dämpfte die Geräusche des Waldes, und nur der Flügelschlag eines vorbeiziehenden Reihers war noch zu hören. Piet Karstens hatte mit seinem Kahn bereits an sämtlichen am Wasser gelegenen Gasthäusern und Bauernhöfen haltgemacht und sich nach Fiona erkundigt. Die Antworten waren jedoch stets die gleichen gewesen.

Der aufkommende Wind kündigte das vorausgesagte Wärmegewitter an. Karstens' Zuversicht, Fiona noch irgendwo hier draußen zu finden, schwand mit jedem Paddelschlag. Immer wieder warf er einen prüfenden Blick auf sein Handy, in der Hoffnung, dass sich Fiona noch meldete. Und je weiter er den trüben Fluss entlangruderte, desto mehr sah er die Sendebalken auf seinem Display schwinden, bis sein Handy schließlich gar keinen Empfang mehr hatte.

Eine ganze Weile war er nun schon keiner Menschenseele mehr begegnet, und er dachte für einen Moment daran, umzukehren und seine Suche im Morgengrauen fortzusetzen, als er aus der Ferne eine kleine, am Rande einer Waldlichtung gelegene Bungalowsiedlung bemerkte. In langen Zügen ruderte er darauf zu, schwang die Kette um einen Baumstumpf und betrat mit einem Ausfallschritt das Ufer. Ein schmatzendes Geräusch verriet, dass er mit seinen neuen Lederschuhen knöcheltief im Schlamm stand.

»Mist«, stieß er leise aus und lief auf die Siedlung zu. Alles schien wie ausgestorben, kein Licht brannte in den heruntergekommenen Bungalows, kein Laut war zu hören. Piet Karstens hatte sich schon damit abgefunden, den Weg umsonst gemacht zu haben, als er im Fenster eines abseits gelegenen Bungalows auf einmal ein schwaches Licht entdeckte.

❊ ❊ ❊

Fiona traute ihren Augen nicht. Sie hatte mit allem gerechnet, doch die Tatsache, dass ausgerechnet der Mensch für das Verschwinden ihrer Tochter verantwortlich sein sollte, dem sie ihr kleines Mädchen tagtäglich blind anvertraut hatte, traf sie wie ein gewaltiger Faustschlag ins Gesicht.

»Ich muss zugeben, Frau Seeberg, Sie hatte ich in unserem bescheidenen Heim nun wirklich nicht erwartet«, hörte Fiona die ihr wohlbekannte Stimme sagen.

Vor ihr stand Renate Pohl. Die hilfsbereite, stets so gutmütige Renate Pohl. Warum nur? Warum ausgerechnet Pohl?!, schoss es ihr immer wieder durch den Kopf. Ein kalter Schauer fuhr ihr über den Rücken. Sie musste daran denken, wie sie nach Sophies Entführung Tag ein, Tag aus mit Renate Pohl auf dem Spielplatz gesessen hatte. All das Mitleid, das ihr die Erzieherin entgegengebracht hatte ...

Fiona kam die Galle hoch. Völlig außer sich rüttelte sie an dem Heizungsrohr, versuchte, ihre Hände aus den Fesseln zu befreien und das Klebeband über ihrem Mund irgendwie abzustreifen. Ein erbärmliches und ganz und gar sinnloses Unterfangen.

Renate Pohl betrachtete sie andächtig über den Rand ihrer bunten Nickelbrille, als entscheide sie augenblicklich über Fionas Schicksal. *Über die Art und Weise, wie Fiona sterben sollte.* Auf ihren Lippen lag ein befremdliches Lächeln. Die Person, die jetzt vor Fiona stand, schien rein gar nichts mehr mit der freundlichen Erzieherin gemein zu haben, die sie kannte. Oder von der Fiona bislang gedacht hatte, dass sie sie kannte.

»Oh, wie unhöflich von mir«, erklärte Pohl und winkte den Mann im Unterhemd heran. »Darf ich vorstellen, mein Bruder André.«

Auf einmal wieder schüchtern wie ein Kind, drückte sich der Mann an Pohls Brust und gab ein wohliges Grunzen von sich. Plötzlich wurde ein heftiges Klopfen von oben her laut.

❈ ❈ ❈

Piet Karstens hämmerte erneut gegen die Bungalowtür. Wie aus einem Reflex heraus machte er einen Schritt zurück und griff an seine linke Schulter. Doch da waren weder Holster noch Waffe. Langsam öffnete sich die Tür.

»Kann ich Ihnen helfen?«, fragte ein Mann Ende zwanzig oder Anfang dreißig. Er trug ein Unterhemd und hielt eine Bierdose in der Hand.

»Entschuldigen Sie die späte Störung. Mein Name ist Piet Karstens, Kriminalpolizei, ich bin auf der Suche nach einer Frau, die hier in der Nähe mit ihrem Wagen stecken geblieben ist«, sagte er höflich lächelnd. »Sie ist ungefähr so groß«, erklärte er und hob seine Hand auf Höhe seiner

Schulter. »Ungefähr mein Alter. Etwas jünger vielleicht, und sie hat hellbraune, schulterlange Haare.«

Der Mann musterte ihn kopfschüttelnd. »Hier? Nö, hab niemanden gesehen. Und ehrlich gesagt, verirren sich hierher auch keine Touristen. Die wäre mir garantiert aufgefallen.«

»Hm, sind Sie ganz sicher?«, fragte Karstens noch einmal, während er dem Mann flüchtig über die Schulter spähte. Im Hintergrund lief ein Fernseher.

»Todsicher«, erklärte der Mann.

»Na gut«, sagte Karstens kopfnickend, »hab's mir ja schon fast gedacht. Dann schönen Abend noch«, verabschiedete er sich und wandte sich ab.

»Ihnen auch. Und viel Glück noch bei Ihrer Suche«, meinte der Mann und schloss die Tür.

Leise vor sich hin fluchend, lief Karstens auf seinen Kahn zu, als er unvermittelt innehielt. Als hätte er einen Geist gesehen, drehte er sich noch einmal zum Bungalow um. Aber was er gesehen hatte, war kein Geist – es waren ...

Lilien. Weiße Lilien.

Karstens schlich sich von hinten an den Bungalow.

Großer Gott, das ist ja ein ganzes Beet voller Lilien!

Einmal mehr wünschte er sich seine Dienstwaffe zurück, als sein Blick erneut gefror. Unter einer im Wind flatternden Abdeckplane erspähte er einen weißen Lieferwagen mit einem Ein-Herz-für-Kinder-Aufkleber am Heck.

In Windeseile lief Karstens zurück zum Ufer und machte den Kahn los.

Das zweite Paddel, Herrgott noch mal, wo war das zweite Paddel abgeblieben?

Panisch blickte sich Karstens am Ufer um, als ihn plötzlich ein heftiger Schlag auf den Hinterkopf traf.

❊ ❊ ❊

(In Berlin)

»Ist bei Ihnen alles in Ordnung?«, erkundigte sich ein Ober mit weißem Hemd und Krawatte, während Frauke Behrendt appetitlos in ihren getrüffelten Ravioli herumstocherte.

»Ja, ja, danke«, fertigte sie den Ober mit aufgesetztem Lächeln ab.

»Da siehst du's«, schmollte Astrid, ein zierliches Persönchen mit androgynem Haarschnitt, »sogar dem Ober ist deine miese Laune schon aufgefallen.«

Behrendt nestelte an der Tischdekoration. »Tut mir leid, du hast ja recht«, räumte sie ein. »Aber die Sache heute geht mir einfach nicht aus dem Kopf. Ich hätte wirklich nicht auf diesen Brommer schießen dürfen. Das verzeih ich mir nie.«

Astrid griff nach Behrendts Hand. »Frauke, lass gut sein. Woher hättest du aus so einer Entfernung denn wissen sollen, dass das keine Waffe war, was der da in der Hand hatte?«

»Meine Beförderung kann ich mir jetzt jedenfalls sonst wohin stecken.« Abwesend starrte sie auf ihre Pasta. »Entschuldige, ich wollte dir wirklich nicht deinen Geburtstag vermiesen. Lass uns von was anderem reden.« Sie streckte ihre Hand nach Astrids Wange aus. Erst jetzt bemerkte sie, dass Astrid zur Feier des Tages Make-up aufgelegt hatte. Es war eine der wenigen Male, die sie zusammen ausgingen, und wenn Behrendt eins nicht wollte, dann war es, Astrid wieder einmal zu enttäuschen. Wortlos blickten sie einander eine Weile lang an, als das Handy in Behrendts Hosentasche vibrierte und in ansteigender Lautstärke auf sich aufmerksam machte.

Sichtlich angesäuert, lehnte Astrid sich zurück. »Das kann doch echt nicht wahr sein, jetzt schalte dieses blöde Ding doch wenigstens an meinem Geburtstag aus!«, schnaufte sie und zerteilte wütend ihre Dorade.

»Ist ja gut«, murmelte Behrendt und stellte ihr Telefon auf lautlos. »Na komm, auf dich, Astrid«, sagte sie versöhnlich und hob ihr Rotweinglas, während es in ihrer Hosentasche weiter vibrierte.

»Auf uns«, prostete Astrid und schien zu lächeln, als der Ober zurück an den Tisch kam und sich zu

Behrendt herunterbeugte. »Verzeihung, Frau Behrendt?«

»Ja, die bin ich.«

»Da ist ein Anruf von einer Frau Kobayashi für Sie. Es sei wohl dringend«, erklärte er und reichte ihr ein Telefon.

»Danke«, knurrte Behrendt und nahm das Telefon mit einem reuigen Blick zu Astrid entgegen. »Kikki, was gibt's denn so Dringendes?«, sagte sie mit gereiztem Unterton. »Wer? Hannes Jäger? Na toll, dieser selbsternannte Spreewald-Kojack hat mir gerade noch gefehlt ... was wollte der denn? ... Was?« Behrendts Miene erstarrte. »Verdammte Scheiße!«, fluchte sie so lautstark, dass der Ober beschämt die Brauen hob. Und mit den Worten »In Ordnung, bis gleich« gab sie ihm das Telefon zurück.

»Was ist es dieses Mal?«, stöhnte Astrid.

Behrendt holte tief Luft und erzählte mit gesenkter Stimme: »Wir sind doch an dieser Sache mit den entführten Kindern dran, und der Wagen von einer der Mütter, die wohl meint, ihr eigenes Ding durchziehen zu müssen, wurde nur wenige Kilometer von Brommers Bungalow entfernt gefunden. Von ihr selbst fehlt jede Spur – und von Piet inzwischen auch. Außerdem«, es fiel ihr schwer, die nachfolgenden Worte über die Lippen zu bringen, »ein Kollege aus dem Spreewald hat auf dem Heimweg den Schuh von Piet in einem abgetriebenen Kahn gefunden«, brach es aus ihr heraus. »Tut mir leid. Aber ich muss noch mal los.«

Astrid musterte sie sprachlos. Dann riss sie beleidigt die Hände hoch. »Na bravo, ich habe nichts anderes von dir erwartet. Immer geht es nur um dich! Dich! Dich! Und um deinen verdammten Job!«, brüllte Astrid mit hochrotem Kopf, warf ihre Serviette auf den Teller und sprang auf. »Weißt du was? Ich feiere ohne dich – du kannst mir gestohlen bleiben, und zwar nicht nur an meinem Geburtstag!« Astrid rauschte davon.

Frauke Behrendt blickte in die verstohlenen Gesichter der umliegenden Tische. »Was gibt's denn da zu glotzen!«

❀ ❀ ❀

Mittwoch, 1. Juli

(Spreewald, kurz nach Mitternacht)

Als sich die Tür zum Keller öffnete, erkannte Fiona vage die Silhouette von Brauns Bruder, der einen Mann auf seinen Schultern hereintrug und wie einen nassen Sack auf den Boden warf.

»Sieh einer an. Noch ein Gast, na, dann kann unsere kleine Party jetzt ja richtig losgehen«, tat sie gelassen, zuckte jedoch unmerklich zusammen, als sie bemerkte, wer der Mann mit dem blutüberströmten Schädel war. Und mit flimmerndem Blick erkannte auch Fiona: Es war Piet Karstens, der in dieser Sekunde zu sich kam. »Was zum Teufel geht hier vor sich?«, ächzte er gequält und sah erschrocken auf. Sah zu André, der mit einem Bein auf seiner Brust stand, bereit, mit seinem Spaten jederzeit erneut zuzuschlagen. Sah zu Fiona, die an die Heizung gekettet war. Sah zu der Erzieherin.

»Da haben wir ja doch noch mal persönlich die Ehre miteinander, Kommissar Karstens«, lachte

Pohl gehässig. »Ich war schon enttäuscht, dass Sie mir in all den Jahren nicht wenigstens ein einziges Mal auf die Spur gekommen sind.«

Stöhnend hielt sich Karstens den Hinterkopf. Blut rann seinen Nacken hinab. »Was haben Sie mit den Kindern gemacht?«

Schweigend lächelte Pohl, als Karstens nachschob: »Jetzt können Sie's doch sagen. Es sei denn …«

»Es sei denn was?«

»Es sei denn, Sie haben Angst, wir könnten aus diesem gottverdammten Keller fliehen.«

Pohl schenkte Karstens und Fiona ein breites Lächeln. »Machen Sie sich keine falschen Hoffnungen – diesen Keller hat noch niemand lebend verlassen.« Sie machte eine kunstvolle Pause. »Aber keine Angst, nach all den Jahren gescheiterter Ermittlungen will ich Sie nicht dumm sterben lassen.«

Sie nahm auf einem Sessel in der Ecke Platz und wandte sich an Karstens.

»Renate Pohl ist lediglich das Geschöpf meiner Phantasie, Herr Kommissar. Mein Name ist Dagmar Braun, und im Übrigen bin ich auch keine Erzieherin, bin ich nie gewesen«, lachte sie, offensichtlich stolz auf sich. »Meine Papiere, die Arbeitszeugnisse, die Referenzen – alles Fälschungen, die, nebenbei bemerkt, anscheinend nicht einmal besonders eingehend überprüft worden sind.«

Und mit hochgezogenen Schultern sagte sie: »Aber wer verdächtigt schon eine Erzieherin? Oder eine Tagesmutter? Oder eine Gesangslehrerin?« Ihre Lippen umspielte ein höhnisches Lächeln. »Oder eine Bademeisterin?« Sie nahm ihre Brille ab und warf sie achtlos in die Ecke. »Es war gar nicht so leicht, schließlich musste ich ja immer wieder von der Bildfläche verschwinden, quer durchs Land reisen und dabei den Beruf und die Identität wechseln. Trotzdem war es der sicherste Weg, um ungestört an die Kinder ranzukommen«, erzählte sie, als spreche sie von der normalsten Sache der Welt. »Zu einem Fremden wären die Kinderchen ja niemals in den Wagen gestiegen, nein, das war ihnen oft genug eingetrichtert worden – aber mich, mich kannten sie ja.«

Fiona zwang sich, nicht zu würgen, während Braun bedächtig den Kopf schüttelte. »Da war nicht das geringste Zögern in den kleinen Gesichtern. Sie vertrauten mir, genau wie ihre Eltern – Eltern, die diese Kinder nicht verdient hatten!«, schrie sie plötzlich aufgebracht. Und mit einem Mal war in Brauns Augen nicht mehr der geringste Funken Menschlichkeit. »Glauben Sie mir, ich weiß, wovon ich rede!«

Nach einem kurzen Schweigen wandte sie sich zu Fiona: »Haben Sie eine Ahnung, was es heißt, mitzuerleben, wenn der eigene Vater Mutter und Geschwister halb totschlägt?« Sie stieß ein bitteres

Lachen aus. »Ach, was sag ich denn da, von wegen halb totgeschlagen … Er hat sie ja totgeschlagen … einen nach dem anderen … einfach so, weil er wieder einmal sturzbetrunken war.« Sie starrte Fiona direkt in die Augen. »Und wir wären die Nächsten gewesen. Also hab ich meinen kleinen Bruder gepackt und bin mit ihm abgehauen. Einfach weggerannt sind wir. Tagelang durch die gottverdammten Wälder geirrt, bevor wir hier gelandet sind«, murmelte sie, während ihr Blick ziellos durch den Kellerraum wanderte. »Umsorgt wie eine Mutter hab ich den Jungen, dabei war ich selbst noch ein Kind.«

Warum zum Teufel erzählt sie mir das alles? Was hat Sophie damit zu tun?

Fiona tauschte mit Karstens einen Blick aus. Dann fielen ihr die Narben an Brauns Handgelenken auf. Sie sahen aus, als habe Braun ihre halbe Kindheit in Fesseln verbracht. Nachdenklich wandte Fiona ihre Augen ab. Ähnlich wie die junge Mutter in ihrem neuen Roman schien auch Dagmar Braun an einer seltenen Form der Persönlichkeitsstörung zu leiden, der ein Kindheitstrauma zugrunde lag. Fiona hätte beinahe so etwas wie Mitleid empfunden, doch die Erinnerung an das, was Braun getan hatte, ließen Wut und Abscheu erneut in ihr aufflammen.

»Es waren die Brandnarben, blauen Flecken oder Striemen auf den kleinen Körpern, die mich auf jedes der Kinder aufmerksam gemacht haben«, hauchte Braun abwesend. »Mir war sofort klar, was ich zu tun hatte. Irgendjemand musste diese unschuldigen Geschöpfe doch von ihren Qualen erlösen – und der Tod ist die einzig wahre Erlösung!«

Die weißen Lilien, begriff Fiona.

Ihr Blick schnellte zu Piet Karstens, der noch immer stöhnend am Boden lag. Erst jetzt leuchtete ihr ein, weshalb Karstens hatte wissen wollen, ob Adrian jemals die Hand gegen Sophie erhoben hatte.

Aber Sophie war nichts dergleichen angetan worden – warum in Gottes Namen also ausgerechnet Sophie?

Braun sah mit kalten Augen abwechselnd zu Fiona und Karstens. »Sie fragen sich sicher, was ich mit den Kindern gemacht habe?«

Ebenso gebannt wie Karstens blickte Fiona sie an. Braun schien kurz nachzudenken, ehe sie sagte: »Sie haben Glück. Bevor Sie beide sterben, haben Sie die Ehre, meinem kleinen Ritual beizuwohnen.« Sie schnipste mit den Fingern. »Es kann losgehen – André, bring die Kerzen und das Wasser rein!«

Und mit einem Blick zu Karstens befahl sie: »Wenn Sie sich von der Stelle rühren, schlägt André Sie tot.«

325

Karstens schwieg, während Brauns Bruder sogleich wie ein dressierter Affe die Anweisung befolgte und eine Keramikschale mit dampfendem Wasser hereinbrachte. Rundherum zündete er einige Kerzen an, die dem Raum eine morbide Festlichkeit verliehen. Aus einem alten Kassettenrekorder erklang der Gesang eines Kinderchors.

Dann klatschte Dagmar Braun zweimal in die Hände. »Und nun das Mädchen!«

Mit pochendem Herzen sah Fiona die Kreatur erneut ins Hinterzimmer humpeln. Momente später rollte André ein Kinderbett zur Tür herein. In dem Bettchen saß ... *großer Gott – Luna!* Klein und verletzlich saß das Mädchen nur da und starrte wie paralysiert durch die Gitterstäbe. Fiona hatte nicht mehr damit gerechnet, Luna noch einmal lebend wiederzusehen, und für einen Augenblick wurde ihr warm ums Herz.

Zu ihrem Entsetzen stellte Fiona fest, dass das Mädchen auf nichts mehr zu reagieren schien, als das Kind plötzlich wie eine Puppe zur Seite wegkippte und reglos im Bett liegen blieb.

Was hat dieses Kind bloß durchmachen müssen?

»Keine Sorge, ich habe ihr ein starkes Beruhigungsmittel verabreicht, sie wird tief und fest schlafen und kaum etwas spüren«, erklärte Dagmar Braun. Sie hob das bewusstlose Mädchen aus dem Kinderbett und bettete den zerbrechlichen Körper auf einer auf dem Campingtisch ausgebreiteten Decke. Erst jetzt fiel Fiona auf, dass sie Luna eine uralte Schuluniform angezogen hatten, die ihr mindestens drei Nummern zu groß war.

Gänzlich versunken in ihre makabere Zeremonie, tauchte Dagmar Braun einen Lappen in die Wasserschale und fuhr damit immer wieder behutsam über das Gesicht, Arme und Beine der kleinen Luna García, als befreie sie das Mädchen von jeglichem Schmutz, mit dem es in seinem kurzen Leben verunreinigt worden war. Die ganze Zeit über bewegten sich Brauns Lippen zu den Strophen des Kinderchors.

»… wenn fromme Kinder schlafen gehn,
an ihrem Bett zwei Englein stehn,
reicht nun nicht der Englein Macht,
der liebe Gott hält selbst die Wacht …«

Plötzlich bemerkte Fiona, dass Piet Karstens sich aufzurichten versuchte. Doch auch Braun wurde auf ihn aufmerksam.

»Sie werden das Ritual nicht stören!«, herrschte sie ihn an und bedeutete ihrem Bruder mit einem Kopfnicken, Karstens zum Schweigen zu bringen.

Fiona erstarrte, als sie mit ansehen musste, wie der Mann eine Eisenstange zur Hand nahm und so heftig auf Piet Karstens einschlug, dass sie seine Knochen brechen hörte.

Der letzte Schlag traf den Polizisten mit aller

Wucht ins Gesicht, bevor er blutüberströmt liegen blieb und sich nicht mehr rührte.

Lieber Gott, bitte sag, dass er nicht tot ist.

Zufrieden lächelnd wandte sich Braun wieder der kleinen Luna García zu. Die Augäpfel des Mädchens bewegten sich unter ihren Lidern, als ob es jede Sekunde erwachte.

Der Kinderchor steigerte sich zu einem grässlichen Crescendo, als Fiona plötzlich eine Rasierklinge in Brauns Hand aufblitzen sah.

»Mögest du erlöst werden von all deiner Pein und in vollkommener Reinheit von uns gehen«, betete Braun herunter und legte die Hände und Füße des Mädchens frei. Dem schlafenden Kind entwich ein leises Stöhnen, als Braun erst die Fußballen, dann die Handflächen des Kindes mit so tiefen Schnitten versah, dass das Blut in gleichmäßigen Intervallen herausströmte. Eine dunkle Lache breitete sich unter den Füßen und Händen des Kindes auf der Decke aus.

Ein Anblick, bei dem sich Fiona die Eingeweide zusammenzogen. *Sie lässt die Kinder ausbluten wie geschächtete Tiere. Und sie scheint sich ihrer Grausamkeit nicht im Geringsten bewusst zu sein.*

Dagmar Braun schob Luna ein Kissen unter den Kopf, strich ihr die lockigen Haare zurück und setzte die Klinge an dem zierlichen Kinderhals an.

Für einen Moment schloss Dagmar Braun die

Augen, wie um sich ganz und gar auf ihr Vorhaben zu besinnen.

> »... lausch ich seither im Geist dem Liede,
> löst es mir jede herbe Pein.
> Und stille Wehmut, tiefer Friede
> zieht dann in meine Seele ein ...«

Fionas Blick verschwamm, und abwechselnd sah sie Luna und Sophie vor sich.

Lieber Gott, bitte lass es vorübergehen.

Von draußen wurde Gebell laut, das nach einem kurzen Aufjaulen erstarb.

Piet Karstens, der langsam zu Bewusstsein kam, öffnete mühsam die Augen und versuchte vergeblich, sich aufzurichten.

Plötzlich trat jemand die Tür hinter Braun krachend auf.

Frauke Behrendt stand mit gezogener Waffe im Gegenlicht. »Lassen Sie die Rasierklinge fallen, oder ich schieße!«, schrie sie die Erzieherin an.

»Waffe runter, sonst ist das Mädchen tot!«, hielt Dagmar Braun dagegen, während ihr Bruder unbemerkt im Hinterzimmer verschwand.

Die Klinge an der Kehle des Mädchens ließ Behrendt keine Wahl. Vorsichtig legte sie die Waffe vor dem Campingtisch auf den Boden.

»Ich hab getan, was Sie wollten, jetzt sind Sie an

der Reihe!«, rief Behrendt. Ganz langsam und unauffällig schob sie die Pistole mit dem Fuß unter dem Tisch Richtung Karstens.

»Weg mit der Klinge!«, schrie Behrendt.

Doch Dagmar Braun dachte gar nicht daran. »Niemand wird das Ritual stören, auch Sie nicht!«, fauchte sie. Ihre Augen blitzten fanatisch auf. Und dann tat sie es: Mit einer raschen Handbewegung schnitt sie Lunas Halsschlagader auf. Sofort schoss ihr eine Fontäne Blut entgegen, während Piet Karstens mit letzter Kraft zu der Pistole robbte und vom Boden aus einen Schuss abfeuerte. Dagmar Braun sank getroffen zu Boden.

Frauke Behrendt schnellte zu dem Kind und drückte ihre Finger fest auf die Wunde, um die Blutung zu stoppen.

»Komm schon, bleib hier, Luna! Bleib hier!«

Schwerfällig hob und senkte sich die Brust des Mädchens.

Plötzlich sah Fiona Brauns Bruder mit einem Spaten in der Hand aus dem Hinterzimmer treten. Mit aller Kraft rüttelte Fiona an der Heizung, um Behrendt zu warnen, als der Mann sich der Polizistin näherte und zu einem Schlag ausholte. Fiona presste die Augenlider, so fest sie konnte, zusammen, als unverhofft ein weiterer Schuss durch den Keller dröhnte.

Auf der Treppe erkannte sie Hannes Jäger, der jetzt mit Verstärkung im Schlepptau den Keller stürmte. Brauns Bruder ließ den Spaten fallen. Getroffen taumelte er gegen das Kinderbett und gab ein letztes infantiles Kichern von sich, bevor das Bett unter seinem Gewicht krachend zusammenbrach.

»Schnell, das Kind schafft's nicht!«, schrie Frauke Behrendt, die erst jetzt zu registrieren schien, was sich hinter ihr abgespielt hatte. Ihr Trenchcoat war über und über mit Blut bespritzt.

Das Letzte, woran sich Fiona erinnerte, waren die Sanitäter, die Luna davontrugen, und dass ihr jemand eine Decke um die Schultern gelegt und sie aus dem Keller hinaus geleitete. Dann verschleierte der brennende Schmerz an ihrer Schläfe ihren Blick, und alles um sie herum verschwamm.

Sonntag, 5. Juli

(In Berlin)

Die hereinfallende Mittagssonne ließ das Krankenzimmer nicht ganz so steril erscheinen, wie es roch. Fiona lag auf der Seite, hielt ein Kissen umschlungen und sah in den Park hinaus. An einem Springbrunnen tollten einige Kinder und verbreiteten eine heitere Sorglosigkeit, von der Fiona nicht einmal mehr zu träumen wagte. Noch immer konnte Fiona nicht fassen, was geschehen war, und noch immer quälte sie ein und dieselbe Frage: *Was war mit Sophie geschehen?*

Im Lilienbeet hinter Dagmar Brauns Bungalow waren zwar die Gebeine von fast einem Dutzend Kinder zutage gefördert worden – weitaus mehr Opfer, als man angenommen hatte –, doch von Sophie fehlte weiterhin jede Spur. Wieder einmal fragte sich Fiona, wie lange sie die quälende Ungewissheit wohl noch ertragen konnte, als es an der Tür klopfte.

»Herein«, seufzte Fiona, ohne den Blick von den spielenden Kindern im Park zu nehmen.

»Hallo, Fiona. Wie geht es dir? Ich habe mir ernsthafte Sorgen um dich gemacht.«

Erschrocken fuhr Fiona hoch. Am Fußende ihres Bettes stand Jens Zach.

Das Rattengesicht.

»Was soll das? Was willst du hier?« Fiona schwang sich blitzschnell aus dem Bett. Doch schon in der nächsten Sekunde spürte sie, wie schwach sie noch auf den Beinen war.

»Fiona … ich …«

»Bleib, wo du bist!«, versuchte sie ihn mit abgespreizten Händen zu stoppen, während sie sich unmerklich dem roten Notknopf am Bett näherte. »Krieg dich wieder ein. Ich tu dir nichts. Wie lange willst du mir diese Geschichte denn noch nachtragen? Außerdem wollte ich mich lediglich von dir verabschieden«, grinste er. »Indien und so. Eine kleine Reise zu mir selbst, wenn du verstehst, was ich meine. Mein Betreuer sagt, das täte mir bestimmt gut.« Sein Grinsen wurde breiter, als er einen Schritt auf Fiona zu machte.

Fiona wich zurück. »Fünfzig Meter, Jens, das war so vereinbart – und das hier sind höchstens zwei!« Ganz langsam verschwand ihre Hand hinter dem Rücken und erreichte den Notknopf.

»Ach, komm schon …«, stöhnte Zach und bückte sich nach seinem Rucksack. Er zog den gelben

Umschlag eines Fotoladens heraus, den er bereits neulich abends im Treppenhaus dabeihatte, als er das rot leuchtende Notsignal über der Tür bemerkte.

»Herrgott, Fiona, was soll denn das?« Er schmetterte ihr den Umschlag entgegen.

Fiona schreckte abermals zurück.

»Hier, da hast du, wonach du suchst!«, schrie er. »Hätte dir die Fotos ja schon vor zwei Jahren gegeben, aber wie du weißt, haben die scheiß Bullen mich eingebuchtet. Dein Glück, dass ich den Abholschein von dem Laden noch hatte.«

Fiona stand reglos an der Wand und hatte nicht die geringste Ahnung, wovon Zach sprach.

»Ach, noch was …«, sagte er, als er schon in der Tür stand und einen schnellen Blick über den Krankenhauskorridor warf. »Anfangs dachte ich, du wärst die Frau da. Woher hätte ich aus der Entfernung auch wissen sollen, dass du's nicht bist – die trug ja 'ne Sonnenbrille und 'n Kopftuch. Außerdem war das da ja dein Verlobter und …«

»Wolltest mir also doch wieder nachspionieren, ja?«, schnitt Fiona ihm das Wort ab.

»Herrgott, bloß das eine Mal«, gab Zach mit einem lapidaren Achselzucken zu. »Verdammt, ich hatte ja keine Ahnung, was da abgeht. Ich hab wie immer einfach nur draufgehalten. Knips, knips, knips … und dann …«

»Ich will deine Fotos nicht! Ich weiß längst,

dass Adrian eine Affäre hatte! Und abgesehen davon ...«

»Scheiße, Fiona, davon rede ich doch gar nicht!«, unterbrach er sie nach einem prüfenden Blick über den Korridor. »Ach, sieh's dir selbst an«, meinte er dann und rannte davon.

Fiona atmete tief aus. Es dauerte eine Weile, ehe sie sich wieder gefangen hatte. Dann hob sie den Umschlag auf, setzte sich aufs Bett und zog eine Reihe von Fotos heraus, die Adrian und Theresa turtelnd an Deck der *Blue Star* zeigten. Betroffen schüttelte Fiona den Kopf. Weshalb sollte sie sich das antun? Trotzdem konnte sie die Bilder nicht aus der Hand legen. *Moment mal!*

Hastig blätterte Fiona zurück.

Da, im Hintergrund – das ist Sophie!

Gebannt fuhr Fiona mit dem Sichten der Fotos fort, auf denen Adrian und Theresa immer intimer miteinander wurden, während Sophie alleine an der Reling spielte.

Das darf doch nicht wahr sein, sie hat ja nicht mal Schwimmflügel an ...

Mit bebenden Händen hielt Fiona inne.

Mein Gott!

Es zerriss ihr beinahe das Herz, als sie auf einem der nächsten Fotos sah, wie ihr kleines Mädchen beim Spielen ins Wasser fiel, während Adrian sich an Theresas Bikinioberteil zu schaffen machte. Fiona schossen die Tränen in die Augen, während sie die restlichen Abzüge überflog, die das ganze Ausmaß der Tragödie dokumentierten: Adrian und Theresa waren bestürzt aufgesprungen. In ihren Gesichtern stand das blanke Entsetzen, als sie auf den Sog der Schiffsschraube im Wasser starrten. Auf dem letzten Foto, das Zach geschossen hatte, war im Kielwasser nur noch Blut zu erkennen.

Blut, nichts als Blut, überall Blut!

Fiona warf die Fotos beiseite und rang verzweifelt nach Luft. Von Kopf bis Fuß zitternd, spähte sie auf die Datums- und Uhrzeitangabe links unten auf den Bildern.

Das also war es, was Jens Zach ihr die ganze Zeit über zu sagen versucht hatte, begriff Fiona: Sophie war niemals entführt worden. Was sich auf diesen Bildern abspielte, geschah an dem Tag, an dem Adrian offiziell mit Sophie auf dem Spielplatz gewesen sein wollte.

Adrian muss unmittelbar nach dem Unglück zum Spielplatz gefahren sein, dachte Fiona und sah ihn buchstäblich vor sich auf der Parkbank sitzen. Schweiß perlte auf seiner Stirn, er blätterte eine Weile scheinheilig in einer Zeitung, bevor er sich nach Sophie umsah, sie aber nirgendwo fand. *Natürlich nicht, zu jenem Zeitpunkt war Sophie längst tot.* Mit gespieltem Entsetzen erkundigte er sich bei sämtlichen Eltern, bevor er aufgebracht nach Sophie zu suchen begann und jenes Schauspiel zum

Besten gab, das er später bei der Polizei wiederholen würde.

Die perfekte Inszenierung – bis hin zu der weißen Lilie, von der er aus der Presse erfahren und Fiona hatte zustellen lassen.

Mit einem Mal ergab alles einen Sinn: die Widersprüche, in die sich Adrian bei seinen Aussagen zu Sophies Verschwinden immer wieder verstrickt hatte. Theresas Erpressung. Ihr Tod. Und auch die Tatsache, dass Sophie nicht in Brauns Garten gefunden worden war.

»Du Schwein! Du mieses Schwein!«, schrie Fiona. Sie erbrach sich einige Male auf den Boden. Nichts wünschte sie sich augenblicklich sehnlicher, als Adrian und Theresa eigenhändig zu erwürgen, wären sie nicht ohnehin längst tot.

Mit einem Stechen in der Brust sank Fiona zurück aufs Bett und dachte an all die Monate, in denen sie vergeblich auf ein Lebenszeichen von ihrer kleinen Sophie gehofft hatte. An die qualvolle Ungewissheit, die sie beinahe um den Verstand gebracht hatte.

Und wozu das alles? Etwa nur, damit Adrians Affäre mit Theresa niemals ans Licht käme? Damit er weder mich noch das Restaurant verlieren würde, das ihm nicht einmal gehörte? Und den Wagen, das Geld, seinen ganzen verfluchten Lebensstil – war es ihm das etwa tatsächlich wert gewesen?

Tränen rannen über Fionas Wangen, als die Tür

338

erneut aufging und sie eine Schwester fragen hörte: »Frau Seeberg, Sie haben gerufen?«

»Ja ... ist ... ist schon gut«, flüsterte Fiona kaum hörbar. »Ich ... ich möchte jetzt allein sein, bitte.«

Mittwoch, 8. Juli

(Am Nachmittag)

Laut Wetterbericht sollten es die vorerst letzten heißen Sommertage in Berlin sein. Fiona saß an einem Steg abseits der Promenade des Yachthafens, neben ihr das Goldfischglas, das sie mitgebracht hatte. Sie umfasste es mit beiden Händen und goss Sophies Fische ins Wasser. Blitzschnell entschwanden die Fische in den Tiefen des Wannsees.

Spurlos bis in alle Ewigkeit. Gedankenverloren starrte Fiona auf das Wasser, als jemand einen langen Schatten neben sie warf.

Piet Karstens. Er ging auf Krücken und trug ein breites Nasenpflaster. »Ich hatte gehofft, dich hier zu finden ... störe ich etwa?«, fragte er mit einem Blick auf das leere Goldfischglas.

»Nein, nein, das tust du nicht«, meinte Fiona und bedachte ihn mit einem milden Lächeln. »Ganz im Gegenteil.« Zögerlich sah sie auf seine Krücken. »Sehr schlimm?«

Karstens stieß ein makaberes Lachen aus. »Du meinst, abgesehen davon, dass ich mich fühle, als wäre eine Dampfwalze über meine Knochen gefahren?«

Fiona nickte und bemühte sich erneut um ein Lächeln.

Piet Karstens räusperte sich. »Ich habe da übrigens jemanden mitgebracht, der sich sehr über deine Gesellschaft freuen würde.«

Fiona wollte gerade etwas entgegensetzen, als sich Karstens einen Schritt zur Seite bewegte.

Abgemagert und mit einem Verband um Hals und Hände, stand die kleine Luna García in einem roten Trägerkleidchen vor ihr.

»Mein Gott, du lebst! Du hast es geschafft, Luna!«, lachte Fiona und sprang auf. Ihre Stimme überschlug sich vor Freude, als sie das Gesicht des Mädchens mit beiden Händen umfasste und das Kind überglücklich in die Arme schloss.

Piet Karstens grinste Fiona verstohlen an. »Wie es aussieht, kommt Luna vorerst in ein Kinderheim.«

Erschrocken sah Fiona auf. »In ein Heim? Kommt überhaupt nicht in Frage!« Sie drückte Luna beschützend an sich.

»Ich hatte gehofft, du würdest das sagen«, grinste Karstens erleichtert. »Ich hab schon einen Koffer mit Lunas Sachen im Wagen.«

Fiona sah ihn überrascht an. Dann lächelte sie.

Karstens' Grinsen wurde breiter. »Da ich noch immer suspendiert bin, dachte ich … falls du mal jemanden brauchst, der vorbeikommt und aufpasst, während du am Schreiben bist …«

»Auf Luna oder auf mich?«, fragte Fiona frech.

»… auf euch beide natürlich.«

Fiona schmunzelte.

Und zum ersten Mal schien auch Luna wieder zu lächeln.

Danksagung

Mit dem besten Dank an meine Agentin, meine Lektorin und meine unerschütterlichen Testleser.

Des Weiteren danke ich dem Institut für Rechtsmedizin der Berliner Charité, dem Pathologischen Institut der Ludwig-Maximilian-Universität München sowie der Autorenberatung der Berliner Polizei für die freundliche Unterstützung.

Gisa Klönne
Nacht ohne Schatten
Kriminalroman

ISBN 978-3-548-28057-8
www.ullstein-buchverlage.de

Köln, kurz nach Mitternacht. Ein verlassener S-Bahnhof. Ein erstochener Fahrer. Und eine bewusstlose junge Frau, die offenbar zur Prostitution gezwungen wurde. In langen, unwirklich warmen Januarnächten suchen Judith Krieger und ihr Kollege Manni Korzilius verzweifelt nach einem Zusammenhang. Gisa Klönnes dritter Roman entführt mit großem psychologischem Gespür in eine beklemmende Welt, in der Gewalt gegen Frauen alltäglich ist.

»Spannende Handlung und Figuren, die einem nicht mehr aus dem Kopf gehen. Gisa Klönne ist ein Ausnahmetalent unter den deutschen Krimiautoren.« *Für Sie*

Ausgezeichnet mit dem Friedrich-Glauser-Preis 2009 »Bester Roman«

UB497

Sam Hayes

Stumm

Psychothriller
Deutsche Erstausgabe

ISBN 978-3-548-28038-7
www.ullstein-buchverlage.de

Julias Leben ist in Aufruhr. Sie hat sich von ihrem Mann getrennt, ihre Mutter ist erkrankt und spricht seit Tagen kein einziges Wort. Nur die Liebe zu David, dem freundlichen Arzt ihrer Mutter, gibt Julia Kraft. Da findet sie am Straßenrand ein tödlich verletztes Mädchen, die Spuren am Tatort weisen auf David hin. Julia kann das nicht glauben – entgegen allen Beweisen besteht sie auf Davids Unschuld.

»Ein Thriller voller Emotionen, der seine Leser ständig in Anspannung hält.« *Look Magazine*

Zoran Drvenkar
Sorry
Thriller

ISBN 978-3-548-28183-4
www.ullstein-buchverlage.de

Die fetten Jahre sind vorbei. Eine gute Geschäftsidee ist gefragt. Frauke, Tamara, Kris und Wolf, vier junge Berliner, stört, dass sich niemand mehr für nichts verantwortlich fühlt. Sie setzen auf die heilsame Kraft eines einfachen »Sorry« und gründen eine »Agentur für Entschuldigungen«. Erstaunt stellen sie fest, dass die Resonanz überwältigend ist. Bis Kris eines Tages am vereinbarten Treffpunkt nicht den Klienten, sondern eine brutal zugerichtete Leiche findet. Und den Auftrag, sich bei ihr zu entschuldigen. Die vier lassen sich auf ein gefährliches Spiel mit dem Mörder ein, das immer perfider und grausamer wird.

»Ein spannendes, mit drastischen Gewaltakten ausstaffiertes Szenario, das die Täter- und Opferrollen in Frage stellt.« *Der Spiegel*

UB551